WU CHANG

武昌历史文化丛书编委会／编

Wuchang Laojianzhu

武昌历史文化丛书

武昌老建筑

许颖 马志亮 著

武汉出版社
Wuhan Publishing House

（鄂）新登字 08 号
图书在版编目（CIP）数据

武昌老建筑 / 许颖，马志亮著 . —武汉 : 武汉出版社，2019.3（2022.7 重印）
（武昌历史文化丛书）
ISBN 978-7-5582-1968-9

Ⅰ . ①武… Ⅱ . ①许… ②马… Ⅲ . ①古建筑 – 介绍 – 武汉 Ⅳ . ① K928.71

中国版本图书馆 CIP 数据核字（2018）第 281631 号

著　　者：许　颖　马志亮
出 品 人：朱向梅
策划编辑：胡　新
责任编辑：李　俊
封面设计：马　波
出　　版：武汉出版社
社　　址：武汉市江岸区兴业路 136 号　　邮　　编：430014
电　　话：(027)85606403　　85600625
http://www.whcbs.com　　E-mail: zbs@whcbs.com
印　　刷：湖北新华印务有限公司　　经　　销：新华书店
开　　本：787 mm×1092 mm　　1/16
印　　张：18.5　　字　　数：230 千字
版　　次：2019 年 3 月第 1 版　　2022 年 7 月第 2 次印刷
定　　价：38.00 元

序　一
Preface

“求木之长者，必固其根本；欲流之远者，必浚其泉源。”一个城市的生命和灵魂，来自深厚的历史底蕴与坚实的文化内核；一个城市的品位和底气，离不开强大的文化自信与不竭的创新动力。挖掘历史资源、激活文化基因，事关精神命脉的传承，事关城市的永续发展。

有着近一千八百年建城史的武昌，历史悠久，文脉绵长。在这里，一座古城，风韵悠然，阔步前行，穿越千年沧桑；一处名楼，文人墨客，咸集诗赋，各领绝代风骚；一件大事，辛亥首义，敢为人先，改变中国历史；无数英豪，指点江山，前仆后继，浴血谱写辉煌。因为有了历史和文化的充分滋养，武昌始终生机勃勃、活力无限，为荆楚文化在中华文明总谱系中留下独特的基因和符号提供了丰富的给养。这片有着绚烂历史和强烈魅力的土地，一直等待着我们去发现、去感受、去领略、去彰显。

正因如此，我们有优势、有情怀，更有责任、有义务弘扬武昌的优秀历史文化，把武昌故事讲好，把武昌自信提升好，把武昌力量凝聚好。与其他展示武昌历史文化的论著不同，这套丛书全面系统梳理了多年散落在民间、口口相传的武昌老故事，通过精心的考证，深入挖掘其中蕴含的思想观念、人文精神和道德规范，并适应时代发展进行继承和创新，凸显出武昌发展的个性和魅力——从这个层面上讲，这套丛书的意义已经远远超出了文史资料的价值，它是武昌文脉的复现，为活化武昌文化遗产、树立武昌城市精神、提振市民精气神将作出独有的贡献。

丛书立足武昌历史根脉，突出武昌文化核心元素，在时间上自公元223年孙权建筑夏口城起至20世纪60年代，在空间上以武昌区现在的行政区划为主，分为“综合”“武昌人物”“武昌风物”“武昌景物”“武昌文物”和插画版“武昌指南”六个系列，将为武昌发展作出重大贡献的历史人物、影响历史进程的重大事件与武昌地域特色文化相结合，用群众喜闻乐见的语言讲历史故事、叙文化传统、说武昌古今。本书内容上具备理论高度、学术价值和思想深度，形式上明白晓畅、通俗易懂，能够激起读者情感共鸣，兼具历史性、时代性、知识性、可读性与权威性，可谓宣传推介武昌的集大成之作。

今天，武昌的经济体量已进入“千亿级”时代，站在新的起点，文化软实力正是提升我们综合竞争力和可持续发展能力的关键因素。习近平总书记说，“文化自信是一个国家、一个民族发展中更基本、更深沉、更持久的力量”，在建设创新型城区和国家中心城市核心区的征程上，我们更要“以古人之规矩，开自己之生面”，更要坚守中华文化立场，传承中华文化基因，展现中华审美风范。愿我们携起手来，共同努力，让传统文化与现实文化相融相通，让个体情感与集体情感同频共振，为新时代武昌的改革创新发展注入每一个人的家国情怀！

为策划、编纂和出版这套丛书，一大批专家学者以及许多市区老领导、政协委员都倾注了深厚的感情，为丛书的诞生奠定了坚实的基础，在此，由衷感谢他们为发展、延续武昌历史文化付出的巨大心血！

刘　洁

2018年12月

序　二
Preface

酝酿已久的《武昌历史文化丛书》终于要正式出版了，作为一个历史工作者和这套丛书的专家委员会主任，我感到由衷的高兴，十分乐意借写序的机会，同大家分享一下我的几点感想。

第一，为什么要出版《武昌历史文化丛书》？

武汉三镇之中，当属武昌的历史最为悠久，早在春秋战国时期，楚国就在这一地区设有封君夏侯。三国时期，孙权将东吴政治中心迁鄂（今鄂州市），寓“以武而昌”之意，改鄂名为“武昌”，这是武昌之名的由来。公元 223 年，孙权在江夏山（蛇山）筑夏口城，从而开启了武昌古城的历史，至今已近一千八百年。从元代设湖广行省起至清末，武昌一直是省级大区域行政中心。北伐战争后，改武昌县为武昌市。1927 年，武汉三镇在行政区划上正式统一为一市。1949 年武昌解放后，成为中共湖北省委、省人民政府所在地，在 1952 年调整区划后，正式成立武昌区人民政府。

千百年来，武昌因其独特的地理区位，始终处于社会变革的最前沿，承载着中华民族波澜壮阔的历史变迁，书写着气势磅礴的历史画卷。武昌人文底蕴深厚。屈子行吟，崔颢题诗，李白唱和……近代以来，张之洞督鄂，兴实业，办教育，练新军，新旧学堂并起，东西文化交融，风气大开，武昌由此奠定了全省文化中心的地位，诚如张之洞题黄鹤楼楹联中云：“昔贤整顿乾坤，缔造先从江汉起；今日交通文轨，登临不觉亚欧遥。”武昌自然风光秀丽。东湖、沙湖、紫阳湖等，妩媚多娇；洪山、蛇山、珞珈山等，玲珑别致；黄鹤楼、宝通寺、长春观等，景色优美。山灵水秀，人文荟萃，让武昌成为最适宜居住的城区。

武昌历史悠久、文化厚重、科教区位优势明显，是武汉的城市文化名片，而《武昌历史文化丛书》正是一套向世人充分展示武昌这座历史文化名城的独特魅力和风采的作品。

第二，如何编好《武昌历史文化丛书》？

武昌是武汉文脉沉淀之地，积累了丰厚的文化资源，如黄鹤楼文化、辛亥首义文化、名人文化等，此前也有若干零星介绍武昌历史文化的图书，而这套丛书则是第一次全面系统梳理千年古城的历史文化、系统挖掘武昌历史文化资源的重要工程。

本丛书在整体设计上分为六个系列，形式新颖，内容全面，体系完整，时间上从公元223年至1960年代；空间上以现有武昌区行政区划为主，必要时以历史上的大武昌概念为界定，将为武昌发展作出重大贡献的历史人物、影响历史进程的重大事件与武昌地域特色文化相结合，激活武昌文化基因，展现真实、立体、全面的武昌，集中呈现武昌深厚的文化底蕴。

在作者的选择上，着重选择了对武昌历史文化素有研究的专家学者；在内容上，利用新史料，体现研究新成果，集历史性、权威性、知识性、可读性于一体；在形式上，采取图文并茂的形式。

第三，编撰《武昌历史文化丛书》的意义何在？

习近平总书记在党的十九大报告中指出："文化兴国运兴，文化强民族强。没有高度的文化自信，没有文化的繁荣兴盛，就没有中华民族伟大复兴。"只有对自身文化有高度的自信，才可能带来武昌的繁荣兴盛。在新时代下，启动这套丛书的编撰，既体现了武昌区委、区政府的远见，也可谓正逢其时。

该丛书既是在新时代第一次全面、系统挖掘武昌历史文化资源的重要文化工程，也是响应市委、市政府建设"历史之城、当代之城、未来之城"号召的实践成果，更是加快建设现代化、国际化、生态化大武汉，全面复兴大武汉的具体举措，功在当代，利在千秋。

本丛书立足武昌，深入挖掘其中所蕴含的思想观念、人文精神、道德规范，并结合时代要求继承创新，突出展示武昌最具特色的核心文化元素，集中挖掘城区的文化根脉，讲好武昌故事，传承历史文化记忆，对于传承武昌区优秀的历史文化、提升居民文化自信、推进城区文化建设具有重大的现实意义，必然成为武汉市打造国家中心城市和世界亮点城市规划中绚丽的一环。

关于学习历史的意义，习近平总书记在中央党校建校 80 周年庆祝大会暨 2013 年春季学期开学典礼上讲道："学史可以看成败、鉴得失、知兴替。"从武昌悠久、丰厚的历史文脉当中，我们也一定可以看清她的成败、得失、兴替，从而以更加清醒的头脑和更为厚重的历史感，借改革开放四十年的东风，更好地了解武昌、建设武昌、发展武昌。

是为序。

马　敏

2018年12月于武昌桂子山

前　言
Foreword

武昌是一座有脊梁的城。

传统的风水格局讲究“靠山”，但武昌城不需要。蛇山将武昌城一分为二，是中轴，也是脊梁。寻访老武昌，不如从蛇山开始。

蛇山上的黄鹤楼和蛇山下的户部巷都是游客们的打卡胜地，其实在它们的周围，看似寻常的巷陌之中，那些有故事的老建筑，才是老武昌的精华之所在。

蛇山南麓的阅马场北端有著名的“红楼”，原为湖北咨议局大楼，武昌首义胜利之后，革命党人就是在这里宣布废除帝制。首义发生在武昌，似乎是理所当然的事情，张之洞在武汉三镇开设工厂、兴办新学、操练新军，“种瓜得豆”，客观上推动了革命思想的传播和革命力量的壮大。首义之后，位于蛇山之上为纪念张之洞而修造的“抱冰堂”，也成了人们心目中的胜地。

当然，武昌的胜地不止这一处。穿过蛇山下的武昌路隧道，再走不远就可以在三道街口看到张之洞的“经心书院”旧址。再向北走，就到了昙华林。昙华林可以算作一处中国近现代史的街头博物馆：源自西方文明的瑞典教区、嘉诺撒仁爱修女会礼拜堂、文华书院，承载革命记忆的孙茂森花园、石瑛旧居、国民政府军事委员会政治部第三厅旧址，展现近代武汉实业家风貌的徐源泉别墅、夏斗寅别墅等，都在这个小小的区域内。时光已逝，老屋犹存，细细搜索，还能在遍布青苔的小路上找到刻着字的砖瓦，在儿童嬉戏的土丘上发现老房子的台基……在昙华林行走，可不只能喝喝奶茶，买买小玩意儿。西方文化与中国近代史在此交相辉映，融入市井生活。在天文台的残垣断壁下望望天，去原文华大学文学院的古老中庭里坐一会儿发发呆，或者去翟雅阁博物馆看看展，历史会自己向你走来。

离昙华林不远的红巷里，坐落着张之洞的“北路小学堂”，在后来的沿革中，它成了中央农民运动讲习所，毛泽东同志曾经在这里宣讲《湖南农民运动考察报告》等著名篇章。除此之外，这一区域还有中共五大会址、毛泽东故居等红色遗迹。革命的能量在武昌城内从未消失，即便是在和平时期的今天，走进这些老建筑中，依然能够感受到澎湃的革命情怀。

武昌老建筑的魅力，也就在于这股浩然之气。城内的建筑如此，城外的也是一样。位于珞珈山的武汉大学建筑群，骨子里也刻着“自强”。武汉大学的建筑很特殊，有孔雀蓝的琉璃瓦，中式的飞檐建筑主体，却是西式的结构。这种“穿西装戴瓜皮帽”的中西合璧建筑样式，也成了武汉近现代建筑的一大代表。

从武汉大学望回武昌老城，珞珈山、小洪山、蛇山连成一线，这是城市的脊梁。这条脊梁两侧老建筑里发生过故事的主人公们，连同千千万万的武昌人，都是这座城市的脊梁。

目　录 / Contents

第一章　辛亥遗址

一、三烈士亭

三烈士亭，位于武昌解放路南端西侧、武昌造船厂东门内原清末湖广总督署东辕门旧址，为纪念在辛亥首义前夕献出宝贵生命的彭楚藩、刘复基、杨洪胜三位革命烈士而建，是武昌为数不多的辛亥首义纪念建筑之一。

事情的经过要从1911年10月9日说起，那天正是辛亥首义的前一天。

辛亥年农历八月上旬，武汉三镇盛传“八月十五杀鞑子”，当局极

图1-1　彭楚藩、刘复基、杨洪胜像（刘建林供图）

为恐慌，为了防范新军在中秋节当天（1911 年 10 月 6 日）起事，把按例在中秋节奖赏官兵的酒肉早早发放，并提前一天过中秋节，想以此让新军中的革命党人无法在原定日期离开营地。此后，又有流言宣称新军将在吹“集合号”之际发难，于是当局又在 10 月 8、9 日连续两天下令禁止吹“出操号”。在当局的严密控制之下，军营内部暂无越轨行为，但在军营之外各种事件接踵而来。中秋节后三天，武汉局势极为紧张，革命党人起义的火苗已经无法扑灭。

1911 年 10 月 9 日午后时分，孙武等人在汉口俄租界宝善里 14 号政治筹备处工作。孙武临窗而坐，用洗脸盆检验炸药，其余同志也在紧锣密鼓地进行起义前的准备。配置的炸药因硫酸过多而爆炸，一声巨响，孙武面部和右手受伤。同志们见状立刻将孙武扶出就医，但不巧的是，大家都没带钥匙，储存文件、名册等物的柜子打不开。而此时，浓烟从窗户、屋顶冒出，吓得左邻右舍惊呼救火。这招来了俄国巡捕，他们迅速冲入房内，抓捕了未及逃走的刘同等同志，发现了炸药等物，又砸开了柜子，搜出了旗帜、袖章、名册、文告和盖印纸钞等。俄国巡捕随即在宝善里严密布岗，并将此事告知了湖广总督瑞澂。瑞澂闻讯大惊，一面向俄国总领事致谢，一面下令紧闭城门，调集巡防营、守卫队、教练队巡查街巷，又安排当即审讯逮捕的革命党人。由于获得了革命机关地址和革命党人名录，瑞澂下令当夜进行搜捕，革命形势岌岌可危。

这一突发事件，也催生了辛亥首义的提前到来。原本中秋节举事的计划被破坏后，10 月 9 日上午，蒋翊武、刘复基、彭楚藩、王宪章、蔡大辅等人在武昌小朝街（今武昌复兴路）85 号的军事指挥部商讨起义日期问题。刘复基向蒋翊武汇报了半个月来事态的发展，并转述了黄兴关于各省准备工作尚未完成、起义日期宜于推迟的意见。蒋翊武赞同这一意见，并立即召开各标营代表会议，说服各代表同意将起义日期延至阴历九月底（11 月下旬），与其他十余省同时。散会时已至下午，蒋翊武、刘复基留下续议。

正当蒋翊武与刘复基等具体商议行动计划时，有人前来报告汉口宝善里机关发生意外的消息。刘复基认为，宝善里失事，起义计划一定会被清政府得知，应当立即起事。蒋翊武则认为情况不明，主张慎重。正在争执不下之际，邓玉麟等人赶来，告知了宝善里机关败露的事情，认为清政府已经获得了革命党人名录，如果今晚不起事，恐怕明天就都会被抓捕。但蒋翊武觉得起义准备尚不充分，仍然犹豫不决。刘复基十分不满，陡然拔出手枪，冲着蒋翊武大喝："不行！你现在是总司令，今天形势危急到了这步田地，大家都要举事，唯独你在这里犹犹豫豫的，难道是怕死吗？"邓玉麟也补充道："被逮捕的刘同年纪小，恐怕熬不住酷刑，搞不好会都说出来，咱们这些人都跑不了。"彭楚藩情急之下也抚着蒋翊武的头说："要是真像邓公说的那样，您的首级能保得下来吗？"在几位同志的激励之下，蒋翊武勃然作色："大家真以为我怕死吗？大好头颅，同拼一掷。"于是下令夜半之时发动起义。

军事指挥部取得夜半起义的一致意见后，刘复基当即起草起义通知。蒋翊武令人抄写了若干份，派同志分头向各标营代表及机关传递。在邓玉麟等人出发传递信息后，蒋翊武、刘复基、彭楚藩等人仍旧在小朝街 85 号等候各营举义。当晚，这所指挥部人来人往，刘复基担心暴露，就从街上喊来一个放留声机的人播放戏曲唱片。

危险终于来临。当晚 11 点，清军第八镇统制张彪得到密报，知晓小朝街有革命党人聚集，于是率军前来围捕。在听到急促的叩门声后，刘复基意识到情况有变，对其他同志说："你们赶快跳窗逃走，我去应付一下。"说完手持炸弹，站在楼梯口等着。清军破门而入后，刘复基向上楼的清军投弹，但情急之下未及上栓，炸弹未响，清军一拥而上，刘复基被捕。

蒋翊武、彭楚藩从窗户跳下后，被围在一个巷子里。蒋翊武留着长辫，身穿白布长衫，貌似教书匠。他对士兵说："我是来看热闹的，抓我做甚？"士兵对他未加注意，随便将其押在花园里。蒋翊武趁士兵走开，立即逾墙逃走，避入蔡大辅家中。彭楚藩身着宪兵服，本来可以冒充前来拿获党人的军警，但他决计与被捕的同志同生死、共患难，于是自称革命党人，与刘复基等人一起被捕。

杨洪胜的被捕在此稍前。当日，他负责运送弹药。他将炸弹装在买菜的提篮里，盖上青菜，先到他的小杂货店，再运到工程营。下午五点送第一次时，正遇熊秉坤当值，顺利交接后，杨对熊说："稍晚我再送炸药来。"晚上七点多钟，杨如约再去，不料门卫换人，遭到盘诘，杨洪胜推说给某人送点小菜来，某人不在就算了，支支吾吾地往回走，走到距杂货店不远处，见到有军警张望，便转身回避。军警见其形迹可疑，尾追不舍。杨回头向军警连投几枚炸弹，但竟把自己炸伤了，最终被军警抓捕，押到总督衙门。

当晚，还有其他四十多名革命同志及居民被捕。瑞澂见捕获多人，大为震惊，连夜叫来了督练公所总办铁忠、汉阳知府双寿和武昌知府陈树屏三人，组织会审。

最先受审的是彭楚藩。彭楚藩是湖北鄂城人，18岁时投笔从戎，后加入共进会，从事革命活动。他昂首走进大堂，拒不下跪，被差役推倒在地。主审铁忠见彭穿着宪兵服，想到宪兵营管带果兴阿是自己的妹夫，宪兵营出了革命党，不仅连累果兴阿，自己也不好看，便有意开脱，于是向彭递话："你是宪兵，何得在此，是去捉革命党的吧？"但彭并不理会，大声宣称："我就是革命党！我就是要为祖宗报仇的，除了满奴汉奸，都是革命党，你们杀也杀不完。"铁忠语塞，禀明瑞澂，彭楚藩遂被判斩刑，当即被挟出至督署东辕门处枭首示众，年仅25岁。

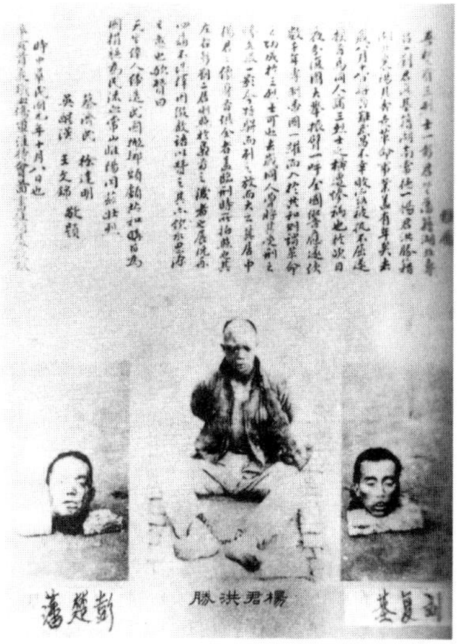

图1-2 首义三烈士遗像（刘建林供图）

第二个被提审的是刘复基。刘是湖南武陵人，早年即跟随黄兴等人在湘西从事革命活动，后又到日本参加同盟会。光绪三十二年（1906年）回国，往来长江中下游地区宣传革命，负责联络工作。在此期间，他还改名投军，在湖北新军中播撒革命火种，推动了文学社、共进会的联合，并为辛亥首义做了大量的准备工作。刘足智多谋，有“小诸葛”之称，是一位卓越的领导人。刘进入会审公堂，铁忠阴毒地问道：“扔炸弹拒捕的是你吗？”刘厉声答道：“正是我！”此后高声说：“要杀便杀，何必多问。”推出时，刘复基连声大呼“我为四万万人受死，决不畏惧！”“少数满人压制四万万汉人，同胞呀，大家起来革命！”“还我河山！”等口号，被害时年仅28岁。

接着被提审的是杨洪胜。杨是湖北谷城人，农民出身，成年后投军，1911年3月加入文学社，因其忠勇诚朴，颇受同志倚重，被委以在外专任联络的重任。后来他主动退伍，在右旗营房附近开了一家杂货店，作为革命党人的地下交通联络站。杨进门后，铁忠等会审的官员私下讨论了几句，就签下斩首旗牌，杨洪胜怒吼：“好，只管杀，你们的末日就要到了。”被害时年仅26岁。

10月10日凌晨，三位烈士被斩首于督署东辕门外。此后，清军抓紧大搜捕，革命党的主要领导人都难以与革命军队取得联系。但起义的准备工作并未中断，千万名士兵群众已在自觉行动。尤其是三烈士牺牲的消息传出，群情激愤，当天晚上，新军各营革命党人决定率先发难，由此揭开了武昌首义的序幕。

1931 年，人们为了纪念彭刘杨三烈士的壮举，在三烈士就义处修建了纪念亭。亭内的纪念碑高 2 米余，宽约 1 米，正面碑文为“彭刘杨三烈士就义处”，反面刻有“创建武昌首义三烈士亭记”。1956 年，纪念亭被修葺一新。1976 年，原亭因年久失修而倒塌，仅存亭护栏和石碑。1981 年，亭址西迁 20 米重新修建，保持了其原有形制。现亭系木质结构，八角形切尖顶，红柱布瓦，金脊雕檐，正亭额上书“三烈亭”三个醒目大字，亭中纪念碑面东背西。亭前遍植翠柏雪松，四周鲜花簇拥。

图 1-3　三烈亭（刘建林摄）

二、工程营遗址

工程营遗址位于武昌紫阳湖东侧、起义门内，是“打响武昌首义第一枪”的地方，现为湖北省总工会所在地。

工程营系清湖北新军第八镇工程第八营的通称。工程第八营是湖北新军最先成立的部队，装备精良，被外国观察家誉为湖北新军训练最好的军队。从该营出身的革命党人和著名军人较多，吴禄贞、蓝天蔚、胡瑛、张难先、冯特民、熊十力等都曾在此当兵；萧耀南、常汝川、唐明克、石星川等人也是从这里发迹的。该营较早渗入革命党人。营内革命组织始于雷振声担任共进会营代表，在他被官长斥退离开之后，即由正目（班长）熊秉坤任共进会营代表。在熊秉坤的领导下，到起义前夕，全营三成已是革命党人，其余大多数人也受影响，基本被革命党掌控。因工程第八营营房距离楚望台军械库仅 1 公里，故在 1911 年 9 月共进会、文学社联合会议上，决定该营起义时首先占领楚望台。

1911 年 10 月 9 日，汉口宝善里共进会机关暴露，下午 5 时，负责起义联络的邓玉麟和杨洪胜赶到工程八营前队第三棚徐少斌处，密会熊

图 1-4　新军第八镇工程第八营营房旧址（刘建林供图）

秉坤，传达了武昌小朝街军事指挥部指示。约定 10 月 9 日晚以南湖炮队炮声为号，工程营先前往占领楚望台军械库，保证发难各营的子弹供给，再派兵出中和门（今“起义门”）迎接炮队入城；并约定以白绷带缠左臂为记，军队全副武装，只减去背包，当晚口号为“同心协力”。

清军得知工程营革命党人准备起事，该营代理管带阮荣发出命令：各队官长挑选亲信士兵 20 人，发放实弹，守卫士兵棚入口；士兵在各棚睡觉，不得出入；士兵大小便必须先报告排长，被批准后只能空手出入；士兵不得擅自动武器，不得高声说话，遇要事紧急集合要遵守长官命令。

由于清军戒备森严，南湖炮队未能接到当晚发炮起义的命令。因此，工程营的革命党人虽枕戈待旦，始终不曾听到隆隆炮声，10 月 10 日清晨，却传来了彭刘杨三烈士被害的消息。革命党人义愤填膺，心想与其坐以待毙，不如孤注一掷。熊秉坤与蔡济民等几位同志商量起义事宜，计划趁当日下午三点出晚操的机会起事，由工程营首先鸣放三枪为号。

可能是担心士兵借出晚操的时机发难，午后营中长官宣布晚操取消。于是，熊秉坤等人又商量在晚间 7 点钟点头道名后、二道名前起事，其余仍如前约。

熊秉坤安排好营内后，就借临时顶替舍卫长值勤的时机，取得腰牌冒雨与附近的第 15 协 29 标、30 标联系，约好各标营听到枪声后，立即行动，夺取楚望台。这两处的革命党人代表蔡济民、王文锦等都答应届时响应。接着，熊秉坤让吕功超将其兄藏在家中的两盒子弹取回来，又命于郁文、章盛凯从排长那里设法盗取四盒子弹，并交待金兆龙把这六盒子弹分发给革命骨干备用。

黄昏时，熊秉坤利用间隙在营房内窥测动向，恰好在操场边与队官罗子清相遇。罗子清拦住熊问道：“今晚外面风声不好，你知道吗？”熊答：“知道一点。”罗又问：“今晚起事是孙党吗？”熊答：“所有会党都以孙逸仙为共主，当然都是孙党。”罗问：“有多少人？”熊答：“湖北军商学界皆是。”罗问：“是否排满杀官？”熊答：“排满为其宗旨，杀官为其用神。不杀官不能夺权，更无以振作革命之气。恐管带以上难免。”罗又问：“能成事吗？”熊答：“能。各省会党都害怕新军第八镇。第八镇一起手，各省一定响应。”说到这里，罗子清和排长方定国默然离去。熊与罗的这番对话表明，在武昌首义前夕，革命党人将要起义的消息，不仅革命党人已经知道，下级军官也有所耳闻，并暗自思忖着自己的出路。

在营房内，熊秉坤还向许多尚未加入革命党的士兵打招呼。有人问届时如何行动？熊说：“照我们一样作行军装束，听从指挥即可。”熊秉坤、金兆龙等所在的工程第八营后队驻扎在营房楼上的一至九棚宿舍。

起义时间既定，第六棚正目金兆龙整装实弹以待。傍晚时分，第二排排长陶启胜带护兵二人查铺，发觉金兆龙荷枪实弹，违抗军令，大为惊骇，便上前夺金兆龙的枪，双方发生争执。金兆龙情急之下大呼：“众同志再不动手，更待何时？”第五棚战士程正瀛（又名程定国）闻言，马上用枪托击打陶的头部，金兆龙乘机脱身，之后程又向陶腰部射击，此即辛亥首义第一枪。陶见势不对，立即逃下楼去，到家后伤重不治而亡。

此时，右队队官黄坤荣、司务长张文涛和工程第八营管带阮荣发等人还想弹压革命，各持手枪射击，大喊：“不用啾噪！”喊声刚过，就被程正瀛击毙。其余官佐作鸟兽散，有的越墙而逃，有的藏入厕所。熊秉坤急忙下楼，在操场吹响了哨笛集合队伍。之后，熊带 40 多人出营门向右拐，过 15 协西营门时，如约放了三枪，召唤驻扎附近的各标起事，之后又率众奔向楚望台军械库。

至此，发端于工程营驻地的武昌首义之火开始向武昌城乃至全中国

图1-5　辛亥武昌首义发难处纪念碑（刘建林摄）

蔓延。工程第八营旧址作为打响首义第一枪的地方而被永载史册。

时过境迁，工程营旧址被划入湖北省总工会。当年的景物多已改变，只有东北角的一个黄土台还留有当年的风貌。当初的营房也被拆毁，如今在总工会办公楼的南边，有一座二层楼房，正是当年工程第八营的营房，这是20世纪50年代按原貌重修的，现为湖北省总工会干部学校所在地。随着人们对辛亥革命精神和意义的愈发重视，1987年，武汉市人民政府在此树立了刻有“辛亥武昌起义”“工程营发难处”两行大字的纪念碑。1995年，又在其后配套兴建了纪念碑廊，其中立有由著名辛亥革命研究学者冯天瑜教授撰写的《辛亥武昌首义发难处纪念亭记》石碑。当年工程营官兵展现的“敢为人先”精神，成为近现代武汉精神的形象写照。

三、楚望台军械库遗址

楚望台又名楚王台，位于武汉梅亭（家）山、今起义门东约 200 米处，是一座 22 米高的土台子。清末，湖北新军在这里兴建了全国最大的军火库之一，因此它成为武昌首义发难后起义军第一个夺取的据点，也成为他们的临时大本营。

传说楚望台得名于明初楚王朱桢。1364 年初，朱元璋进攻陈友谅之子陈理，陈因无力抵抗而投降。同年 2 月，朱元璋率军来武昌，驻扎在梅亭山麓。这时喜讯传来，后宫胡氏生了朱元璋的第六个儿子。朱元璋特别高兴，认为此乃天意，当众宣布将来就把楚国这片沃土分封给这个儿子。洪武三年（1370 年），朱桢被封为楚王，并于洪武十四年（1381 年）就藩武昌城。为了表达对父皇的感恩与思念，朱桢在梅亭山顶立了一块明太祖“分封御制碑”，并筑亭于山上，名叫“封建亭”。朱桢站在亭中向东可遥望朱元璋所在的京城——应天府（今南京），故称为“楚望台”。

此外，在武汉民间还流传另一种说法，认为这是当年楚王登台西望盼楚军的地方。春秋末年，楚王为奸臣蒙蔽，图谋陷害功臣伍子胥父子。伍子胥看破楚王的阴谋，一气之下投奔了吴国。后来，伍子胥为了报仇，带领吴国的兵将，把楚国都城围了起来，楚王吓得逃到武昌这边，并修了一个高台，登高西望楚都。伍子胥破了楚都，又气势汹汹地奔赴武昌。楚王孤立在高台上，盼着楚国的兵将来救他，眼看楚军一败涂地，便吓得魂飞胆丧，死在高台上了。从此，这个高台就叫作“楚望台”。

清末，楚望台早已没有了分封御制碑和封建亭，而是建起了湖北新军的军械库。武昌起义时，军械库是当时全国最大的军火库之一，储藏有德国造 7 米厘（毫米）双筒毛瑟枪万余支，日本造 6 米厘（毫米）单筒枪 15000 多支，汉阳造 6 米厘（毫米）单筒枪数万支，共计步枪 59000 多支，以及进口和国产的各类大、小炮 124 门和大量弹药。它不仅是清军严防的军事重地，也是革命党人起义计划中首先要攻占的目标。熊秉坤等人在工程八营发难后，士兵们就提议："难既发，当速占楚望台，据军械库。"占领了楚望台，不但可以控制制高点，而且还可以取得弹药的不断补给。

1911年8月，革命风声紧急，湖广总督瑞澂同意第八镇统制张彪的提议，因工程八营成立较早，老兵占多数，比较可靠，特令该营负责防守楚望台。首义前几天，清廷督署召开了防务会议，工程八营督队官阮荣发呈上了该营的革命党人名册。军事参议官铁忠根据各方面的情报在会上提出，守卫楚望台的工程八营中革命党人多，应该立即调换。但这遭到黎元洪的反对，黎害怕此举会引起革命党人怀疑而发生激变，所以并不赞成马上以30标的旗兵去替代。而张彪考虑到工程第八营隶属自己的第八镇，为防人指责，也认同了黎元洪的建议。但楚望台军械库仍引起了瑞澂等人的格外重视，决定另由清督练公所增派旗兵防卫，并委派防守官李克果、成炳荣等带领前往监视，同时，又在附近构筑防御工事，防止革命党人进攻。

1911年10月10日夜，在距楚望台西北约一华里的工程第八营驻地，熊秉坤等革命党人毅然发难，按照原计划首先带队抢占楚望台。当时，李克果企图固守。工程八营左队的革命党人马荣、罗炳顺等正巧值班守卫军械库，就势提出要求："我等未见一粒子弹，何能抵抗？"于是，李克果便派人将库门打开，搬出两箱子弹分发给清兵。革命党人得到子弹后，不顾防守官的监视，马上鸣枪响应，配合行动，李克果等监视官员眼见大势已去，只好趁乱逃走了。起义军迅速抵达楚望台后，马荣等人打开北侧的军械库大门，缴获了急需的各种武器和弹药，用以武装起义军。工程八营参加发难的共约300人，是占领楚望台军械库的主力。熊秉坤马上以革命代表的身份集合讲话，发布十项命令。其中第一

图 1-6　楚望台军械库遗址（刘建林供图）

项就宣布本军应冠以“革命军”三字，称“湖北革命军”。其他则是：本军作战以清督署为最大目标；本军以楚望台、蛇山为炮兵阵地；金兆龙带后队往南湖要求炮队第 8 标响应……

随后，驻右旗的新军 29 标中有几十个人在蔡济民等带领下赶到楚望台，30 标中的 200 多人由高维等率领，也向楚望台会合。陆军测绘学堂的学兵们当时正在上晚自习，听到枪声后立即全体集合，奔赴楚望台。而驻左旗第 31、41 标的留守部队也在黎元洪逃走后奔向楚望台。

瑞澂、张彪等得报楚望台被占领后，急令各协、标、营军官制止内应，又另派可靠队伍进行会剿，但官兵多纷纷离营逃命。

于是，古老的楚望台成为革命军刀枪林立的大本营。当时聚集在楚望台的起义人数较多，且成分复杂，熊秉坤已经难以指挥自如。为了加强领导，大家公推素为士兵信赖的左队队官吴兆麟为起义军临时总指挥，熊秉坤担任副职。

鄂城人吴兆麟（1882—1942 年），早年曾加入日知会，但自光绪三十二年（1906 年）底日知会名存实亡之后，他就与革命组织失去了联系。首义当晚，吴兆麟正在楚望台值勤，见有工程第八营士兵赶来，不知所为何事，便在库房附近躲避了起来。后来他被巡查的汪长林等人找到，带去了义军集中地。吴素有军事才能，为湖北新军周知，士兵们见吴前来，喜形于色，公推其为革命军临时总指挥。吴受命后，立即严肃军纪，动员士兵，原本趋于涣散的秩序立即得以恢复。此后，吴宣布楚望台为起义军临时大本营，先布置中和门、通湘门一带的警戒，后又察看四周地形，控制了武昌城的凤凰山、蛇山等制高点，并指挥起义部队，向湖广总督署衙门和紧邻的张彪第八镇司令部连续发动了三次有序进攻，及时扩大了首义战果。

临危受命的吴兆麟，以其累积的威望和卓越的军事才能，令聚集楚望台军械库的起义军官兵们，在场面趋于失控的情况下仍能有条不紊地进行革命工作，为武昌首义立下了不可磨灭的功勋。后来也正是在他的坚持与动员之下，参与起义的下级军官公推黎元洪为都督，这才使得仓促发难、群龙无首的起义军拥有了深孚众望的领导者。

在阳夏保卫战期间，起义军又动用了楚望台军械库的武器。在战时总司令黄兴的指挥下，先后在汉口、汉阳对南下进剿的清军进行了一个多月的激战，有力地回击了清政府，支援了各省的起义斗争。后来，湖北各地的革命党人响应起义时，也得到过来自楚望台的武器弹药支援，如刘英在京山领导起义时，就得到过步枪 300 支、子弹 20 万发。

1912 年 4 月 9 日，孙中山应湖北都督黎元洪的邀请，偕同廖仲恺、胡汉民等人乘轮船，由上海经南京到达武汉。第二天，他们就亲临赫赫有名的楚望台视察。

楚望台军械库，以大量武器弹药为武昌首义的胜利奠定了坚实的基础。如今，楚望台军械库的建筑早已不存，其遗址在今武汉船舶设计研究所围墙内。这里树木茂盛，芳草如茵。遗址处立有高达 2 米的文保标志，题有“辛亥革命楚望台旧址”字样。如今，在武昌首义路南端，已经建起了起义门及楚望台遗址公园，供后人游览凭吊，感受老武昌的热血与荣耀。

四、起义门（中和门）

武昌首义路的南端，有武昌现存唯一的老城门，城门上遒劲有力的三个金色大字——“起义门”，为开国元帅叶剑英同志亲题，表达了政府和人民对这处武昌首义圣地的崇敬。

起义门原名“中和门”，明初洪武年间修建，是武昌古城的东南门，也是老武昌城的九门之中唯一保存至今的城门。武昌起义前，中和门是南湖炮兵和马队进城的必经之路，是革命军的首要占领目标之一。

10 月 10 日晚 7 时，湖北新军工程八营革命党人首先发难，金兆龙受命带兵经中和门往南湖迎接炮兵。金兆龙到城门时，门已上锁，守门的

图 1-7　起义门（刘建林摄）

人早已逃无踪迹，城门紧闭。情急之下，金兆龙用双手扣锁两端，用力向怀中一拔，竟使 3 斤铁锁断为两段。大家冲出城门，迅速向南湖进发。

此后金兆龙率众连续突破张彪设置的两道障碍，到达了炮队第 8 标后营门。这时炮队已响应，300 余名炮队战士在革命党人邓玉麟等发动下，正簇拥着 12 尊大炮向中和门挺进，城内城外各营革命战士积极响应，分别在凤凰山、蛇山修筑的炮兵阵地，向湖广督署发动猛攻，轰毁督署房屋多处。在猛烈炮击之下，瑞澂率卫兵打穿督署后墙仓皇逃走。起义军势不可挡，在短短 12 个小时之内，迅速占领了武昌城。而中和门作为对起义成败有决定意义的南湖炮兵和马队的必经之路，被誉为“首义胜利开端”。

为了纪念起义的胜利，民国元年（1912 年），中和门改名“起义门”。在北伐结束后，武昌拆除城墙，而起义门仰赖其首义革命圣地的巨大纪念意义，得以幸免。可惜其城楼在军阀统治时期被毁，城门在新中国成立前也濒临倒塌。胜利后，起义门得到了修缮。1981 年，为纪念辛亥革命胜利 70 周年，国家文物局、湖北省人民政府和武汉市人民政府拨出专款，由武汉市文管处承办，修整了城门门洞，修复了城楼，并布置了介绍武昌首义功绩的辅助陈列。新修的城楼，高 19.11 米，象征辛亥革命发生在 1911 年，并由叶剑英同志亲题了匾额。从此，起义门从残缺、乱砾中再生。

五、武昌起义军政府旧址（红楼）

武昌起义军政府旧址，位于武昌蛇山南麓的阅马场北端，因是红砖砌筑，故被武汉人称为“红楼”。其地原为清朝绿营旧址，宣统元年（1909 年）被选中建造湖北省咨议局大楼，次年 9 月完工。

咨议局的布局基本上是按照中国传统庭院排列，其建筑形式则完全仿照近代西方国家的议会大厦。花岗岩石基，墙面装饰有柱斗、垂花、束莲等图案花纹。屋顶为红瓦，正中有圭形的钟楼。大楼主体为砖木结构，墙体砌以特制红砖，楼房平面呈“山”字形，门厅空间高旷，栅栏低矮，院落宽敞，展示其开放的形象。大门前左侧镶嵌大理石文物保护标志，上刻“武昌起义军政府旧址”九个金色大字。

咨议局是清末各省成立的具有省级议会性质的机构。当时的清政府内外交困，为了挽救统治危机，逐步由君主专制向君主立宪（即预备立宪）转变，以延续其统治，实施了一系列新政，在各省设立咨议局即为其中之一。

光绪三十三年（1907 年）9 月 20 日，清廷下令在京师设立资政院，作为议院基础；随即又命各省督抚速在省会筹建咨议局，作为“资政院预备议员之阶”和“采取舆论之所”。12 月 31 日，到任仅 3 个月的湖广总督赵尔巽遵旨在武昌设立湖北咨议局创办所（后改组为湖北咨议局筹备处），派布政使李岷琛为总办，负责培训各阶段议员资格，紧锣密鼓地开始了筹备活动。终于在 1909 年（宣统元年）10 月 14 日，如同其他各省咨议局一样（新疆除外），湖北咨议局也举行了开局典礼，宣告正式成立。

图 1-8　武昌起义军政府旧址（刘建林摄）

尽管具有选举权和被选举权资格的人数很少，选民也主要集中于地方士绅当中，但咨议局和资政院的设立，使得中国近代以来首次出现了民意代表机构，在我国议会史上具有重要的开创意义。

由于当时湖北咨议局并无固定的议员活动场所，当时的开局典礼是借省教育总会的会场举行的。作为一省“指陈通省利病，筹计地方治安”的常设机构和舆论场所的咨议局，如无一处固定的活动场所，实在有碍清廷仿行宪政、标榜民主的脸面。因此，选址营造咨议局大楼就成为了继任的湖广总督陈夔龙的当务之急。几经考察，他最终选定了武昌阅马场北的演武厅绿营会所旧址。武昌阅马场是清军的校场，既可演练军队，又能集散民众，十分适合建造议事机关。

陈夔龙相中了江苏省咨议局仿西方议会大厦的新潮款式，便令湖北咨议局照搬江苏咨议局的图纸。据说江苏咨议局的款式是江苏议长张謇派人到日本考察，广学日本各种西式建筑设计方案后，综合所需而仿照设计的。因此从外观上看江苏咨议局和湖北咨议局的造型基本是一致的，都具有日本的西式议院建筑风格，完全不同于中国的旧式衙门。

1910 年 9 月，大楼竣工，湖北咨议局正式迁入。但讽刺的是，湖北咨议局大楼竣工两个月后，清廷的“皇族内阁”就成立了。在 13 个内阁成员中，9 人是满人，其中皇族竟占 7 人，此名单一经公布，举国哗然。加之清政府始终未能赋予咨议局和资政院正式的立法权力，其“立宪”的诚意本已受到立宪派士绅的怀疑，而此番“皇族内阁”的出现，更使得立宪派士绅对清政府的离心力骤然加剧。不到一年时间，武昌首义即告爆发。

武昌首义胜利后，革命党人在此组建了中华民国鄂军都督府（即湖北军政府），颁发了第一号布告，宣布废除清朝帝制，建立中华民国，并通电号召各省起义。武昌首义使得原本用作预备立宪的湖北咨议局议

图 1-9　咨议局界碑（刘建林摄）

场，转身而为推翻清政府统治的大本营。

在经历辛亥革命时期的辉煌之后，这座红楼也还有值得书写的几笔：在第一次国共合作期间，以董必武为首的共产党人在这里成立了国民党湖北省党部，领导了蓬勃兴起的工农革命运动，有力地推动了北伐战争的进程。1926 年 10 月，北伐军攻克武昌，武昌民众集会阅马场，庆祝北伐胜利，国民革命军总政治部和国民党湖北省党部进驻红楼。1927 年 3 月，湖北省农民协会第一次全省代表大会在此召开，毛泽东被聘为大会名誉主席。1949 年 5 月 16 日，武汉解放后，这里又成为新中国第一届中共湖北省委和省政府的办公地。

辛亥革命纪念馆的筹建，可上溯至 1912 年。据广东省中山市翠亨村孙中山故居纪念馆的研究人员撰文披露，该馆藏有一件孙中山的私人藏档，是一个名叫袁希洛的人写给孙中山的一封信，写作时间大约在

1912年3月中旬。据这封信可知，1912年初，参加过辛亥革命、此时供职于江苏教育总会的袁希洛，鉴于“我民国自武昌起义迄于今日，统一共和政府成立，其间之种种事实，皆我民国建国之精神，亦即国民教育之好材料也”，因此“创议建立一革命战争纪念馆于上海”。他的创议获得了江苏教育总会的通过，于是“特派希洛为征集员，赴各处征集关于此次革命战争之品物……以备陈列之用”。袁希洛给孙中山写这封信，即是希望孙中山对革命战争纪念馆的创办一事予以“大力提倡”和“鼎力相助”，并直接提供有关物品，袁希洛还曾为此两度觐见孙中山。另据袁希洛几十年后的回忆，他曾“赴武汉、石家庄、娘子关、太原、北京、蚌埠等处，征集在革命战争中可作纪念的物品，前后凡三个月”，然而受限于经费问题，创建革命纪念馆的愿望终未实现。

辛亥革命纪念馆的直接准备工作，是在新中国成立后才开始的。20世纪50年代中期，新成立不久的湖北省文物管理部门就开始调查和保护武汉地区的辛亥革命文物遗存，包括遗址、旧址、纪念设施和流散文物等。在辛亥革命前后起到巨大历史作用的红楼，成为理想的建馆地点。1956年，湖北省人民委员会就以“武昌起义军政府旧址”的名义将红楼公布为首批全省重点文物保护单位。1958年，中共湖北省委正式提出在红楼建立湖北革命纪念馆的决议。1961年，湖北省人民政府又将红楼报请国务院公布为首批全国重点文物保护单位。这些都为辛亥革命纪念馆的建立打下了深厚的基础。

20世纪70年代末，湖北省文物管理部门加紧了建馆步伐，加大力度征集辛亥革命文物，并开始筹办“辛亥革命武昌起义纪念”展览。1979年，他们专程赴京，邀请时任全国人大常委会副委员长的宋庆龄为红楼题字，当时已经86岁高龄的她欣然应允，题写了“武昌起义军政府旧址”和“辛亥革命武昌起义纪念馆”。

1981年是辛亥革命70周年，中共中央决定隆重纪念辛亥革命，湖北省为此成立了由省委第一书记亲自挂帅的纪念辛亥革命70周年筹委会。当年10月初，辛亥首义之日（10月10日）将近，武昌盛况空前，湖北武汉地区纪念辛亥革命70周年大会隆重召开，还举办了第一次有关辛亥革命的大型国际学术讨论会，全国各省市纪念辛亥革命70周年的参观团队纷至沓来。就在这样隆重而又庄严的时刻，1981年10月8日，辛亥革命起义纪念馆在红楼举行开馆剪彩，整座红楼和红楼内举办的陈列展览全部向公众开放。武昌起义军政府旧址（红楼）由此成为武汉乃至全国纪念辛亥革命的一个重要场所，这里不仅是辛亥革命的纪念中心，而且成为了辛亥革命史迹文物资料的保护收藏中心、陈列展览中心和科学研究中心。

六、黄兴拜将台遗址

黄兴拜将台遗址，位于武昌阅马场红楼对面，与孙中山先生铜像遥相呼应。现址建有一座红色水磨石纪念碑。拜将台通高5米多，底部是三级白色大理石须弥底座，碑身成方锥形，远看似剑，直刺苍穹。碑上镌刻“拜将台辛亥首义鄂军都督黎任黄兴为总司令在此授印”，阴刻“中华民国三十七年十月十日辛亥首义同志会敬立　公元一九五五年二月武昌区人民政府改建”。基座高1.2米，由八角形麻石构成，其北面左右两侧还有高约3米的铁柱一对。1911年11月3日，

图1-10　黄兴拜将台遗址
（刘建林摄）

湖北军政府在此用木料搭台举行拜将仪式，黎元洪授予黄兴战时总司令委任状、印信和令箭。众所周知，秦末战争时期，刘邦曾筑拜将台拜韩信为大将，那么2000多年后的辛亥革命时期，为何会再行此大礼呢?

武昌新军起义后，清政府吓得手忙脚乱，马上派陆军大臣荫昌带兵前往镇压，但荫昌既没有击败革命军的手段，也没有铁腕收回北洋军指挥权的魄力。无奈之下，清政府只好起用掌握北洋陆军实权的袁世凯，先任命袁为湖广总督，后又封其为钦差大臣。北洋劲旅得到袁世凯的命令，陆续开赴武汉，弹压革命，局势十分危急。

而此时的武汉革命军阵营中，仍处于“千军易得，一将难求”的尴尬境地。湖北军政府接连向上海发出电报，要求中部同盟会的领导人来湖北，并敦促黄兴等速来武昌。

早在1911年10月初，湖北革命党人就派出代表奔赴香港，邀请黄兴北上主持武昌的起义。当时，黄兴打算先筹集一笔资金再回内地，并立即复函同盟会中部总会，赞同在武昌发动起义。武昌首义爆发时，他正在等候总部的讯息。得到起义的消息后，黄兴马上于10月17日离开香港，23日到达上海。

当天晚上，他就和上海的革命党人商定，派人去南京策动新军起义，并由他和宋教仁来武昌支撑全局。当时，武昌虽然已经发难，但上海、南京尚未光复，沿江各口岸还驻扎着清军，到处戒备森严，而黄兴又是被清政府一再悬重赏通缉的“要犯”，想要躲过清军的严密排查，安然抵达汉口，似乎是件很困难的事情。经过商议，大家最终决定，由上海女医师张竹君出面，联合中外人士，组织战地红十字救伤队，乘英国轮船开往武汉，进行战地服务，而黄兴、宋教仁、陈果夫、马伯援等人就化装成医生混在其中。一行人于24日晚离开上海，赶赴武汉。船过九江时，见湖口炮台悬挂白旗，知其已光复，船上的百余名革命党人这才露出真实身份。27 日，清军在海军的配合下发动反攻，战事转入僵持局面。28 日下午五时，在战局危急关头，黄兴一行人终于突破敌人封锁，到达武昌。

黄兴为清末秀才，平时爱好军事，曾聘请日本军官讲授军事课程，军事造诣颇深。早在光绪二十九年（1903 年），黄兴即与同学组织拒俄义勇队，反对沙俄侵占东北。此后，黄兴创办华兴会，加入同盟会，并成为同盟会中仅次于孙中山的二号领袖。其主要精力放在了组织武装起义上，先后组织谋划、参与指挥了萍浏醴、钦州、防城、镇南关、廉州、上思、河口、黄花岗等一系列起义活动，虽然屡次失利，但愈挫愈勇，在革命党人中的威望极高。

武汉的革命军民见黄兴到来，如久旱之逢甘霖，欢呼声和鞭炮声响成一片。黎元洪派蒋翊武携军乐队和仪仗队到江边迎候，队前置“黄”字大旗，借以鼓舞军民士气。当时，汉口巷战正在剧烈进行，代表们护送黄兴去阅马场与黎元洪会晤，黎向他表示了钦慕之情，并请他渡江负责汉口方面的战事，黄兴毫不犹豫地答应了。随即，黎元洪派遣骑兵，高擎两面大旗，旗长 1 丈 2 尺，上面写着“黄兴到”三个斗大的字，跑遍武昌全城和汉口革命军驻守的地方。前线将士莫不欢欣鼓舞，据说，士兵们把黄兴看作“天将下凡”。当晚，黄兴被推为湖北民军总司令。

次日清晨，黄兴渡江到汉口视察。当天拂晓，清军 15000 人抵达汉口，以重炮轰击民军防区，造成 2000 多名革命士兵伤亡。29 日上午，黄兴偕蔡济民等人设临时指挥部于满春茶园，并清点人数。黄兴发现汉口方面的部队只有 6000 人左右，虽然他们士气很高，但都是刚招募的新兵，仓促上阵，经验不足，且缺乏机关枪作战，战力明显比不上兵强马壮的清军。面对劣势的局面，黄兴否决多数旧军官死守待援的主张，在 30 日清晨，亲率部队进攻，打得清军措手不及，并夺回已失山炮数尊，缴获子弹数百箱，极大鼓舞了革命军民的士气。在战斗中，黄兴时而身先士卒，时而断后督阵。

但随着清军的继续增兵和革命军的不断减员，为了避免无谓的牺牲，黄兴于10月31日以民军总司令的名义，下令固守原占领阵地。11月1日，清军继续以大炮开路，民军官兵则利用街巷房屋节节抵抗，清军每前进一步都要付出沉重代价，恼怒的冯国璋竟决定让部队放火烧街市，并禁止保安会救火。大火连烧三日，汉口的繁华区域成为一片焦土。此后，清军且烧且进，民军退至玉带门一带，并陆续渡过汉水，向汉阳撤退。此时，黄兴仍不肯退出战场，军政府恐其有失，特派多人将其挟以过江，退返武昌。黄兴且行且回顾，叹息不已。次日，民军全部退守汉阳、武昌，汉口陷落。

当晚，在军政府召开的紧急会议上，黄兴对汉口失利进行总结发言。会后，在黎元洪、黄兴皆不在场的情形下，党人商讨了黄兴的名义、地位问题。这时，革命派的内部矛盾较尖锐。当时湖南、湖北都督都不是党人，所以居正、蒋翊武等人提出，由民党领袖黄兴取代黎元洪，担任“两湖大都督”，以统筹全局。但遭到刘公、孙武、吴兆麟等人的反对，认为大敌当前，不能动摇根本。此后同志们推举黄兴为“民军战时总司令”，但存在由同志公举和由黎元洪委任两种意见，最终吴兆麟、孙武等人以统一事权为由，商定由黎元洪委任黄兴为中华民国军政府战时民军总司令，黎元洪为黄兴举行登台拜将的古礼。11月3日上午，黎元洪在阅马场南边筑起木制拜将台，举行拜将仪式。

这天，秋高气爽，拜将台四角遍插军旗，正中高竖一面大红帅旗，上面绣着“战时总司令黄”六个大字，迎风飘扬。湖北军政府各机关文武官员和革命将士都列队肃立阅马场。黄兴和黎元洪在队列前并辔而行，来到台前，黎登台宣告：“本都督代表四万万同胞及全国军民，特拜黄君兴为战时总司令……”说毕，即请黄兴登台受职，黎亲手将战时总司令的关防、印信、委任状、令箭等授予黄兴。黄兴慷慨激昂地发表了简短的就职演说，指出“此次革命，是光复汉族，建立共和政府”，并提出努力、服从、协同三项要求，并表示自己将“为国尽瘁”。然后黄兴骑马巡视全场一周，举手频频答礼，全场欢呼。就这样，在革命党人的内部斗争之中，旧军阀出身的黎元洪，通过对黄兴的拜将仪式，正式取得了“主公”的位置，黄兴则成为其麾下战将，这为革命党人的大权旁落埋下了伏笔。

拜将典礼结束，黄兴随即组织了总司令部，当晚即率总司令部奔赴汉阳，先在汉阳伯牙台设总司令部，后又移至汉阳西门外的昭忠祠。11 月 11 日，黄兴发布命令，规定了各部队的防御阵地，并亲临前线巡视并慰问士兵，申明为革命而战的重大意义。14 日上午 9 时，总司令部召开了军事会议，制订了反攻汉口的计划，但遭吴兆麟、孙武等人反对，黎元洪的态度则模棱两可。

16 日上午，经过周密的战前准备，黄兴下令分三路向汉口进攻。起初进展顺利，但后因清军援兵赶到，战况急转直下，革命军损失惨重，退回汉阳。此后，革命军与清军在汉阳战场往复拼杀。至 26 日，清军以优势兵力乘胜进逼，黄兴亲临十里铺前线督战，终因敌军炮火猛烈，十里铺失守，黄兴不得已于晚间退回武昌。江轮驶至中流，黄兴竟欲纵身跳江，好在左右护从将其紧紧抱住，才得以幸免于难。次日，汉阳全面失守。至此，历时 41 天的阳夏保卫战以革命军的失败而告终。

黄兴在拜将前后，面对敌我兵力及作战素质的悬殊差距，仍然率众坚守汉阳 20 多天。在这期间，革命军拖住了清军主力，给各省创造了光复时机，使另外 10 多个省得以宣布独立，清政府的反动统治很快陷于土崩瓦解，南北议和才得以展开。对此，黄兴的历史功绩是不可磨灭的。1916 年 10 月 31 日，黄兴逝世，年仅 42 岁，武汉报纸一致惋惜，称“国失长城”。

为了表彰黄兴为革命做出的突出贡献，1948 年，辛亥首义同志会在拜将台旧址上修建了八角形木结构纪念亭。后亭子因年久失修而倒塌，仅留一亭基和石碑，辛亥首义同志重建纪念碑。1955 年，武昌区政府将阅马场绿化后，建紫红色水磨石纪念碑，次年即入选湖北省首批文物保护单位。2007 年，首义广场改造，武汉市政府修缮纪念碑碑体，将底座改为石台，并将拜将台搬迁至广场中轴线。

七、抱冰堂

越王念复吴仇，非一旦也，苦身劳心，夜以接日，目卧，则攻之以蓼；足寒，则渍之以水。冬常抱冰，夏还握火。愁心苦志，悬胆于户，出入尝之，不绝于口。

——《吴越春秋》

光绪三十三年（1907 年），为了怀念调京任军机大臣的湖广总督张之洞，他的门生在武昌蛇山南腰建造了抱冰堂。宣统元年（1909 年），张之洞去世，抱冰堂一度改为他的祠堂。经历过火灾与拆毁重建，现存的抱冰堂为 1936 年复建的建筑。这里曾是共进会成员聚会及从事革命活动的场所，推动了武昌首义的进程。

抱冰堂位于现在的黄鹤楼公园内，坐北朝南，背靠蛇山。初建时为横长方形青砖木结构，是少有的单层飞檐穿斗漏花建筑。面阔五间、26 米，进深三间、17 米，高约 10 米。单檐九脊歇山顶，黑布瓦屋面，檐下外廊环绕，廊顶刻有精美的人物花鸟浮雕、透雕，外墙漏花青砖。台基为红色条石，台阶和回廊路面为麻石铺设。堂前有水泥平台，堂周花

图 1-11　抱冰堂（刘建林摄）

木扶疏，缀以假山湖石，环境幽静。梁柱上刻有造型生动的花鸟人物。梁檩门窗、檐脊栏楯结构精巧，做工细腻。整个建筑造型别致典雅，具有鲜明的地方特色。

抱冰堂经历过多次维修，经历了 1953 年和 1971 年两次维修后，屋面改铺红色机制瓦，青砖漏花墙改成石灰粉刷墙，门窗格扇亦换成一般样式，北面廊柱砌入墙内，回廊只能贯通东、南、西三面。1981 年和 2011 年，为纪念辛亥革命胜利七十周年和一百周年，抱冰堂又经历了两次维修，北边的回廊已被恢复。目前，抱冰堂中常设“张之洞与武汉早期现代化”展览，其“抱冰堂”三字匾额，为武汉大学人文社科资深教授冯天瑜先生所题写。

1983 年，抱冰堂被列为武汉市文物保护单位。2008 年，又被列为湖北省文物保护单位。

张之洞是支撑晚清政局“柱石般”的人物，督鄂十八载，在湖北大办洋务，兴建汉阳铁厂和兵工厂等实业；兴办学堂，开办两湖学堂和自强学堂等，并选拔人才出国留学；兴修水利，建设张公堤，为汉口争取

图 1-12　抱冰堂（刘建林供图）

到原址一倍以上的建城土地。

“抱冰老人”为其晚年自号，取自《吴越春秋》越王勾践为报吴仇“冬常抱冰，夏还握火”。张之洞以此为号，告诫自己刻苦自勉、廉洁奉公。张之洞廉洁奉公，虽督鄂十八载，经手钱银无数，但死后却靠捐赠的奠仪安葬。

光绪三十三年（1907 年），怀着依依不舍的心情，张之洞奉旨进京入阁。为感念其对湖北做出的巨大贡献，湖北省军界集资在宾阳门（今大东门）内依山建抱冰堂，湖北省学界筹款在警钟楼附近建风度楼（后被张之洞改为“奥略楼”，取《晋书·刘弘传》“恢弘奥略，镇绥南海”之意）。

湖北军界集资修建抱冰堂的始末缘由，见载于《抱冰堂碑记》。民国三年（1914 年）九月，民国副总统黎元洪在武昌保安门外相国寺前面为抱冰堂立碑并有《碑记》，记中云：“南皮张文襄公治鄂十九年，因前清光绪三十三年以湖广总督升任大学士去鄂，鄂人感公功德建筑纪念，吾军界则于高观山阳建抱冰堂为生祠：抱冰者公治事时所自号也。

宣统元年公薨于大学士任。鄂人感公治鄂久，遗爱深，兴学练兵，人才辈出。”“元洪受公特达之知，饮水思源愧无以报公万一，惟俎豆馨，足以妥神灵而告万世，爰就抱冰堂，改为祠堂。”

令张之洞始料不及的是，他在湖北推行的一系列新政，尤其是建立新军和开办新学、选派留学生等举措，本意在于维持清政府的统治，但在客观上为革命思想的传播和革命力量的成长提供了物质和人才基础。就连其祠堂——抱冰堂，也成为了共进会等进步团体成员聚会及从事革命活动的场所，真可谓“种瓜得豆”。

1910 年 10 月，振武学社在抱冰堂召开会议，主持人蒋翊武提出并确立了士兵代表制度，不仅落实了振武学堂章程中关于召开相当于高级干部会议的标级会议的规定，更通过了各级代表的“负责公约规程”，将其具体化、制度化。从此之后，湖北新军有关反清起义的组织工作更加有条有理了。宣统三年（1911 年）春，湖北新军进步官兵在武昌抱冰堂召开各标、营代表大会，商量起义。

当时，在湖北的革命党人中有两个影响最大的团体——文学社和共进会。面对如火如荼的革命形势，两大团体的领导层从 1911 年 5 月开始坐在一起，商讨合作事宜，前后历时四个多月。在经过两次雄楚楼会议和抱冰堂会议之后，文学社和共进会终于实现了联合。在第二次抱冰堂会议上，刘复基、彭楚藩、熊秉坤等双方上层领导，宣布取消各部队原文学社、共进会代表的名义，重新推定武汉革命党人在各部队的代表，并规定只有各标与独立营（队、校）才能参加并转达干部会议的决议，其他营、队、排、班代表皆无此权力。这种规定对于防止人们假托名义，轻率发难或制造事端很有必要。从此之后，湖北新军中只有革命党人的代表，不再有文学社或共进会的代表，新军中的革命党人迅速建立起统一的领导机构和指挥系统，为武昌起义做好了组织准备。

1911 年 8 月，革命党人鉴于清廷对革命活动查究的日益严密，决定提早起事，于是原文学社和共进会的骨干成员们在抱冰堂召开紧急会议，准备在中秋节（当年 10 月 6 日）起义。与会代表推定原文学社领袖蒋翊武为临时总指挥，孙武、张振武负责军务，参谋、内政、外交、理财、交通、司法、后勤等都设专人负责。会后，代表们分头进行起义准备工作。当时，新军工程第八营共进会代表为正目（班长）熊秉坤，后来的起义联络都是由他完成的。在此次抱冰堂会议之后，武昌首义的爆发已是箭在弦上，只是后来因爆炸案的发生，才推迟到了 10 月 10 日。

武昌首义之后，抱冰堂在首义志士心中具有极高的地位。1912 年 8 月 16 日，和孙武、蒋翊武并称“辛亥三武”的张振武，在北京遇难。当月 27 日，其灵柩运抵武汉，在抱冰堂停灵。次日，黎元洪亲至抱冰堂致祭，发给遗属恤金 2000 元。黎元洪在灵堂内失声痛哭，并亲写挽联：“为国家缔造艰难，功首罪魁，后世自有定论；幸天地鉴临上下，私情公谊，此心不负故人。”1926 年，国共合作北伐期间，另一辛亥首义元勋——刘公，其灵柩由上海运抵武汉，也停在抱冰堂设灵堂公祭。

民国时期，政府和民间人士重视建设纪念性大学。几经酝酿，湖北省教育厅决定，1947 年 5 月在抱冰堂成立了武昌首义大学筹建委员会，居正任主任委员。可惜当时政局纷乱，各界反应冷淡，筹款到处碰壁，后来还卷入了校舍纠纷案，筹建中的武昌首义大学遂告夭折。

时过境迁，曾经的首义公园已经并入黄鹤楼公园，整个蛇山成为了市民游憩的佳处，抱冰堂与设置其中的“张之洞与武汉早期现代化”的展览，在绿树掩映之下，静静等候人们前来怀念那段风云际会的日子与那位为武汉作出了巨大贡献的抱冰老人——张之洞。

八、孙茂森花园旧址（花园山聚会旧址）

孙茂森花园旧址，位于武昌历史文化街区昙华林、武昌区花园山 4 号，是湖北中医附院的第 15 栋楼，因初为孙茂森私产，故名“孙茂森花园”，后属文华书院，现为湖北中医附院图书馆和档案室用房。该建筑因“花园山聚会”而载入史册，成为湖北革命团体的源头。

大楼属文艺复兴风格，建筑平面呈对称布局。二层砖木结构，四坡屋顶，面阔七间，深五间，底层每开间设扶壁柱，并以半圆拱券相连，拱券下设拱券窗。

光绪二十八年（1902 年），湖北京山人李廉方留学日本，创办《湖北学生界》，宣传社会革命，次年，被清政府勒令归国，在孙茂森花园租房居住。居住期间，李廉方与民主革命者吴禄贞等人交结。吴经常邀集思想进步青年在李租住的寓所内聚会，宣传反清革命思想，规划反清革命，成为湖北革命团体乃至辛亥革命的源头，史称“花园山聚会”。

花园山聚会的发起人是来自湖北云梦吴家台子的吴禄贞（1880—1911 年）。吴从小就喜欢舞刀弄棍，饱览兵书。光绪二十一年（1895 年），其父去世，年仅 16 岁的吴禄贞随母迁居武昌，进入湖北织布局做工，次年考入湖北武备学堂，一年后由张之洞派往日本士官学校学习骑兵。留学期间，看到日本明治维新带来的巨大变化，并受到当时在日本从事革命活动的孙中山的思想洗礼，从此转向排满革命。光绪二十六年（1900 年），他加入兴中会，并利用义和团起义、八国联军侵华之机，回国组织自立军，发动安徽大通起义，失败后逃回日本，继续在日本士官学校就读。

光绪二十八年（1902 年）春，吴禄贞毕业归国。张之洞以大通旧案而关吴禁闭，三天后单独召见，问其在日所学。吴镇定自若，陈述救亡图存之理，恳求张之洞以其众望为天下先。张倾听良久，连声称赞“奇才！奇才！”，先后委任其多项军事要职，成为湖北新军总教官。吴利用职务之便，在武昌花园山李廉方的租屋设立联络机关，常与怀有革命进步思想的湖北留日学生聚会，商讨革命事宜。

武昌花园山在1903年的一段时间，成为了湖北归国留学生和省城就读生的聚集处，启迪了大批进步青年的革命思想。花园山李廉方的租屋，俨然成为一个革命机关。聚会者皆视吴禄贞为首领，虽无正式组织形式，但已有了粗略的分工：吴禄贞总领一切，李步青、耿伯钊、万声扬负责日常事务，李书城联络军队，孔庚主管书刊发行，朱和中、张荣楣等筹集经费。

但好景不长，得到消息的张之洞惧怕革命势起，将花园山聚会的骨干成员陆续调往他处。至次年春，花园山聚会的骨干多已调离湖北，花园山聚会也就难以为继了。虽则如此，聚会者仍然在短短数月的时间内，大量翻印陈天华的《警世钟》《猛回头》等革命书刊，到学堂、军队中散发，一大批具有爱国思想的知识青年在其动员下投入湖北新军，如刘静庵、胡瑛、张难先等人。其革命宣传活动在湖北军界和学界都有相当大的影响，花园山聚会成为湖北革命团体的源头，极大地加速了辛亥革命的到来。

九、昙华林32号（刘公公馆）

昙华林32号即刘公公馆旧址，是一栋独门独院的欧式洋楼，坐北朝南，前门在昙华林，后门抵戈甲营。入口处为水磨石制石库门，外墙两边各有系马铁环。建筑为二层砖木结构，青砖清水墙，马蹄形建筑平面。内为二进式中式院落布局，前为中西合璧二层洋楼，后为V字形布局建筑，前庭与后院均设有外廊。主入口为凸出门斗，门斗上是科林

图 1-13　刘公公馆（刘建林摄）

斯立柱支撑的阳台，阳台栏杆等也极具欧式风格。正立面上方是高耸的山花，较为华丽。整个建筑规模较大、风格简洁，具有一定的建筑风格和艺术价值，目前保存仍较完好。该建筑建于光绪二十七年(1901 年)，后为辛亥元勋刘公购买。就在这幢老房子里，刘公领导赵师梅等湖北工业中学堂的三位青年学生，成功设计制作了辛亥革命军旗——“铁血十八星旗”。

刘公（1881—1920 年），原名刘湘，襄阳东津老营上洲人，其家乃清末襄阳三大富室之一，号称“刘百万”。光绪二十八年（1902 年），东渡日本求学，肄业于东亚同文书院。1905 年秋，在东京遇到孙中山、黄兴，协助孙中山创立同盟会，并在《民报》出版时捐巨款。1906 年萍浏醴起义，奉孙中山之命回国，积极准备响应，事败后再赴日本，进入明治大学学习政治经济学。1907 年 3 月，与张伯祥、邓文翚等在日本成立“共进会”，积极谋划在长江腹地举事，后被举为第三任会长。

1910 年秋，刘公携带十八星旗初样、革命文告和重要书籍回国。当时，湖北革命团体的经费开支，大多靠自己筹集，其中文学社的经费主要靠士兵在每月饷项中捐输；而共进会则不在士兵中收月捐，主要仰仗军人以外的会员提供经费。随着起义临近，费用日增，共进会的活动经费更加捉襟见肘。为了筹措起义经费，共进会成员们上演了焦达峰、居正“盗金菩萨”，邹永成“骗金首饰”，刘贤构“捐助夏布”，张振武“出售祖产”等无奈的故事。生性豪爽的刘公了解到这一情况后，在其家族中周旋运作，以捐道台的名义，从家里要来了 2 万两银票。刘公携带这 2 万两的银票赶到武昌，交与共进会作为革命经费。

正是有了刘公这笔巨额捐款，共进会和文学社联合之后，才有经费进行一系列起义准备工作。诸如派代表到上海迎接黄兴、宋教仁，收购和制造子弹、炸弹，印制中华银行钞票，赶制旗帜文告，派遣同志四处联络响应等。

在这段准备时期，刘公主持了设计制作完善十八星旗的工作。辛亥首义前夕，刘公将赵师梅、赵学诗、陈磊等 3 名共进会会员邀至昙华林 32 号，授意他们制作 20 面十八星旗。赵师梅等人绘制完后，将图样送至武胜门外一家赵姓裁缝铺秘密赶制。起义前三天，赵师梅等人应约前来取货，但仍有两面未能完成，所以当时送至小朝街总指挥部的仅有 18 面义旗。但没料到的是，1911 年 10 月 9 日下午，宝善里机关发生爆炸，招来了俄国巡捕，17 面义旗连同大量机密文件被军警搜走。无巧不成书，当时在现场的共进会骨干、孙武的结义兄弟李赐生同志，顺手拿了一面旗子给孙武包扎，之后背起孙武紧急转移。待到隔日革命军一举占领武昌城，飘扬在湖北省咨议局门前的，就是这面沾染了孙武同志鲜血的铁血十八星旗。

次日中午，新成立的鄂军都督府在第一次会议上确立了以铁血十八星旗作为正式的国旗。而此时革命军手中，再无一面义旗，这才想起还有两面尚未完成的十八星旗。联络课长邓玉麟与赵师梅经多方打探，终于找到了在外避乱的赵裁缝，几人急忙赶往裁缝铺，取回最后两面十八星旗，终于在 10 月 11 日中午时分，将这两面旗分别竖在了汉阳门城楼和蛇山钟鼓楼上。铁血十八星旗终于飘在了武昌城头，全城为之雀跃。

后来，这名辛亥首义元老，仍然积极投身革命活动，可惜在 1920 年即因病去世，此后逐渐淡出了人们的记忆。不过好在当年商议制作十八星旗的刘公公馆至今依旧，可供今人缅怀刘公当年的捐资义举和铁血十八星旗的传奇故事。

十、石瑛旧居

出昙华林 32 号左行，右拐穿过一条两侧居民楼相夹的小巷，可以看到一条小街，即“三义街”，街对面有一个铁门砖墙的院落，这就是“石瑛旧居”。

石瑛（1879—1943 年），同盟会元老，辛亥首义功臣，既是孙中山的亲密战友和忠实信徒，又是中国共产党“荣辱与共、肝胆相照”的可靠挚友。在国民政府任职期间，石瑛不畏权贵、嫉恶如仇、清正廉洁、高效节约，因其工作和生活作风与当时官场风气迥异，从而与严立三、张难先被官场之人称为湖北“三怪”，人民群众则赞誉他们为湖北“三杰”。

石瑛是湖北省阳新县燕厦乡人，光绪二十九年（1903 年）考中举人，但感念国势日削月割，毅然放弃进京考试的机会，转而游学武昌，进入文普通学堂学习，随后与田桐、居正、张难先等革命青年结交，颇受进

图1-14　石瑛旧居（刘建林摄）

步思想影响。

次年参加张之洞举办的官费留学考试，被选送欧洲留学，初至比利时，后入法国海军军校。在军校读书期间，因不满法国军校歧视外籍学生，不予讲解新战术和新器械的做法，于是在即将毕业之际，与同学向国华相约，潜入学校保密室，获取炮学与水雷教材数册，秘密携往比利时布鲁塞尔的一家照相馆翻拍，不料被照相馆的主人揭发。但翻拍的相片已经到手，于是二人商量由向国华带回法国，可惜向国华在前往巴黎的火车上被法国秘密警察逮捕。后经石瑛奔走营救，中国驻法公使据理力争，法国政府被迫承认石瑛和向国华秘密翻拍教材是一种爱国行为，并非间谍罪，对二人从轻发落：驱逐出境。于是，石瑛转投英国伦敦大学，学习铁道工程。光绪三十一年（1905 年），石瑛等人在孙中山的指示下创办了中国同盟会英国支部，并承担向华侨筹款之责，深得孙先生信任，被誉为“廉能”。

辛亥革命爆发后，孙中山闻讯立即前往英国开展外交活动，石瑛跟随左右，并在任务完成后护送孙中山登船归国。石瑛晚于孙中山三天抵达上海，立即投身反清事业，曾指挥北伐新军舰队与清朝海军交战，后经孙中山特派，总办全国禁烟事宜。1912 年回武昌主持同盟会湖北支部，年底加入国民党，并当选为众议院议员。1914 年，因不满袁世凯窃取革命果实，支持李烈钧在江西湖口起事，失败后再度逃往英国留学，进入伯明翰大学，学习采矿冶金，1922 年回国任北京大学教授，1924 年被推选为国立武昌大学校长。

1928 年，石瑛出任湖北省建设厅厅长，随后购买了位于武昌旧城东北角的两间旧基地和一个废旧祠堂，改造为用于家人居住的院落。院落所在的街上有祭拜刘关张的“三义殿”，因此得名“三义街”，是当时武昌文人墨客汇集和人们朝拜祀奉的场所。

起初，石瑛只建了一层平房。与他同在英国留学、同为北大教授，后又共同创建武汉大学的老友王世杰、周鲠生等来看望他，见他的住房被对面的楼房挡住了阳光，力劝石瑛将平房改建成楼房，并戏说我们共同建房，你住楼上，我们住楼下。于是石瑛又找来建筑商“汉协盛”进行加层设计、施工，所欠房款一年后才还清。此后，又经过一段时间的积蓄，建成后宅，形成由前后两栋楼房组成的小院落。

前栋主楼是中西合璧红砖清水墙二层砖木结构楼房，后栋附楼则沿明代古城墙依山而建，貌似二层，实为一层砖木结构楼房。房屋建造风格折射出房主的生活文化轨迹，石瑛曾在欧洲留学生活多年，他将欧洲建筑艺术引进了自己的宅院。主楼是欧洲 19 世纪常见的别墅形式，采用的是一主二副三房组合的建筑格局。主屋与东西两副屋之间，则用隔断墙连接，并形成了合院和天井，小楼因此也具有了中国传统建筑的风格和韵味。室内的大壁柜和 4 米高的净空显得西化洋气，而简洁的门饰、清水墙的立面、宽大的百叶窗等建筑细部的简单处理，又凸显房主追求的朴实。

这里是石瑛一家在武汉唯一的住房，石瑛于1928—1930年和1937—1938年在此居住。在此期间，这处中西合璧建筑见证了石瑛的许多精彩光辉时刻。

在担任湖北省建设厅厅长期间，石瑛兴利除弊，在交通、水利、农林、工商等方面均有建树，还参与筹建武汉大学。当时，珞珈山还叫罗家山，罗姓居民不愿出售土地，石瑛就亲往商谈，使罗家人明白兴办大学教育的重要意义，最终使罗家人愿意出让土地。在此前后，石瑛与他的留英同学李四光、王世杰、周鲠生等人多次在其寓所商谈武汉大学建设事项。1929年，王世杰校长诚邀石瑛担任工学院院长。为此，教育情结浓厚的石瑛，毅然辞去地方要职，出任武汉大学教职。为缓解学校的经费问题，石瑛还将任内每月600元的办公费和应得的利息数万元，全部捐赠武汉大学。在武大教学期间，石瑛提倡学以致用，重视实习，树立刻苦好学的新风尚。

1937年抗战军兴，南京国民政府西迁重庆，石瑛回到武汉，与何成浚、严立三、张难先等人组成新的湖北省政府。值此国家危难之际，湖北“三杰”勠力同心，积极为抗战效力。

当时的武汉已成抗战中心，中共中央代表团和八路军南京办事处也迁来武汉，八路军武汉办事处也已成立。根据中共中央关于发动群众、组织群众进行持久抗战的战略方针，在汉共产党人计划在湖北和武汉等地举办训练班，培训敌后游击队骨干。石瑛采取了积极合作的态度，重回湖北省建设厅厅长三天之后，就主动找到了董必武，对董必武说：“国民党是腐败了，我想培养一批像你们共产党人一样能吃苦耐劳、为民众做事的人，到湖北各县去推广合作事业。”董必武和石瑛都是老同盟会会员，深知石瑛的坦荡磊落，欣然同意了他的要求。

于是，“汤池训练班”就这样办起来了，经费则由建设厅拨给。石瑛仅派了李范一任训练班主任，其他干部均由中共人员担任，用共产党的教育方法培训一批新兴的农村合作指导员，平时组织农民发展生产，战时发动农民打游击。

训练班由中共湖北省委宣传部部长陶铸同志负主要责任。训练班每次为期一个多月，一共办了 4 期，培养了 300 多位学员。当时有人向石瑛说：“共产党打入训练班，应城红了半边天。”石瑛理直气壮地回答：“什么红了半边天，现在是国共合作，你救国就不许别人救国吗？”又有人说：“共产党乘机扩充势力。”石瑛怫然作色：“我宁可受制于中共，也不屈于日本人，中共是中国人嘛！”

训练班为建立鄂豫边区抗日游击根据地、为新四军第五师培养了一大批骨干力量，毕业的数百名学员都以合作指导员的合法身份，在全省各地宣传和组织群众团结抗日，发动沦陷区的抗日游击战争。训练班办到后期经费困难，石瑛还常常将私人存款汇给训练班，有一次汇了 500 元，当时战事吃紧，物资紧缺，石瑛丝毫不顾及自己日后战争期间的生活，毅然捐款支持培训抗日人才。

1943 年 12 月 4 日，石瑛在重庆病逝，弥留之际仍念念不忘国家民族安危，一众亲友视之无不落泪。次日，蒋介石和董必武都亲临葬礼，蒋介石还为石瑛颁发了两块匾牌，一块“勋留党国”，一块“亮节清风”，十分贴切地涵盖了石瑛先生为国为民、鞠躬尽瘁和严于律己、廉洁俭朴的伟大人生。

十一、张难先旧居

张难先旧居位于武昌民主路蛇山五坡 8 号武警医院对面。这所院落建于 20 世纪 20 年代，是一幢砖木结构的平房，呈长方形排列四间。旧

图1-15　张难先旧居（刘建林摄）

居面向蛇山北坡，张难先在这里一直住到了20世纪50年代，其二房长孙张铭渝一家仍住此处，是研究辛亥首义文化的重要实物。

张难先，同治十三年（1874年）出生于湖北沔阳（今仙桃），名辉澧，号义痴，字难先，以字行。张难先私塾功底扎实，熟读《资治通鉴》，既懂得了“民贵君轻”的道理，又看清了中国当时的现状，认识到“我们必须冒险犯难，舍生取义，进行革命，推翻‘洋人的朝廷’，打倒帝国主义，才能使民贵，使君轻。只有民贵君轻，才能使本固，使邦宁。救民必救国，而救国必先救民”。

在思想上对革命有了较为充分的准备后，光绪三十年（1904年），张难先奔赴武昌，结识了刘静庵、胡瑛等志士。当时正逢张之洞组建新军，很想多招收读书人入伍，胡瑛提出：“这时搞革命非运动军队不可！”张难先非常赞成，说：“运动军队，非亲身加入行伍不可！”于是两人毅然加入湖北新军中最有影响力的第八镇工程营充当士兵。在刻苦操练之余，张难先还深入军营基层，做艰苦细致的工作，向广大新军士兵传递革命火种。当年 6 月，张难先与欧阳瑞骅、刘静庵、胡瑛等人组织起湖北第一个反清革命团体——科学补习所，张难先担任工程营干事。随后，他们与湖南“华兴会”取得联系，准备借 11 月 28 日慈禧太后七十大寿的时机，由黄兴在湖南率先起义，科学补习所响应。事泄后，张难先立即奔告各同志，与刘静庵销毁本所文献，安排宋教仁、胡瑛等人逃亡日本，保全了革命火种。此后他逃归故乡，以教书办学为生，静待时机。

光绪三十二年（1906 年），张难先加入日知会，10 月再赴武昌，谋划响应萍浏醴起义，但遭到叛徒郭尧阶的出卖，刘静庵、张难先、胡瑛等 9 人被逮捕入狱，史称“丙午之狱”。就在张难先被押解回武汉时，在巡警道与郭尧阶相遇，张难先极其痛恨叛徒，当即狠狠抽了他两个嘴巴子，并怒斥其卖党求荣的无耻行径。虽然卫兵随即将张难先制止并押走，但郭尧阶吓得面如土色，不久呕血，一年后病死。这是张难先自认为平生最痛快的事，也是最能体现他性格的佳话。

巡警道冯启钧本想以革命罪判处刘静庵、胡瑛、张难先、朱子龙等死刑，但苦于其余三人都没有证据，想从张难先寻求突破。但在几次接受审判时，张难先均只自陈革命大义，但决不殃及他人。几天后再受提审，巡警道冯启钧指问：“你的供词中‘延颈以待’四字是什么意思？”张笑答：“我等待诸公砍下我的头颅呀！”后来，刘静庵死于狱中，教会出面请美公使向清廷力争，最终又得王慎庵、刘熙卿等宿儒作保，张之洞终于批准张难先保外就医。出狱后，张难先又加入文学社，在武昌、汉川等地继续从事反清革命活动。

1911 年，张难先得知武昌首义的消息后，迅速赶往助力，曾协助李亚东守卫汉阳。1928 年，张难先任湖北省财政厅厅长，参与筹建武汉大学。在此前后，张难先在蛇山主峰高观山的北麓购置了一块土地，并取隔壁灵山寺的名号，将此处叫作“灵山窝”，并在此建屋。张难先平素廉洁俭朴，因此院落虽占地500多平米，一直与蛇山相连，但主体建筑并不丰伟，仅一厅四室，平檐小廊，墙体也只是单砖砌筑，冬冷夏热，唯有屋檐飞角的图案，还显出了几分古意。院落建好后，张难先将远在沔阳的一家八口人接来居住。虽然房屋简陋逼仄，但胜在环境清幽，加之张难先颇有名望，因此常有名人拜访。诸如著名的爱国将领冯玉祥将军曾来此祝贺张难先三女儿的婚礼，“湖北三怪”中的另外一怪——严立三先生也曾来此进行“双怪会谈”。

1930年初，还没有享受几天儿孙绕膝的惬意时光，张难先就惜别了新居，前往南京就任铨叙部部长，年底又赴任浙江省主席，直到1932年初才回到了魂牵梦萦的灵山窝家中。1935年，张难先见子女相继成家归来，灵山窝不敷使用，于是在其参与筹建的武汉大学十八栋山脚购买土地，建起一座简陋的土房，因门前能望见卓刀泉刘静庵墓，感念而名曰“思旧庵”。从1943年起，寓居重庆歌乐山的张难先开始访求辛亥首义史料，撰写首义人物传记，虽然遭到湖北通志馆、中央党史委员会和国史馆的冷遇，但他仍四下探访老同志、各大学，笔耕不辍，两年后写成《湖北革命知之录》。新中国成立后，张难先出任中南军政委员会副主席，移住汉口赫德路（今常德路）2号，仍常回灵山窝看他的老屋旧物。1954年离汉赴京时，他是从灵山窝上的车，作别了他最喜爱的老屋。张难先于1968年病逝于北京，享年94岁，是辛亥元老中少有的寿星。

十二、李书城旧居

2007年，武昌蛇山东段南坡进行透绿改造工程，有人发现了这里有座保存较好的李书城旧居，消息经媒体披露后，有关方面马上对其进行了保护，并在 2008 年进行了全面维修。

李书城旧居为两栋相连的中西合璧双层砖木结构楼房，均坐北朝南，麻石基础，方窗，四面坡屋顶，机瓦铺盖。原本除此处之外，李书城还有多处房产，但如今多已不见，最著名的一处是他租住的上海法租界望志路 106 号（现兴业路 76 号），中共一大就是在他家 18 平方米的客堂中召开的，与会者还有他的弟弟李汉俊，李书城也因此被称为“红色房东”。不过，他最为人称道的身份还是同盟会元老、辛亥革命元勋。

李书城，光绪八年（1882 年）出生于湖北潜江县沱埠垸，从小患有严重的口吃，但仍然通过自己的刻苦努力，于光绪二十四年（1898 年）考中秀才，同年 9 月，入学武昌经心书院。光绪二十八年（1902 年），李书城因成绩优秀，被张之洞选派至日本东京弘文书院速成师范学习。同学之中包括黄兴、鲁迅、许寿裳等近代名人。当年秋，李书城即与孙中山会晤，次年元月就与刘成禺、尹援一等湖北留日学生创刊《湖北学生军》，揭露帝国主义侵略、瓜分中国的阴谋，宣传排满复汉的民族主义思想，介绍西方社会和政治学说。《湖北学生军》是中国留日学生主办的革命刊物中以省区命名的最早的一种。

光绪二十九年（1903 年），回国的李书城与吴禄贞等人召集“花园山聚会”，畅谈革命方略，宣传反清革命思想，影响迅速扩大。后来，老谋深算的张之洞将骨干成员调离湖北，聚会因此解体。

光绪三十年（1904 年）春，在吴禄贞的资助下，李书城带着弟弟李汉俊再度赴日留学。此时的李书城深感“革命需靠武力”，于是设法进入日本陆军士官学校，他的弟弟李汉俊则在日本从小学一直读到了大学。次年 7 月初，孙中山从法国马赛来到东京，与黄兴、李书城等一起商讨成立中国同盟会事宜。当月 30 日，李书城出席了在日本友人内田良平寓所召开的同盟会筹备会，成为中国同盟会主要发起人之一。

光绪三十四年（1908 年）10 月，李书城毕业回国，在广西桂林担任广西陆军干部学堂及其小学堂的监督。李书城在学生中积极发展同盟会会员，后来在这两所学校毕业的学生，很多都参与了辛亥革命，李宗仁、白崇禧等一大批桂系高级将领都曾列其门墙。

武昌首义爆发后，李书城紧随黄兴脚步，于 11 月 2 日抵达武汉，并在次日的拜将典礼上，出任战时总司令部参谋长。在随后的阳夏保卫战中，李书城与总司令黄兴配合得当，用自己的缜密谨慎、机智灵活来配合黄兴的英勇无畏、坚强果敢。

此后，黄兴、李书城先后离开湖北去了上海，曾任职南京临时政府总统府军事秘书兼陆军顾问官。在 1913 年 10 月讨袁失败后，李书城流亡日本。次年 7 月，李书城和黄兴因与孙中山在建党问题上发生分歧，离开日本，前往美国游历达两年之久。

1917 年 9 月，孙中山在广州建立军政府，高举“护法”旗帜，反对段祺瑞解散国会、撕毁临时约法的行径。10 月，南北战争爆发，李书城被孙中山任命为湘西督办兼湖北革命军总司令，他亲临南北军对峙的湖南前线督军作战。徐世昌任总统后，南北息戈，继孙中山离开广州去上海后，李书城也回上海暂居。

正当李书城因护法运动失败而陷入苦闷彷徨境地时，他的胞弟李汉俊从日本留学回来，带来了十月革命胜利的消息，也带来了马列主义救国救民的真理，使他的精神为之一振。他支持弟弟从事革命活动，并利用自己的声望和居住上海法租界比较安全的条件，为中共的正式成立提供便利。1921 年 7 月，中国共产党第一次全国代表大会在上海召开时，就曾以其位于望志路 106 号的公馆作为会址。

在中共一大开会期间，李书城恰好回湖北主持“驱逐军阀王占元”运动。也就在此时，李书城在蛇山东段南坡建造了这座院落。次年，其

图 1-16　李书城旧居（刘建林摄）

胞弟李汉俊因与陈独秀、张国焘政见不合，回到了武汉，此后一直居住在此，直至 1927 年 12 月 17 日不幸牺牲。

在国民政府任职期间，他敢于面斥陈诚违法乱纪，敢于棍打湖北“三怪”之一的张难先滥用职权，又敢于谴责“三怪”的另一怪石瑛妄耍威风，还敢于在大庭广众之下痛骂杀害了包括他的弟弟李汉俊在内人的桂系军阀胡宗铎。因其特立独行、刚直不阿的作风，故被称为湖北“三怪”之后的“第四怪”。

淞沪会战后的一段时间里，武汉成为国民政府实际上的首都，白崇禧将自己在武昌的公馆建在了老师李书城家隔壁，可惜这座房子在 20 世纪 80 年代被拆毁了。在抗战期间，李书城与董必武过从甚密，积极主张国共合作、团结抗日，多次斥责蒋介石消极抗战。董必武对他“为人耿直，富有正义感”的品质，极为赞赏。

抗战胜利后，李书城回到武汉，全力支持当时中共南方局派到武汉重建党组织的李声簧（李汉俊之子）建立交通站，向党中央和南方局递送情报，接待来往工作人员等。

1948年，人民解放军势如破竹，节节胜利，国民党统治已呈土崩瓦解之势，时任“华中剿匪司令”的白崇禧欲借此机会倒蒋拥李(宗仁)，遂利用李书城等人的名义在湖北发起和平运动，而李书城已识破这个学生的醉翁之意，但又认为这是一个利用矛盾配合解放军南下的好机会。于是在1949年1月16日与张难先等在武汉发起组织“湖北省人民和平促进会”，呼吁停止内战，实行民主建国，并于当月23日通过封锁线，北上河南解放区拜会陈毅、刘伯承，回汉后又到武汉大学等高校宣讲其在解放区的见闻和中共政策，帮助武汉民众做好了迎接解放的思想准备。渡江战役打响前夕，李书城、张难先等又动员各界人士成立了“武汉市临时救济委员会”，四处奔走，大力活动，有效地阻止了敌人溃退时对水、电厂和全市交通设施、工厂设备等的破坏，为武汉的解放做出了不可磨灭的贡献，被武汉人民誉为“和平老人”。

1949年9月21日，受毛泽东主席邀请，李书城出席全国政协第一次全体会议。10月1日，李书城登上天安门城楼，参加中华人民共和国开国大典。10月19日，经周恩来总理提议，在政务院第三次会议上被任命为农业部部长，继续为新中国发光发热，直至1965年8月26日去世。29日上午十点，在中山堂举行公祭，毛泽东、董必武、周恩来等党和国家领导人亲来悼念并赠送了花圈。

十三、半园

半园位于昙华林老文华大学南门外的鼓架坡27号，是清末夏口(即汉口)厅最后一任厅长胡赞的旧居。该建筑为中式砖木结构民居，木雕精美，通体黑青大砖，部分为武昌城墙砖。大门朝东，上有原国民政府主席谭延闿手书“半园”石匾，匾下石门框保留红色标语“向阳院好”。

图 1-17　半园（刘建林摄）

进大门右侧为正厅，坐北朝南，五开间，厅前屋后有花园。

“半园”为胡赘对其住宅的谦称，胡赘（1885—1958 年）早年投身行伍，并加入了日知会，从事革命活动。辛亥革命前夕，他已升任湖北新军第三十一标第三营督队官和夏口厅厅长。宣统三年（1911 年），胡赘所在的湖北新军第三十一标正奉调四川镇压保路运动，辛亥革命风声传来，该标起义响应，杀铁路大臣端方，会师武汉支援革命。沿路帮助各地建立军政府，并在荆州筹集两万银元，资助湖北军政府。回到武汉后，该标被改编为军政府直属教导团，胡赘任三大队大队长，专司都督府守卫，深受黎元洪信任。此后，胡赘始终坚守革命信念，与袁世凯及其后的反动军阀作斗争。在共同进退的危机时刻，胡赘渐渐与夏斗寅交好，并结为姻亲。但在 1927 年，夏斗寅跟随蒋介石发动叛乱，胡赘心灰意冷，于是弃军从政，寻求造福百姓之道。

半园就是在其退出军界后建造的一处宅院，建于 1928 年，正值武昌拆除城墙之际。胡赘大量取用废弃的城墙砖，形成了半园通体黑青大砖的壮观景象，至今仍可辨认刻于城墙砖上的“署武昌府通判孙延华承造，窑户张斧甫”等铭文。

建成后，老友谭延闿为其亲题门匾。“半园”两字右边竖刻一行小字：“民国十七年十月”，左边竖刻“谭延闿”三小字。谭延闿不仅是国民党元老，还是民国时期的大书法家，这块“半园”门匾是其在湖北仅存的晚年墨宝，可见当年胡赘的声望之高。

新中国成立后，半园逐渐成为市民聚居的大杂院，“半园”门匾下方在“文革”时期添加了一句时兴标语“向阳院好”，是红小兵用油漆喷上的不伦不类的印刷体大字，实在无法与谭延闿的墨宝相提并论。随着时间的流逝，“向阳院好”的标语和“半园”门匾都日益斑驳，疏于维修的院落也变得破败不堪。不过相较于一墙之隔的方本仁（1929 年出任湖北省代主席）的宅院，半园还是值得庆幸的。方本仁的宅院已于 20 世纪 90 年代拆除，日益衰败的半园则在 2005 年 3 月被评为武汉市第二批优秀历史建筑，可以静静等待恢复自己容颜的一天了。

十四、黎元洪公馆

黎元洪公馆位于武昌区胭脂路胭脂坪，是辛亥首义元勋黎元洪在离鄂进京后，委托亲戚在 1915 年帮他在武昌购置的最大、最后一笔房产——武昌旧抚署的一部分。此后，黎元洪耗费重金将其改造成武昌第一豪宅，共计八栋中西合壁二层楼房，四坡顶，盖红瓦，清水红砖墙，高台基，透空地层，内空高，木地板，花岗岩勒脚线，每栋式样各异，风格别致。不过具有讽刺意味的是，自从黎元洪 1913 年 11 月离鄂进京之后，直到他 1928 年 6 月在天津的英租界寓所病逝，他再也没回过武汉。因此，这是一座黎元洪并没有居住过的黎元洪公馆。

1935 年，黎元洪的灵柩终于回到了武汉。当年 11 月，国民政府在

图 1-18　黎元洪公馆（刘建林摄）

武昌为他举行了盛大的国葬。次年 5 月，他的儿子黎绍基和黎绍业将武昌旧抚署公馆分割后开拍，同时卖给了致和堂、致中堂等 18 户。七七事变后，这里一度成为国民政府军事委员会宣传部和第二侍从室所在地。1937 年 12 月 16 日，陈布雷遵照蒋介石的命令，从汉口电话总局迁往黎元洪公馆的东面第二栋居住办公。在此居住期间，陈布雷通常是先去珞珈山半山庐，面见蒋介石，听候指示，然后再回胭脂坪撰文。截至 1938 年 8 月，陈布雷在这里撰写了《抗战建国纲领》《抗战周年纪念告全国军民书》《八一三告沦陷区民众书》《胜利须赖久之奋斗告全国军民书》等一系列抗战文件。除此处以外，蒋介石也曾在山坡上的一栋办公，可惜已被拆除，东面第一栋是蒋介石的侍从室，其他几栋也用作国民政府机要部门的办公用房。

黎元洪（1864—1928 年）是中国近代史，尤其是辛亥革命史上一位地位显赫而又颇受争议的传奇人物。他是著名的首义都督，孙中山称他是“中华民国第一伟人”，此后又两度担任民国大总统，三度任民国副总统，是民国初年闪回频率最高的政治领导人。他祖籍黄陂北乡黎家河，人们为了表示对他的尊敬，沿袭古人以籍贯代替姓名的习惯，称之为“黎黄陂”。

不过值得一提的是：在1952年，黎元洪的老家、原属黄陂的黎家河一带被划入了大悟县；而且，黎大总统本人其实是土生土长的汉阳人，同治三年（1864年）出生于汉阳洲头嘴。黎家在汉阳的房产是靠他的父亲黎朝相的退伍补偿金换来的。这是怎么回事呢？

原来，在黎元洪出生之前，黎朝相在黎家河办了个简单的私塾，虽然赶不上黎氏家族在清初的辉煌，不过维持生计还算可以。但后来太平天国的军队在当地席卷而过，黎氏家族也被折腾得田庐涤荡，在这种情况下，读书已经成为普通农家的奢望，黎朝相的小私塾难以为继。就在这苦闷的时刻，族人让他看了一篇曾国藩的《讨粤匪檄》，他读后更有感于太平军对他生活造成的极大破坏，愤而投笔从戎，星夜启程，前往武昌投奔清军，参与镇压太平天国运动。自此之后，以儒学著称的黄陂黎家也开始染指军界，为日后黎元洪在军界的崛起打下了基础。

在太平天国运动被镇压之后，黎朝相得到了一笔清政府发放的退伍补偿金。黎朝相就利用这笔钱在汉阳洲头嘴盖了一座房子，住了下来。此后不久，农历九月十九日，黎朝相的大儿子（早有长子过继他人，且早夭）呱呱坠地，取名秉德。那天恰好是观音菩萨的生日，左邻右舍都视这个新生儿为灵童，已过而立之年的黎朝相也颇为得意，对这个儿子寄予厚望，不过大概他没想到的是：这个“灵童”就是日后的首义元勋、民国大总统。小黎秉德在汉阳洲头嘴度过了几年惬意的童年，但岂料祸从天降，一次不经意的租房事件令刚过上几天安稳日子的黎家重新陷入赤贫。

随着子女的日渐长大，家里的花费越来越多，黎朝相心想屋子挺大，何不出租一半赚点房费补贴家用。但没承想，房子租出去没几天，一队荷枪实弹的清兵就把黎家大院给查封了。原来那个租客是反清的革命党，黎朝相也因此犯了窝藏罪，宅院也就充公了。

黎家刚有起色的生活瞬间落入谷底。黎氏夫妇、父母、子女六人只得暂居好心的邻居家中，黎朝相不得已，只身前往天津北塘再度投军，希望靠军饷缓解一下家里的困难。此后不久，黎朝相的军饷还没有下发，黎秉德的祖父却去世了，黎秉德和姐姐的境遇就更加凄惨了。姐弟俩以种菜谋生，还要经常外出讨饭。有一次两人没讨到饭，就偷吃了别人菜地里的萝卜，还把叶子插进土里掩饰。幼小的黎秉德好几次差点病饿而死，后来黎元洪对兵士的宽厚仁慈，在此或已埋下了伏笔。

在黎秉德 7 岁那年，母亲把姐姐送给一户姓苏的打鱼人家做童养媳，黎秉德则被送回黄陂老家，在黎家河邻村田家河的姑父家放了一年的牛。可是他放牛并不专心，倒是喜欢和同伴们玩挖洞攻城、架设浮桥的游戏。由于黎秉德放牛表现不佳，姑父到了年底就把他送回了汉阳。

相较在汉阳的贫苦生活，黎秉德在家乡的这段生活应该还是比较惬意的。这也能部分解释为什么黎元洪发迹后并不在汉阳置办房产，而要回到黎家河认祖归宗了。

黎秉德就在这种穷苦的状态下长到了 13 岁。光绪三年（1877 年），黎朝相终于在累次升迁之后，获得了“把总”的官职，军饷也较为优厚了。于是，黎秉德随家人迁到了父亲任职的天津北塘，这才开始接受正经的私塾教育。好在黎秉德极为刻苦努力，几年下来也算学有所成。在读书之余，他经常到父亲军营去看军事操演，逐渐萌生了从军的想法。在他 18 岁那年，黎朝相升任“游击”，次年，他就考入天津北洋水师学堂管轮科，并改名“元洪”。又过了一年，把黎元洪带入军界的父亲就过世了，生活的重担全部压在了黎元洪身上。

光绪十四年（1888 年）春，黎元洪以优等成绩毕业于天津水师学堂，成为管轮科的第一届毕业生，由北洋大臣李鸿章赏给六品顶戴。在李鸿章的照顾之下，黎元洪的官路畅通，很快升任为广甲舰二管轮，赏五品顶戴。

光绪十九年（1893 年），广甲舰巡行到广州的时候，恰好孙中山也从澳门迁来广州，开设东西药局，一边行医，一边宣传革命思想。在此期间，孙中山治好了黎元洪的一个把兄弟。黎元洪为了表达感激之情，带孙中山参观了广甲舰，孙中山也不失时机地向黎元洪宣传了自己的革命主张。这是黎元洪第一次和孙中山会面，也是黎元洪第一次聆听革命思想，黎元洪对孙中山雄辩的口才敬佩不已，后来还回忆说："这是我有生以来见到的最具说服力的演说家。"

1894 年 9 月 17 日，黎元洪所在的广甲舰参加了黄海海战，战斗持续了 6 小时，到天黑方才停止，归途中，广甲舰不幸触礁搁浅。第二天，黎元洪等人乘布雷艇回广甲舰取弹药，但遭到日军水雷袭击，黎元洪等 13 人跳水逃生。其中有 8 人被淹死或打死，不会游泳的黎元洪竟然靠着一身救生衣在海上漂了 3 个多小时后，被海浪冲上了沙滩，捡回了一条命。但此后，他却因清政府追究临阵脱逃的责任而受到牵连，被监禁了好几个月。获释后，黎元洪前往上海候命。恰逢此时，两江总督张之洞在南京设立延才馆，招聘武备人才。黎元洪闻讯后，立即前往南京投奔张之洞，从此舍水登陆，成为了一名陆军将领。

光绪二十二年（1896 年）春，黎元洪随张之洞回到了阔别近二十年的家乡，开始了他在湖北的宦海人生。回乡后的黎元洪，由于张之洞的赏识以及自身的知兵之能，一路平步青云，在辛亥革命前夕，已经成为湖北新军中仅次于张彪的二号人物，蜚声国内军界。张彪气量狭小，嫉贤妒能，在新军中的声望较低，反而是宽厚待人、爱兵如子的黎元洪在新军中颇有威望，被称作"黎菩萨"，这也是他日后在武昌首义中被众人公举为鄂军都督的重要原因。

在武昌首义前三个月，蒋翊武等人在洪山宝塔也确实讨论过推举黎元洪为临时都督的事。蒋翊武的理由是：一、黎元洪是当时的名将，用他可以慑服清廷，号召天下，增加革命的声威；二、黎元洪是鄂军将领，可以号召部属参加革命；三、黎元洪素来爱护当兵的文人，而这些文人全是革命党人，容易和他合作。

在武昌首义前夕，湖广总督瑞澂本想将楚望台的守军第八营撤下，改换旗人为主的第一营，遭到了黎元洪的反对，认为换守军容易给革命党人以可乘之机，而这也间接为武昌首义的爆发做出了贡献，也为他日后担任鄂军都督加了分。

于是，在武昌首义仓促爆发，革命军群龙无首之际，革命党人顺理成章地就要找黎元洪主事。不过，起初黎元洪并无参与革命的意思，但对镇压革命也抱着消极的态度。10 月 10 日当晚，黎元洪在得知自己手下的工程营士兵起义之后，也是大为震惊，但在冷静下来以后，发布了"我严阵以待，不必出击，来则歼之，去则不可追击"的命令。在眼见大势已去之后，就匆匆换了一套便服，躲到参谋刘文吉家里。后来，刘家的一个卫兵偷偷地告诉了革命军。当时革命军正在找寻黎元洪出任都督，于是派人到刘家邀请。来人说："我们来是请你担任革命军领袖，领导革命。"黎元洪不肯答应，回答："革命光靠湖北也不行，军饷军粮都无法解决。"来人说："这再商量。"黎元洪无可奈何，只得一起到咨议局商议。

在见到革命军的临时统领吴兆麟之后，黎元洪还责备他出身这么好，为什么要参加革命，吴兆麟则小声回答："我也是被众人挟来的。"此后，面对革命军的威胁和激励，黎元洪在最初几天仍旧拒绝出任临时都督，并一度绝食抗议。面对预先拟定的安民布告，黎元洪也拒绝签字，连说："莫害我！莫害我！"测绘学堂学生、共进会会员李翊东拔枪相逼，黎元洪仍不从命。李翊东只得援笔代书了一个"黎"字，把布告张贴了出去。这份代笔安民布告果然发挥了作用，军心和民心都得以安抚，不少清军兵将见状纷纷投向革命军。

此后革命形势迅猛发展，很快就光复了汉口、汉阳，这终于令黎元洪改变了当初的不合作态度。10月13日，黎元洪正式表示，下定决心投身革命，并主持召开了军事会议，发表了首次就职演说。10月17日，黎元洪在武昌阅马场主持了盛大的祭天大典，从而摆脱了傀儡地位，成为了真正的革命领袖。

大典当日，黎元洪还致信他在天津水师学堂的恩师——清朝海军提督萨镇冰，想借师生之谊劝其起义。萨镇冰收到信后没有答复，但允诺不攻击革命军。于是黎元洪在20日再次致函萨镇冰，萨镇冰终于以年老不能担任非常举动为由，回到上海，而留下的海军各舰官兵则先后起义。显然，黎元洪的书信起了很大的作用。在此后的阳夏保卫战中，黎元洪与黄兴等人通力合作，阻击清军达41天之久，拖住了清军主力，为全国范围的反清革命争取了时间。单就以上两点来说，黎元洪已不愧"武昌首义元勋"的称号。而黎元洪在后来也做出了一系列捍卫民国的努力，其中最著名的当属他对袁世凯称帝的坚决反对。1915年12月22日，袁世凯称帝后，封黎元洪为武义亲王，但遭到了黎元洪的坚决拒绝。

更加难能可贵的是，黎元洪在离开武汉之后，仍然心系武汉，曾经出资十万准备开办江汉大学。这笔钱在他死后，被其子转赠给了武汉大学建设体育馆，武大师生为了铭记黎元洪一家的资助之恩，将新体育馆以黎元洪的字命名为"宋卿体育馆"。新中国成立后，黎元洪在胭脂坪抚台衙门旧址上兴建的这一片楼房被收归国有。

第二章　红色遗迹

一、中国共产党第五次全国代表大会旧址

中国共产党第五次全国代表大会旧址，位于武昌中华路北首的都府堤20号（过去是31号），原为武昌高师附小的旧址，在旧址的操场上原有一个小礼堂，曾经举办过中国共产党第五次全国代表大会的开幕式。

图2-1　中共五大会址纪念馆

1927 年 4 月 27 日，这座小学礼堂迎来其最荣耀的时刻——中国共产党第五次全国代表大会在此举办了隆重的开幕式。校长王觉新特意身着西装，春风满面地出来招待众多来宾。

出席五大的代表有陈独秀、蔡和森、瞿秋白、毛泽东、任弼时、刘少奇、邓中夏、张国焘、张太雷、李立三、李维汉、陈延年、彭湃、方志敏、恽代英、罗亦农、项英、董必武、陈潭秋、夏曦、苏兆征、向警予、王若飞、向忠发、彭述之等 80 多人，代表了近 5.8 万名党员。此外，苏、英、美、法等国的共产党代表以及共产国际代表罗易、鲍罗廷和国民党代表徐谦、孙科、谭延闿等也出席大会。

开幕式主席台上高挂着马克思和列宁的画像。陈独秀主持会议，他以中共中央总书记的身份宣布：“中国共产党第五次全国代表大会现在开幕！”接着致开幕词。共产国际代表团团长罗易讲了话，徐谦代表国民党中央致祝词，工会、学生会、青年团、童子军的代表也先后致辞祝贺。

整个会场气氛隆重而又热烈，根本不会让人察觉到这只是一个烟幕弹。第二天，小礼堂里就没了代表们的踪影。大会的正式会议是隔日之后，在汉口济生三马路的黄陂同乡会馆秘密举行的。

在正式会场上，主席台上除了仍然悬挂马克思和列宁的画像之外，还在旁边墙上张贴着很长的红色标语，大致是“工人小资产阶级联盟”“争取非资本主义前途”一类口号，这是以前未曾有过的新的宣传。这悄然揭示了原来亲密无间的国共合作已然不复存在，国共两党的长期对峙即将拉开序幕，这是什么原因造成的呢？

原来，随着国共两党共同领导的大革命不断深入，共产党内以陈独秀为代表的右倾投降主义气氛日渐高涨，这极大助长了某些国民党右派的反革命气焰。1927 年，蒋介石在上海悍然发动的“四一二”反革命政变，宣告了国共两党第一次合作的失败。

接着，在全国各地出现了针对共产党人的大屠杀，瞬息之间，中国革命的形势岌岌可危。这令当时以武汉为首都的武汉国民政府，也遭受到了反革命势力的空前压迫。以蒋介石为代表的新旧军阀势力从四面而来，对武汉实行军事包围和经济封锁。长江和京汉、粤汉铁路的交通运输均被切断，帝国主义者关闭了在武汉的工厂银行、企业，官僚资产阶级也纷纷抽逃资金，关厂歇业。武汉地区粮食供应困难，商品短缺，财政收入锐减，军费无着，人心浮动。在这种情况下，武汉的民族资产阶级也发生了严重的动摇，“工农运动过火”的叫喊声一时甚嚣尘上。而此时，武汉国民政府主席汪精卫也产生了动摇，逐渐走向了反动，即将转向共产党的对立面。

是继续妥协退让还是奋起武装反抗？这是中国共产党当时最尖锐的问题。为了马上回答这个问题，中共第五次全国代表大会在共产国际的直接组织下召开了。不过换句话说，中共第五次全国代表大会也是在共产国际的控制之下召开的，这也决定了中共五大的一切决议案都必须根据共产国际决议精神制定。其中最重要的一条，在于共产国际执委会第七次扩大会议再次指责退出国民党的主张是错误的，同时又主张在中国立即开展土地革命。而在当时的情况下，这两者显然是矛盾的，这也令中共五大难以制定出切合当时斗争形势的决议案，不可能提出挽救时局的有力措施，也就难以真正担负起在紧急关头挽救革命的任务。

这种矛盾和局限在五大正式会议中被体现得淋漓尽致。会议首先由陈独秀作政治和组织报告，涉及两年零三个月的《中央政治和组织的报告》，长达 6 个小时！那一大叠稿纸在他手中不时向前翻去。4 月底的武汉，天气已开始升温，陈独秀汗流浃背，台下听报告的人也不断出汗。

这份报告是根据罗易的大纲写的，报告涉及中国各阶级、土地、无产阶级领导权、军事、国共两党关系等 11 个问题，阐述了中共四大以来历次重大的政治运动和党组织、工农运动的发展状况，并检讨了自己的错误。但受制于共产国际决议精神的束缚，陈独秀并没有分析犯错误的原因，特别是关于退出国民党的问题，他并没有详细阐明自己的思想，进行深入的分析和中肯的自我批评，更没有说明当前国共两党关系的现状，以及可能发生的变化。可以说，他对这个问题的检讨自始至终是在特定压力之下的被迫表态。因为共产国际执委会第七次扩大会议决议再次指责退出国民党的主张是错误的，所以陈独秀的检讨是笼统和轻描淡写的。

他还为中央在处理广州中山舰事件问题上的右倾错误进行辩解，认为当时由于自身政治力量和军事力量的不足，只能坚决主张采取退守让步的策略；他还提出了“等待农民运动扩大以后，再来加深农民革命”的错误方针；对于农民的土地问题，他尽管承认过去的右倾错误，但仍不主张没收一切地主土地；他还附和苏联顾问鲍罗廷关于“到西北去”的逃跑主义理论，因为那里帝国主义的影响比较薄弱，而且可以同苏联建立更加密切的联系。

会上，许多代表对以陈独秀为总书记的中央所犯的右倾错误，提出了尖锐的批评，其中瞿秋白可谓是最激烈的反对者。次日，大会给每位代表散发了瞿秋白写的批判陈独秀右倾投降主义的小册子——《中国革命中之争论问题》，扉页上印着醒目尖锐的副标题——“第三国际，还是第零国际？——中国革命史中之孟什维克”。瞿秋白写道：“我要做一个布尔塞维克，我将服从真正列宁主义的纪律，我不怕皇帝制度的斩首。我敢说：‘中国共产党内有派别，有机会主义。’”他还强调，无产阶级同资产阶级争夺革命领导权，必须解决农民的土地问题，必须掌握革命武装。

当时，很重视农民问题的毛泽东提出了“要求迅速加强农民斗争”的主张，并建议党在土地纲领中应规定“广泛地重新分配土地”，并将其方案提交大会。但陈独秀担心因此引起与国民党左派内部的新纠纷，所以不予提交讨论。

同时，蔡和森、任弼时等人也分别批判了陈独秀等人右倾投降主义的错误领导。其中年仅 24 岁的任弼时更是明确指出陈独秀的政治路线是错误的，是主动放弃无产阶级在民主革命中的领导权，还强调陈独秀赞成“到西北去”的主张是逃跑主义。但是，大会在陈独秀的控制下，拒绝讨论毛泽东、瞿秋白、张太雷等人提出的正确意见。

大会根据 1926 年 11 月共产国际执委会第七次扩大会议关于中国问题决议案的精神，作出了政治形势与党的任务决议案、土地问题决议案、职工运动决议案。大会选举了新的中央委员会。会上，陈独秀虽然遭到了代表们的激烈批评，但仍然被选进中央领导机关。当选的中央委员有：陈独秀、蔡和森、周恩来、李维汉、李立三、瞿秋白、张国焘、刘少奇、张太雷、任弼时、向忠发、彭湃、项英、恽代英、彭述之、罗章龙等 31 人。毛泽东、陈潭秋、林育南、吴雨铭等 14 人入选候补中央委员。

同时，大会还选举产生了中央政治局，组成政治局常委会和中央领导机构。陈独秀、蔡和森、周恩来、李立三、李维汉、瞿秋白、谭平山、张国焘、苏兆征为中央政治局委员，陈独秀、蔡和森、张国焘为政治局常委，陈独秀继续担任总书记。同时，还选举产生了中央监察局，在日后的历史发展进程中，它演进为了中纪委。

中共五大是在革命紧急关头召开的，虽然对蒋介石的反革命本质有所觉察，但对于还在统一战线内部的汪精卫反革命集团并没有清醒的认识，完全丧失了革命警惕，未能提出强有力的措施，因此没能担负起挽救革命的历史重任。但它仍对早期中国共产党人在思想认识上和组织建设上，产生了积极作用。诸如：中共五大较全面地批评了陈独秀的右倾错误，开创了批评领导人的先例，为3个月后的八七会议结束右倾错误，奠定了一定的思想理论基础。此外，中共五大还第一次明确提出无产阶级必须与资产阶级争夺领导权，还产生了中国共产党第一个正式完整的《土地问题议决案》，为后来的土地革命实践做了认识上的准备。中共五大第一次明确提出了“集体领导”和“民主集中制”的原则，并且为革命选拔了瞿秋白、毛泽东、任弼时等一大批栋梁之材，对党的组织建设做出了重大贡献。

时光荏苒，转眼间80多年过去了，当年召开中共五大开幕式的武昌高师附小礼堂早已不复存在。为了纪念中国共产党第五次全国代表大会，2007年，在其旧址上建成了中国共产党第五次全国代表大会纪念馆，其建设规模是国内党代会纪念馆中最大的。此外，中共五大会址纪念馆还与同一条街上的农民运动讲习所旧址和毛泽东同志旧居两处著名的红色建筑互相映衬，形成了一片“红色景区”。

二、中央农民运动讲习所旧址

革命声势动地惊，工农须得结同盟。
广州讲习垂洪范，更向华中建赤旌。

这是1966年，董必武同志重访武昌红巷13号的毛泽东同志主办的中央农民运动讲习所旧址所写下的歌颂诗句。40年前的武汉，正处中国工农大革命浪潮的漩涡地带，继广州全国农民运动讲习所之后，毛泽东同志又在武昌红巷13号（原高级商业学校旧址）创办中央农民运动讲习所。伴随着北伐的胜利脚步，全国工农运动的中心也转移到了华中地区。于是，毛泽东等一批共产党人呕心沥血，终于在武昌建立起了全国性的中央农民运动讲习所，实行全国招生，为各省农民运动培育了一大批骨干力量。

毛泽东同志在武昌主办的中央农民运动讲习所旧址，建于光绪三十年（1904 年），最初是湖广总督张之洞在武昌城北角雄楚楼左侧创办的北路小学堂，不久后在学堂门前形成了一条小巷，当时还不叫红巷，而是代表学校称谓的“黉巷”。此后 20 余年间，这里又先后成为武昌甲等商业学校、湖北省高级商业学校。1926 年底，湖北省高级商业学校并入武昌中山大学，校舍空出。次年 2 月初，中央农民运动讲习所筹

图 2-2　中央农民运动讲习所旧址

备处选定此地为校址，而选定此校址的正是40年后慷慨赋诗的董必武同志。

这是武汉仅有的一座清末庭院式建筑。整个庭院坐北朝南，呈长方形。校园内前后排列四栋砖木结构的房屋，黑瓦青墙，朱柱红檐，在绿荫掩映下，显得分外整齐。中间一块大操场，把农讲所分为两大区域，前两栋为教学区，后两栋为生活区，1、2栋，3、4栋之间由“工”字形回廊贯通，结构严谨，布局得当，是中国传统的学堂群体建筑。

当时正处国共合作时期，农讲所是以国民党名义举办的，故其全称为“中国国民党中央农民运动讲习所”，但从筹办到确定教学方向、聘请教员、招收学员以及后来的全部教学工作，都是由毛泽东同志实际主持和起草的，人们习惯称其为“武昌农讲所。”

在筹办农讲所的过程中，毛泽东四处奔走，花费了大量心血。1926年11月，作为中共中央农民运动委员会主任的毛泽东同志，在上海主持农民运动委员会时制定的《目前农运计划》中，决定“在武昌开办农民运动讲习所”。当月，毛泽东同志马不停蹄地赶来湖北，并赴湖南、江西，和三省国民党省党部筹商合办湘鄂赣农民运动讲习所。

三省表示积极支持，特别是湖北省以董必武为首的共产党人及国民党左派，通过决议，给农讲所提供经费、校址，选送学员，推进了农讲所的等备工作。正当三省农讲所加紧筹办时，出现了一个不和谐的插曲，隐藏的国民党右派蒋介石在南昌造谣说“农讲所不办了”，并扣留经费，进行百般阻挠。毛泽东根据全国农民运动发展的形势提出了培养农运骨干的普遍需要，当机立断，提议把湘鄂赣三省农讲所扩大为中央农讲所，这一提议获得了全国农民运动委员会的通过，挫败了蒋介石的阴谋。在武昌成立的中央农民运动讲习所实行全国招生，共计增招苏、浙、皖、直、豫、陕、晋、奉、闽、川、贵等省的学生300余名。

为了保证生源质量，毛泽东亲自负责招生工作，审查各地应招学生。当时，规定学生的入所条件是：1. 革命观点正确；2. 毕业后，决心回到乡村开展农民运动，无他异想者；3. 身体强健耐劳，能在农所服严厉之军操，到乡间能走远路者；4. 中学毕业或肄业者，高小毕业常识较优者，小学教师；5. 年龄在18岁以上，35岁以下。同时，还规定对从事农运工作的共产党员、共青团员和积极分子，可优先录取，以“来自乡间者为最好”。一次，有几位青年参加考试，毛泽东得知他们都是来自农村，就对教务干事说，要录取他们，农民运动需要这样的人，回去是最能起作用的。还有一个从直隶（今河北）赶来应试的青年，毛泽东对他进行了面试，最后问道：“你家里有多少田？”那个青年回答：“没有田地，我家是佃农。”毛泽东高兴地点了点头，并在考卷上做了一个记号，后来发榜时，这位青年果然被录取了。

在毛泽东的主持下，第一期共录取了来自17个省的800余名学生，其中工人40余名，农民180余名，农民武装领导人、农运干部180余名，学生400余名。1927年3月7日，农讲所先期开班上课，4月4日举行开学典礼。

因当时尚处于国共合作阶段，故由国民党左派邓演达担任所长，毛泽东同志担任副所长，实际主持全所工作，参与制定教育方针和教学计划，并讲授农民问题、农村教育等主要课程。共产党员恽代英、李立三、瞿秋白、彭湃、方志敏、夏明翰以及国民党左派和知名人士李汉俊、李达等都在此任教。为了帮助学生学习农民问题，农讲所还刊印了一套农民运动丛书，发给学生作为阅读资料，其中有《列宁与农民》《土地与农民》《中国农民问题研究》《广州农民运动概述》等等。特别宝贵的是，在这套丛书中，还刊印了毛泽东的早期有关农民问题的著作。如《中国佃农生活举例》一文，毛泽东就通过一户佃农情况的调查，阐述了佃农的经济地位和政治态度，指明了亿万贫苦农民在中国革命中的重要作用。

此外，讲习所还成立了由毛泽东担任常委的农政训练班。通过农讲所、农政训练班的学习、锻炼，学员们的革命觉悟提高得很快。在1927年4月14日，毛泽东还挑选了300名学员，手持汉阳造七九式步枪等陈旧武器，镇压了麻城红枪会暴乱事件，遏制了土豪劣绅对农民运动的破坏行径，鼓舞了全国工农运动的士气。

毛泽东讲课时，擅长用通俗生动的语言阐述深刻的革命道理。当年农讲所的学员徐国林还清楚地记得："毛泽东同志当时的生动讲话，总是经常引起听众的笑声。在当时只有毛泽东同志和恽代英同志的讲话和报告最受学员的欢迎，往往使我们觉得没听够就下课了。"特别令人难以忘怀的是毛泽东同志讲《湖南农民运动考察报告》时的动人情景。那天，毛泽东手持讲稿，健步迈上讲台，讲述了在湖南五个县考察农民运动的所见所闻。一开始，毛泽东就以明确的革命立场和淋漓痛快的语言，热烈赞扬了农民运动。他说："这场农民大革命其势如暴风骤雨，迅猛异常，无论什么大的力量都将压抑不住，一切帝国主义、军阀、贪官污吏、土豪劣绅，都将被他们葬入坟墓。"顿时，教室里响起了热烈的掌声，很多同学都兴奋地跳起来。

在主办农讲所的那一段时间里，毛泽东殚精竭虑，经常工作至深夜。有一天夜里，学员唐冠南在走廊上放哨，见毛泽东的办公室还亮着灯光，便轻轻走到窗前去看。毛泽东发觉后，放下笔，走出办公室，亲切地问他是哪里人，家里是干什么的，鼓励他革命到底。毛泽东的深情关怀，给唐冠南留下了不可磨灭的印象。

图 2-3　农讲所大教室

除担负繁重的工作外，毛泽东还经常到学生中间进行调查研究，了解思想动向，一旦发现同学们身上的错误，总是着重于思想教育，满腔热情地帮助他们认识和纠正错误。他亲自做组织发展工作，及时将那些符合党、团员条件的同志，吸收到党内和团内来，以壮大党团组织的队伍。

毛泽东爱护学生，关怀他们的健康成长。许多当年农讲所的学生还记得，那时毛泽东多半穿一件布长衫，常常掰着指头一点、两点地向大家讲述革命道理。在走廊里，在操场上，同学们见到了毛泽东总喜欢围上去问长问短。有一次，农讲所的学员到汉口参加群众大会。在返校途中，突然下起了大雨，学员衣服都淋湿了。大家回到农讲所，食堂已为他们准备好了热腾腾的姜汤。原来，这是毛泽东担心大家受凉，通知食堂给他们准备的。学员们喝着热乎乎的姜汤，无不从心底感到温暖。

在毛泽东的一手培育下，农讲所的学员迅速成长。原定学制 4 个月，但为了适应当时形势的急剧发展，农讲所在 6 月 18 日就举行毕业

图 2-4　农讲所操场和学生宿舍建筑

典礼，大多数学生回到自己所在的地方，被任命为农民协会特派员，投身到农民运动和革命战争的浪潮之中。中央农民运动讲习所原计划招收第 2 期学生，但由于蒋介石、汪精卫的背叛，第一次国内革命战争失败，农讲所也被迫宣告结束。

为了纪念武昌中央农民讲习所的革命精神，1958 年，武汉市人民政府对旧址进行了修缮整理，筹建纪念馆，由周恩来亲笔题写“毛泽东同志主办的中央农民运动讲习所旧址”金字红匾，悬挂在大门上。1963 年，纪念馆正式开放。

三、武昌都府堤毛泽东同志旧居

出农讲所南行 100 多米，就来到了一座坐东朝西、青砖灰瓦的老建筑门前。走进大门，有一个小天井，堂屋左边的一个房间，里面陈设十分简单。除一张木板床铺、一张方桌、几只方凳之外，引人瞩目的就是

图 2-5　毛泽东同志旧居

窗前的大书桌，上面放有笔、砚和文稿，还有一盏玻璃罩擦得透亮的煤油灯。在这间屋子里，有一张令人过目难忘的老照片：一位青年女子端坐着，怀里搂着一个小男孩，另一个稍微大点儿的孩子斜偎在她的左侧膝头，这位青年女子神态安详娴静，似在遐想沉思。

这位青年女子名叫杨开慧，怀抱着的是她的小儿子毛岸青，那一个大一点儿的孩子，就是她和毛泽东的长子毛岸英。杨开慧于 1927 年 2 月下旬和母亲、保姆孙嫂（陈玉英）带着两个孩子到武昌。当时毛泽东同志刚刚结束对湖南农民运动的考察回到武昌，在这里撰写《湖南农民运动考察报告》。正怀孕的杨开慧帮助毛泽东整理资料，经常工作到深夜。此后不久，她还生下了他们的第三个儿子毛岸龙，而当时近在咫尺的毛泽东忙于农讲所等事务，直到四天之后才得空看了一眼新出生的小儿子。来到医院，毛泽东愧疚地说："开慧，对不起！这么多天我都没来得及看你。"杨开慧笑着说："不要紧，你的事情更重要。孩子到了要下地的时候，你在身边我要生，你不在身边我也要生。孙嫂把我照顾得挺好，你放心。”孙嫂把出生才四天的孩子抱给毛泽东看，毛泽东非常疼爱地抱着孩子，风趣地说：“我不在这里，没哪个把我的毛伢子调换了吧？”

毛泽东全家的一切家什铺盖只用两口大木箱就装完了。那时，毛泽东只有两件汗衫、一件白衬衣、一件灰布长衫。当时年仅 26 岁的杨开慧穿着也很朴素，热天总是一身粗白布衣衫，天凉了就身着一件半新半旧的格子旗袍。他们穿着俭朴，吃饭也简单，从不讲排场。

尽管工作辛苦忙碌，生活清贫俭朴，但毛泽东一家人仍倍感幸福，这是他们全家最后一段团聚时光，一家人在这里一直住到了 1927 年 8 月中旬。此后，杨开慧带着三个儿子独自回到了长沙板仓。不久夫妻二人又潜入长沙，开展秋收起义的准备工作，8 月底毛泽东辞别妻子，但不想此次话别，竟成永诀。1930 年 10 月 24 日，杨开慧被捕。11 月 14 日，在浏阳门外英勇就义。

1927 年上半年，毛泽东一家人工作和居住的地方位于现在的武昌都府堤 41 号，这里曾是一个商人的别墅，是一所传统的中国砖木平房：一进两重，每重三间。左右两间为房，中间为堂。前后两重之间有天井相隔，天井两旁又有厢房相连。1927 年 2 月 12 日，结束湖南农民运动考察的毛泽东返回武昌，18 日，他被聘为国民革命军总政治部农民问题讨论会委员，被安排住进了这里。

这所房子共有十来间，住过许多共产党的有名人物，如蔡和森、向警予、夏明翰、彭湃、郭亮，毛泽东的两个弟弟毛泽民、毛泽覃等。大家经常在这里开会、谈话，研究处理一些秘密问题。

每当他们开会的时候，保姆孙嫂总是在门外的一张小竹椅上坐着，每隔一会儿便进屋去为他们端茶添水。毛泽东夫妇对待孙嫂也是关怀备

图 2-6　毛泽东同志旧居内景

至。初到武昌都府堤，毛泽东担心她因不识字出去办事找不到回家的路，讲一口宁乡方言人家听不懂，就给她做了一块写有“武昌都府堤四十一号陈玉英”的白布条，交代她说：“发个布条给你，上街时放在口袋里。如果走错路，不知道回家了，拿出来问过路人，人家就会告诉你怎么走。”

日子虽然紧张清苦，却是自有其乐。毛泽东夫妇经常和大家一起吃饭，风趣幽默的谈吐，机智颖异的话题，欢声笑语不断。此外，各地的工友、农友纷纷在此聚集，毛泽东曾鼓励大家说：“‘泥杆腿子’办起了农会，就好比五指握成拳，力量就更大了。”无数工农群众在毛泽东同志的教诲与鼓舞之下，投身到了轰轰烈烈的工农运动之中。

在都府堤居住期间，毛泽东和当地老百姓也打过不少交道。有一次，毛泽东路过对面茶馆时，听说有一位在司湖（都府堤附近的一个小湖泊）挖藕的人被抓走了，挖藕的伙伴们急得没有办法，正在茶馆里七嘴八舌地商量怎么把他救出来。毛泽东说："这样吧，我给你们写一封信，你们送到三道街省农协去，要他们放人。"这群人将信将疑地接过了毛泽东的信，交到了农协，结果那个挖藕人当天下午就被放了出来。这件事让几个挖藕人晓得这个穿长衫的"教书先生"还有点来头，听说杨开慧在坐月子，他们就捞了一桶喜头鱼送来，毛泽东坚决不收，挖藕人急了，说："毛先生，这是我们的一点心意，请您无论如何要收下！"毛泽东推辞不过，只好说："这样吧，鱼可以收下，但要按市价付钱，否则我一条也不要。"最终，毛泽东按市价把鱼买了下来。

初夏的一天下午，骤雨初停，天气转凉。毛泽东在从农讲所回都府堤的路上，见到一位卖西瓜的老汉大声叫卖，但无人理会。毛泽东见状，挑了一个大西瓜买下。还有一次，保姆孙嫂上街回来告知，有位老太婆因为其儿子去世没钱安葬，正在都府堤街上痛哭，旁边围了很多人。杨开慧得知后跟毛泽东商量，毛泽东同蔡和森等人一起凑了十几块钱给老太婆送去。老太婆得到了毛泽东等人的资助后，当天下午就安葬了儿子。

毛泽东在武汉的主要工作是考察农民运动。他来到都府堤后不久，就连熬几个通宵，写成《湖南农民运动考察报告》，并于 8 月发表。报告驳斥了党内外怀疑和指责农民运动的论调，阐明了建立农民政权和农民武装的重要性，提出了解决中国民主革命的中心问题——农民问题的理论和政策。

此外，为加强对农民运动的领导和培训农民运动干部，他还与国民党左派邓演达等筹建全国农民协会，并创办了中央农民运动讲习所。在 3 月 10 日至 12 日的国民党二届三中全会上，他参加了"讨蒋"活动，他和吴玉章、林伯渠、恽代英、董必武等联合国民党左派，挫败了蒋介石企图在南昌另立国民党中央的阴谋，并积极支持工农向反动势力进攻。

随着农民运动的深入发展，解决农民土地已成为一个迫在眉睫的问题。毛泽东在 2 月给中共中央的报告里，3 月在和邓演达等起草的《对农民宣言》中，4 月在国民党中央土地委员会会议上，多次指出解决农民土地问题的重要性，并主张根据各省农民运动发展的不同情况分别解决。在 4 月底至 5 月上旬的中共第五次全国代表大会上，毛泽东还提出了迅速开展土地革命、大力武装广大农民、建立农民政权的决议草案，同陈独秀进行了针锋相对的斗争。但在陈独秀的控制下，并未将该议案拿出来讨论。心境苍凉的毛泽东，奋笔写下了《菩萨蛮·黄鹤楼》，其中“烟雨莽苍苍，龟蛇锁大江”的诗句，生动刻画了武昌、汉阳的两山夹江胜景，尤为脍炙人口。

1927 年 5 月 21 日，反动军官许克祥发动“马日事变”，把魔掌伸向长沙革命群众，整个湖南处于白色恐怖之中。毛泽东在都府堤 41 号接待了一批又一批的湖南农运干部，指示他们回去以后，靠山区的上山，滨湖的上船，拿起武器保卫革命，形成军事势力。在毛泽东的指引下，千千万万受苦受难的工农大众，手持大刀梭镖，踏上了武装斗争的征途。

8 月 7 日，中共中央在汉口召开紧急会议，毛泽东出席了会议，被选为中共临时中央政治局候补委员。会上，毛泽东严厉地批判了陈独秀的右倾投降主义，提出了政权是由“枪杆子里面取得的”这一著名论断。会后，他安排杨开慧母子回到长沙老家，自己也毅然决然地离开了租住半年多的都府堤 41 号，离开了壮志难酬的大武汉，作为中央特派员奔赴湖南，和中共湖南省委领导了湘、赣边界的秋收起义，后率领起义部队登上井冈山，建立了第一个农村革命根据地。

都府堤 41 号的老屋于 1956 年因修建武昌公园而被拆除，现在的房屋系 1967 年根据原貌重建，并复原了毛泽东和杨开慧、彭湃、蔡和森等住过的房间，搜集、陈列了许多当年毛泽东、杨开慧夫妇使用过的物品。除前文所述之外，还有一口在毛泽东夫妇卧室床头旁边存放着的铁箱，它的大小同一般衣箱差不多，但外皮油漆已有脱落，显得很陈旧。根据杨开慧烈士的哥哥杨开智老人回忆，当年，毛泽东和杨开慧往来各地，总是随身携带着这口箱子，里面放有文件和其他用品。1981 年，都府堤 41 号的毛泽东旧居被辟为爱国主义教育基地。

四、东湖毛泽东旧居

东湖毛泽东旧居位于东湖梅岭，包括南山甲所和梅岭别墅，是毛泽东主席 1956 年 6 月至 1974 年 10 月在武汉的居住地。

两座建筑都位于东湖宾馆，其中南山甲所是一座凹型青砖瓦房，建于 1952 年，由著名建筑学家冯纪忠设计；南山主楼则建于 1978 年。在甲所居住时，毛主席面对碧波粼粼的东湖，发出了“天下好水莫过于此”的感叹。

梅岭别墅建成于 1959 至 1960 年，由一、二、三号建筑组成，其中梅岭一号为此后毛主席来武汉的居住地，由同济大学建筑系归国女专家吴芦生设计，里面设施齐全，卧室和客厅都很宽大，还设有乒乓球桌，附属设施还有防空洞和车库，以及延伸到湖边和梅岭三号的内走廊。

毛主席前后下榻东湖宾馆 44 次，每次居住短则十天半月，长则可达三个月、半年之久，是毛主席除北京中南海之外，居住次数最多、居住时间最长的地方。毛主席曾在这里处理各种国内外大事，接见过 64 个国家的 94 批外宾，组织了对苏联的“九评”论战，并在横渡长江和东湖赏梅之余，回到这里写下了脍炙人口的《水调歌头・游泳》以及《卜算子・咏梅》。

梅岭于 1993 年初开始对外开放，成为人们缅怀毛泽东晚年经历、体验伟人生活的旅游景点。2013 年，为纪念毛主席诞辰一百二十周年，武汉东湖宾馆毛泽东同志故居重新布展后对外开放，400 余幅珍贵的毛主席历史照片在陈列馆展出。

五、陈潭秋革命活动遗址

武昌毛泽东故居的对面，就是武昌都府堤 20 号，即之前讲到的举行中共五大开幕式的武昌高等师范附属小学的旧址。这里在 20 世纪 20 年代，曾有一批思想进步、学识渊博的教师在此任教。其中，从 1922 年至 1927 年，中国共产党的创始人之一陈潭秋在此居住，以教书作掩护从事革命活动。因陈潭秋长期担任湖北地区共产党组织负责人，这一时期，武昌高师附小曾一度成为湖北革命运动的指挥机关。

陈潭秋（1896—1943 年），湖北黄冈人，名澄，潭秋是他的号，以号行。从 1912 年至 1919 年，陈潭秋先后就读于武昌省立一中、中华大学（补习）、武昌高师英语部。在此期间，他受到马克思主义的洗礼，

图 2-7　武昌高师附小教室

立志投身革命，1920 年秋即与董必武等组建了武汉共产主义小组，并于 1921 年 7 月和董必武代表武汉共产主义小组参加了中国共产党第一次全国代表大会。1922 年，陈潭秋来到湖北高师附小任教。此后五年多时间里，陈潭秋一方面教授五年级国文和历史课程，注重培养启发学生和进步教师的革命精神，在他任教的班上，发展了十几个学生参加中国共产主义青年团，他们中间不少人在日后转为正式党员，成为中国革命的优秀干部，伍修权同志就是其中之一；另一方面则积极开展革命活动，使武昌高师附小成为湖北省的共产党活动基地，当时中共省委机关和联络点经常搬迁，只有高师附小是长期开会和接头的地方。

在此期间，陈潭秋夫妇居住在附小二楼楼梯右侧的小房子里，房间十分简陋，仅有一张木板床、一张三屉办公桌、两个方凳、一个小竹书架和一个盛衣物的藤篮，这藤篮也常常成为他们外出时夹带秘密文件和革命宣传品的工具。除陈潭秋住在这里外，党的许多负责人，如董必武、彭泽湘、林育南、吴德峰等经常到这里接头，研究工作和召开各种会议，正如董必武在《悼张栗原先生》一文中所说："武昌高师附小有一个时期简直成了湖北革命运动的指挥机关。"

1923 年"二七"大罢工时，陈潭秋率领武汉 18 个工团及学联队伍，举行了声势浩大的示威游行，并组织各校师生成立慰问队，到江岸车站慰问罢工工人。当反动军警围攻江岸工人俱乐部办公室时，陈潭秋沉着镇定地指挥同志们撤退。5 月，陈潭秋因被敌人通缉，去安源参加工人运动，直至次年夏秋之际才回到武昌，仍在高师附小以任教作掩护，负责重建组织工作。

1924 年 7 月，中共武昌地方执行委员会正式成立，陈潭秋任委员长。同年，列宁逝世，陈潭秋在附小临街二楼的会议室，召开了一次党、团会议，到会者二十人左右。陈潭秋在会上发言，他分析了列宁逝世与巩固苏维埃政权以及国际共运的关系问题。1924 年下半年，反帝反封建的民主革命运动在武汉地区蓬勃发展，陈潭秋团结了周围一批进步青年和教师，经常在该校举行革命组织的活动。当时正处第一次国共合作时期，中共帮助孙中山改组后的国民党大量发展党员，在高师附小会议室举行了有数十人参加的国民党区党部成立大会，陈潭秋主持了这次会议。

在国共合作期间，陈潭秋清醒地看到了统一战线内部的矛盾和斗争。在 1924 年 12 月，陈潭秋在《中国青年》第 59 期上发表《国民党的分析》一文，精辟地分析了国民党的阶级实质，指出国民党内部存在着左、中、右三派以及他们对待革命的不同态度，为中共在统一战线内应该依靠谁、争取谁、反对谁提供了理论依据。

1925 年 3 月，孙中山逝世，陈潭秋等在武昌阅马场组织了几千人参加的纪念活动，他向群众宣传了孙中山重新解释的三民主义和“联俄、联共、扶助农工”三大政策。“五卅”惨案发生后，陈潭秋和董必武通过党的组织发动武昌和汉口的各界群众，举行声势浩大的游行示威活动，掀起了反帝爱国斗争的高潮。

同年春，陈潭秋与徐全直结婚，于当年 6 月亲自布置指导徐全直等筹备成立“武汉妇女协会”，并创办了《武汉妇女》旬刊。该刊通讯处即高师附小，徐全直担任通讯联络人。7 月，国民党湖北省第一次代表大会，也在高师附小召开，正式成立了以共产党人和国民党左派为核心的国民党湖北省执行委员会，董必武任委员长，陈潭秋任组织部部长。同年，党组织吸收了该校教师 2 名及学生中年龄较大的伍修权等 4 人为党员。不久，伍修权等 2 人由党秘密派往苏联学习。

同年，徐全直来附小教书，起初陈潭秋夫妇在校外居住，次年又迁回附小居住，每天去雄楚楼的中共湖北省委机关办公。1926 年秋，为了迎接北伐军的到来，中共中央在武昌举办北伐宣传训练班，陈潭秋是其主持人和主讲人之一。在北伐军胜利进军武汉的时候，陈潭秋做了大量的策应工作。他曾派几个北伐宣传训练班的学员，到武昌城南30余里的地方，会同当地党组织和农协一起破坏铁路和桥梁，使吴佩孚的军车几天不能通过。另外，他又派北伐宣传训练班的学生，用铁桶装鞭炮，悄悄送到督军府和省政府附近燃放，像打机关枪一样响，借以惊吓敌人，摧毁其战斗意志。

1926年9月到10月，北伐军围攻武昌城长达40天。北伐军破城前夕，城内闹起了粮荒，紫阳湖的藕成了群众的临时粮食。陈潭秋一家始终坚守在高师附小，组织大家在校园内寻找芭蕉心、菊花叶子、大椒叶子、鸡冠花等代替粮食。后来，和徐全直同一批在1922年经陈潭秋介绍入党的袁溥之同志送来一斗大米，陈潭秋把米分成许多小包，规定每餐煮一包，决不超过定量。这时，陈潭秋夫妇的新生女儿还在哺乳期，陈潭秋就让徐全直吃点干的，自己只喝米汤。就在这样困难的条件下，陈潭秋仍然镇定自若地开展工作，面对敌人的搜捕盘查，总能挺身而出，与敌周旋，凭借其机智果敢和群众的掩护，陈潭秋和武昌高师附小师生屡次化险为夷。

北伐军破城后，武汉革命政府成立，改武昌高师附小为武昌第一小学，由党员王觉新任校长，并调去一些党团员任教师。从此，这所学校成为公开的革命活动中心，有许多会议曾在这里召开，恽代英也在此作过数次讲演。其中最重要的会议有两次：一次是4月27日，中共五大开幕式在附小的小礼堂举行，陈潭秋参加了会议，并被选为候补中央委员；另一次是5月10日，共青团四大在附小礼堂召开，陈潭秋也出席了会议。

随着以蒋介石为代表的国民党右派背叛大革命，已经公开身份的陈潭秋等人在武昌高师附小显然不再适合继续开展工作了。于是在

“七一五”事变前夕，陈潭秋在武昌参与了一次党的紧急会议之后，就接受党的安排，离开了他工作战斗五年之久的武昌高师附小，辗转前往南昌担任江西省委书记，徐全直陪同做机要工作，又投入了新的战斗。在后来的革命斗争中，徐全直和陈潭秋夫妇二人相继于 1934 年、1943 年牺牲。

为了缅怀陈潭秋同志为革命事业做出的突出贡献，中共武汉市委在 1983 年陈潭秋牺牲四十周年之际，对其故居展开大修，建成陈潭秋烈士纪念馆，并请陈云同志题写馆名。

六、武汉中央军事政治学校旧址

武汉中央军事政治学校旧址，位于武昌区解放路 259 号的今湖北武昌实验小学院内，前身为光绪十五年（1889 年）由张之洞创办的两湖书院，规模宏大。旧址房屋现仅存武昌实验小学内的三栋平房，经修缮后保存完好。武昌教委施工队内的平房一栋半，被改建得面目全非。房屋为清末庑殿式建筑，坐北朝南，砖木结构，整个校园布局严谨匀称，四周有 1.9 米宽的走廊，檐下朱漆圆柱立于石鼓之上，古朴典雅。

武汉中央军事政治学校原名中央军事政治学校（即黄埔军校）武汉分校，是大革命时期国共两党合作创办的高等军事院校，有“第二黄埔”之称，是武汉国民政府时期兴办的各类干部学校中最为突出和影响最大的一所。该校创建于 1927 年初，由于有共产党人恽代英、国民党左派邓演达等人出色的工作，继承和发扬了黄埔军校的革命传统，不仅在反帝反封建和反对国民党右派的斗争中发挥了重要作用，而且也为以后中国共产党领导的革命斗争培养和造就了大批人才。

1926 年 9—10 月，北伐军进占武汉。为了适应革命形势飞速发展的需要，加速培养北伐军的军事政治人才，国民党中央在确定把中央党部、国民政府从广州迁到武汉的同时，也决定把设在广州黄埔的中央军事政治学校政治科迁到武汉，由邓演达担任主任。邓演达因为事务繁忙，委托包惠僧为中央军校政治科筹备处主任，着手筹备建校事宜。

10月27日，国民党中央决定改政治训练班为中央军事学校政治科，以武昌两湖书院旧址为校址。11月1日，学校在武昌成立了招考委员会，负责招生工作。因招生人数有限，只派人到湖北、湖南、江西、四川、上海、奉天等处设点报名并进行初试。由于武汉已成为全国男女青年向往的革命中心，全国各地有志于革命的热血青年踊跃报名，许多省份的共产党组织和共青团组织也遴选了大批党、团员和进步青年来汉参加考试。军校政治科在各地初试选送的基础上，又集中考核了学员政治、文化、身体等方面的素质。经过严格的初试和复试，最后录取了986名男生，195名女生。

中国共产党十分关注军校建设，不仅动员和组织革命青年前来报考，还从全国各地抽调大批干部参与对军校政治科的领导，并担任政治与军事教官。共产党员恽代英受党指派，于1927年1月3日抵达武昌，就任军校政治科的政治总教官；著名革命文学家沈雁冰，也奉调从上海来军校任政治教官；其他如军事教官徐向前、政治教官马哲明、宣传科负责人陆更夫等，也都是由党派遣的。这一时期军校的各个大队、小队也都建立了共产党和共青团组织，秘密发展党团员。在恽代英的领导下，军校大部分学员都积极争取进步，努力学习革命理论和军事技能，积极参加反帝反封建的革命斗争，还经常组织阅读《共产党宣言》以及《向导》《群众》《中国青年》等革命书刊。像罗瑞卿、许光达、程子华、赵一曼、张瑞华（聂荣臻元帅夫人）等人，都曾在这所学校接受了共产主义的熏陶和革命实践的锻炼，把个人命运和中国人民的解放事业联系起来，坚定地走上了革命道路。

1926年12月初，广州黄埔军校政治科学员500余人到达两湖书院。1927年1月，军校第五期炮兵科800多学员、工兵科400多学员也冲破蒋介石等人的阻挠，陆续从黄埔军校和江西来到武汉。这样，武汉军校成为有政治、炮兵、工兵等科的综合性军事院校。于是，在当月19日，中央党政联席会议决定改中央军校政治科为中央军事政治学校武汉分校，以蒋介石为校长、汪精卫为党代表。后因蒋介石离开武汉赴赣在南昌别树一帜，进行反对武汉国民政府的活动，汪精卫又一直滞留国外，因而又决定任命邓演达为代校长、顾孟余为党代表。

同年3月中旬，由于共产党人和国民党左派的共同努力，国民党二届三中全会在汉召开。全会通过吴玉章改分校为中央军事政治学校的提议；批判蒋介石大搞军事独裁，在南昌另立中央的分裂行动，革除其校长职务；并改校长制为校务委员会制，由谭延闿、邓演达、恽代英等五人组成武汉中央军事政治学校校务委员会，由于谭延闿等四人都是兼职，所以军校的实际校务由恽代英主持。3月27日，武汉中央军事政治学校正式命名并改组，恽代英全面主持工作。

1927年2月12日，中央军校武汉分校在本校大操场举行隆重的开学典礼，驻武昌南湖的总司令部学兵团也赶来参加。会上，宋庆龄、吴玉章、于树德、董必武等都亲致祝贺，气氛十分热烈。

2月14日，中央军校武汉分校正式上课。学校按照恽代英制定的“军事科加紧政治训练，政治科加紧军事训练，军事与政治教学并重”的教学原则，严格实行三操两讲制，规定每天上课七小时，炮兵、工兵两科每天上一次政治课，政治科每周上十四次政治课、两次学科课程、两次术科课程，担任军事教官的有杨树松、徐向前等人，先后担任政治教官的有李达、沈雁冰、李汉俊、张秋人、陈启修、章伯钧、樊仲云等人。开设有三民主义、社会主义史、共产主义ABC、共产党宣言、社会发展史等政治理论课程。军事课程因科而异，一般都有变换队形，组织班排进攻的步兵操练，有卧射、跪射、立射等射击教范，有战术、兵器、筑城和地形四大课程以及野外勤务等。除在校内学习外，还经常到野外操练，进行夜间行军、实弹射击、野外作业等训练。

军校学员的学习生活既紧张又活跃，为了反映学员的学习、生活和斗争，从开学之日起就创办了《革命生活》日刊。平时各大队经常组织学员宣传队深入工厂、街头，揭露帝国主义、新老军阀的罪恶，宣传国民革命、妇女解放、男女平权等进步思想。军校政治部管辖的“血花剧社”一度接管了汉口最大的游乐场所——汉口新市场，并将其改名为“血花世界”（今民众乐园），在那里演出各种反帝反封建的歌舞新剧，其中多为军校女生队队员。每逢星期天，学员们还组织街头宣传队到武汉三镇进行革命宣传，很受武汉人民的欢迎。

女生队有学员 183 人，创立于 1927 年元月，后改为女生政治大队，原计划培训一年后毕业，算是第六期学员，同男生一样当军官，后因革命形势发展，于当年 7 月提前结业。

武汉中央军事政治学校的建立在中国军事教育史和妇女运动史上都是一个创举，在世界史上也属罕见。因此，恽代英曾称中央军校武汉分校女生队是“中国妇女解放的先锋和榜样”。斯大林闻知此事后也倍加赞赏，并传信要女生队拍一张集体照给他作纪念。在军校期间，女生队队员除每天要与男学员一样进行三操两讲的军事和政治课程学习外，有时还单独走向社会，到武昌裕华、震寰纱厂宣传革命，吸收女工入党入团。汉口“一·三”惨案后，她们和男学员一样积极参加抗英活动。英租界收回后，她们又积极参加“一·三”惨案化装宣传会，一连五天在汉口血花世界演出歌舞新剧，支持武汉人民的正义斗争。

1927 年 3 月，国民党二届三中全会后，以武汉为中心的反蒋斗争日益高涨，在“血花世界事件”中，军校内的右派分子在反动的“黄埔同学会”的唆使下，殴打在“血花世界”集会反蒋的工人。事后，军校在恽代英的领导下，组织以共产党员为核心的审查委员会，进行了严厉的审查，清除了几十名国民党右派分子。

1927 年 4 月 12 日，蒋介石在上海发动政变，公开叛变革命，武汉中央军校师生闻讯后纷纷声讨。黄埔、长沙两地的军校学生不堪白色恐怖的压迫，辗转来到武汉军校，湖北省农协农民训练班的两批学员近 400 人，也被送到武汉军校训练，全校学生有 3700 多人。4 月 23 日，武汉中央军校在武昌阅马场主持召开了“中央军校各期学生讨蒋大会”，参加大会的有四十多个团体以及士兵、工农群众三十余万人，女生队成员负责巡逻，维持秩序。

1927 年 5 月中旬，国民革命军发动二次北伐，武汉防务空虚。驻守宜昌的独立第十四师师长夏斗寅在蒋介石的怂恿下通电反共，并派兵一直打到纸坊，叫嚣着“打到武汉过端午节”。在这革命与反革命殊死搏斗的关键时刻，由于中国共产党的积极推动，国民政府军事委员会于 5 月 10 日作出决议，将武汉中央军校学生编为中央独立师，农民运动讲习所部分学员也编入该师，女生编为救护、宣传两队开赴前线。5 月 19 日，中央独立师在叶挺指挥下，配合武昌卫戍部队与夏斗寅部在纸坊展开激战，接着追敌于土地堂地区，一举将敌击溃，缴获大炮 10 门、枪支 900 余支，俘敌 1000 多人。

在西征途中，女生队沿途宣传妇女解放、剪发、放足，协助农会打击土豪劣绅。21 日，讨逆军进抵咸宁，当天下午召开军民联欢大会，中央独立师党代表恽代英作了重要讲话。女兵谢冰莹将西征途中的见闻写成了日记，发表在武汉《中央日报》副刊上，后又被印成册，并被译为多种外文，谢冰莹由此成为中国历史上第一个女兵作家。

6月下旬，西征胜利归来后，武汉中央军校师生面临着更加险恶的政治形势：湖南发生“马日事变”，江西的朱培德把共产党人和革命群众驱逐出境；武汉国民政府内汪精卫、孙科等人，正酝酿“分共”，准备发动新的政变。6月30日，汪精卫命令撤销中央独立师的建制，强迫军校师生重返学校学习。7月15日，汪精卫公开背叛革命，国共合作破裂。蒋汪合流，武汉国民政府瓦解。21日，恽代英、李汉俊等被免职，这样，作为大革命高潮时期建立起来的中央军事政治学校也被解散。

中共中央十分重视武汉中央军事政治学校这支革命力量。在危急时刻，中共中央军委书记周恩来曾告诫军校的共产党员和共青团员们要提高革命警惕，随时准备以自己手中的武器与反革命势力周旋。他还派陈毅接替李鸣珂到军校从事共产党的专职工作，在恽代英、陈毅等人的精心安排下，一批共产党员、共青团员被有计划地转移到叶挺、贺龙的部队，后参加了南昌起义；一批党团员被疏散到各自的家乡，发动和组织武装暴动，参加了秋收起义。叶剑英利用张发奎与唐生智之间的矛盾，将剩下的1700多名学员改编成第二方面军军官教导团，东下九江，准备参加南昌起义。南昌起义爆发后，第二方面军军官教导团南下，改为第四军教导团，后在团长叶剑英领导下，成为广州起义的主力。

武汉中央军校从创建到解散虽然时间不长，但培养了数以千计的革命人才。这批革命人才先后走上了新的革命征途。恽代英带领一批师生参加了“八一”南昌起义。陈毅带领一部分师生在江西临川赶上了南下起义部队，起义军在汕头失败后，陈毅和朱德又领导了湘南暴动，后来又在井冈山与毛泽东会师。女生队的学员赵一曼后来在东北抗日联军任党代表；教官沈雁冰和第六期学员臧克家，后来成为文化战线上的优秀战士，这些优秀的军校师生在中国革命史上谱写了伟大的篇章。

七、国民政府军事委员会政治部第三厅旧址

国民政府军事委员会政治部第三厅旧址，位于武昌昙华林武汉市第十四中学内。目前校园东南角还保存了一栋二层砖木结构楼房，当年郭沫若曾在此居住办公。右侧不远处有一个大礼堂，是当年抗敌演剧队的重要舞台，周恩来也曾在此作过抗日报告。这两栋留存下来的楼房见证了抗战初期国共两党摒弃前嫌、勠力抗日的光辉时刻。

国民政府军事委员会政治部第三厅成立于1938年4月1日，由郭沫若同志担任主任，下设三科九处。三厅主管军事政治宣传和协同有关单位贯彻执行军民总动员事宜，以共产党人为核心，吸纳思想、学术、文化精英加入，被时人誉为“名流内阁”。

在周恩来、郭沫若的带领下，三厅充分把握武汉沦陷前的半年时间，团结各民主党派、人民团体共同抗日，极大地促进了文化艺术界抗日民族统一战线的形成，出色地发挥了其宣传抗日的作用，坚定了民众

图2-8　政治部第三厅旧址（刘建林摄）

抗日救亡的意志。

三厅成立伊始，就组织了声势浩大的“抗战扩大宣传周”活动，宣传周第一天，恰好传来台儿庄大捷的消息，武汉三镇举行了10万人火炬游行。几十个演剧队和几百个口头宣传队深入武汉三镇大街小巷、工厂、码头、郊区、农村进行抗日宣传，上万人的歌咏游行，使雄壮嘹亮的抗日救亡歌声响彻整个武汉上空，场面蔚为壮观。

在抗战一周年纪念日，为了给抗战筹集资金和激发民众的爱国热忱，三厅组织了大规模的“七七纪念周献金活动”。通过广泛的宣传发动，武汉人民对献金的反应十分热烈。献金活动从7月7日开始，上午前来献金的人群就把6座固定的献金台围得水泄不通。9日晚献金活动将要闭幕时，人们怕错过时间，相拥向献金台挤去，潮水般的人流把入口处的柱子都给冲断了。为了让群众尽情地表达他们的爱国心愿，原定三天的献金时间不得不延长两天。短短五天时间，参加献金的群众超过50万人，献金总额100多万元。

除此之外，三厅还组建了1个漫画宣传队、4个抗敌宣传队、5个电影放映队和10个抗敌演剧队，还收编了著名的“孩子剧团”，组织为慰劳总队前往前线慰劳抗日战士。一时间，武汉的反日宣传、募捐及劳军活动蔚然成风，使一个“在刀光血影之下已经窒息了整整十年”的江城重新沸腾起来。第三厅的抗战宣传工作卓有成效，使江城成为抗战初期国统区最具号召力和影响力的一个文化战斗堡垒，书写了国共第二次合作中浓墨重彩的一笔。1938年10月下旬，三厅西撤重庆，继续其抗日宣传工作。

八、私立武汉中学旧址

私立武汉中学旧址位于武昌涵三宫（今武昌粮道街279号武汉中学院内），旧址是张之洞在光绪三十二年（1906年）创办的支郡师范甲、

图 2-9　私立武汉中学旧址（刘建林摄）

丙堂，停办后由湖北教育会接管。1920 年春，董必武等人在此捐款，创办私立武汉中学。学校在 1925 年之前都是由董必武同志主持，在他的耐心教育和积极引导下，不仅成为湖北省教育改革的先驱，也成为了湖北省党组织活动的重要阵地，培养了大批革命人才。

董必武（1886—1975 年），湖北黄安（今红安）人，中国共产党的创始人之一。光绪二十九年（1903 年）考中秀才，两年后考入湖北文普通学堂。在武昌读书期间，他接受革命团体日知会的影响，拥护孙中山的民主主义革命纲领，之后参加辛亥革命。1914 年赴日留学，曾与孙中山会面，并加入孙中山重建的中华革命党。1915 年回国，在家乡黄安代课，并宣传革命思想和反袁主张，因此在一年之内两次被捕入狱。

1919 年春，董必武去上海找孙中山先生，和他的同乡友人张国恩（号眉宣）相遇，两人曾于 4 年前在家乡一起被捕入狱，出狱后又共同在武昌创办律师事务所，结下了深厚的革命友谊。此后，两位名声在外的湖北革命党人共同在上海主持湖北省善后协会。当时李汉俊从日本学成归国，因住址与湖北省善后协会很近，所以常来协会闲谈。李汉俊带回了许多关于俄国革命的日文书籍，董必武借读后，逐渐了解到俄国革命中布尔什维克党的宗旨和工作方法与孙中山先生的那一套迥然不同。加之后来中国在巴黎和会上的外交失败，董必武等人认识到中国革命任重道远，必须打倒列强，铲除军阀，建立民主制度，唤醒民众。国民党一套旧的搞军事政变的革命方法，已经行不通了，必须找出一种能唤醒群众、接近群众的方法。最终董必武、李汉俊等人得出一个结论，目前能够做的是办报纸和办学校两件事。于是，董必武和张国恩在当年秋天就回到武汉着手筹办报社，因最终未能筹借到经费，只好作罢。

失之东隅，收之桑榆。董必武等人办报未成，提议办学校的事却有人响应。当时武昌公、私中学都不多，比较容易招生，加之武昌有不少董必武的老同学，因为时局不好，很多都没有找到工作，办中学的师资也比较充裕。董必武回到武昌时，正好住在武昌巡道岭的湖北省教育会内，于是就将校址选在了教育会西北角的支郡师范甲、丙堂旧址。当时学校虽已停办，但房舍、操场还在，教室里还有一些桌椅没有搬走。董必武就请人劝说房里住着的人搬走，并修补添置了一下。

学校开办的经费都在创办人中募集，董必武因手中没有积蓄，干脆当掉了自己身上穿的皮袄，又写信向亲戚借了点钱，终于凑足了自己应担负的 20 元开办费。在学校即将开办之际，创办人特意物色了政治色彩不浓的原中华大学教员刘觉民为校长，实际校务则仍由董必武主持。

经过紧张的筹划，1920 年 3 月，学校正式开学，第一学期招生 2 个班 100 多人。至 1923 年春已招足了 8 个班，以后每年 2 个班毕业，招 2 个班新生，全校每年保持 8 个班。1924 年，第一批毕业生有 4 名考入国立武昌高等师范学校。当时，武昌高师招生很严格，湖北省的许多中学常常几年都无法被录取 1 名，而私立武汉中学一年就被录取了 4 名，可见其教学质量之高。

董必武同志在 20 世纪 60 年代总结了私立武汉中学的十大特点：第一，学生报考费和学费都比当时武昌私立中学低，报考费比别校低六分之一，学费比别校低三分之一。第二，职教员是低薪或不支薪。教员教课支薪比别的私立学校低二分之一，职员只够伙食费。第三，职教员的学问资历都够格，虽低薪或不支薪，自愿尽义务干事或教课，但都特别认真。第四，招生考试准许用白话文；国文课白话文、文言文兼习（当时审定的中学国文课本只有文言文）。在湖北省中学国文课采用白话文，自武汉中学开始。第五，男女同班，这件事也是从武汉中学开始，没有经过备案手续。第六，学生组织学生会，对学校兴革事宜，可以向董事会提意见。各班设班主任指导班会，如陈潭秋同志除教英文外，兼任第一年新生乙班班主任。第七，帮助学生课外阅读报纸书刊，促进学生注意国际国内的时事问题，包括俄国革命问题。第八，迎接五四运动带来的新思潮，启发学生的革命思想，这在用白话文教国文时更为方便。第九，武汉中学学生没有对学校闹过风潮，这是 20 世纪 20 年代中国学校中很少有的现象，学校也没有开除过学生。第十，学生思想进步，课业也学得较好。这些特点，如第一至第七，在开学时就表现出来的；第八至第十，则是在开学后逐渐表现出来的。

董必武当时为学校定的校训是“朴诚勇毅”，在 1966 年 4 月 4 日，董老为重建的武汉中学提了“朴诚勇毅干革命”七个大字，更符合他当年创办该校的精神。1920 年秋，武汉中学已经开办了一个学期，湖北的共产主义研究小组由董必武和陈潭秋、张国恩等人组织起来。社会主义革命的思想传播，在武汉中学内很少受到阻碍。1920 年 11 月，武昌社会主义青年团也在此成立，在董必武和陈潭秋的带领下，青年团积极开展青年工作，搞学生运动，发展到武汉地区许多大中学校，吸引了大批先进知识青年入团。

董必武团结所有进步教师，大胆创新，用革命的方法组织教学。为了克服学校经费困难，他带头不支薪，其他教职员也都是低薪或不支薪。全校只用校工一人，由董必武的外甥张培鑫担任，既是文书又是收发员、事务员。许多校务劳动都是师生一齐动手。这些做法，在思想上是新文化运动向马克思主义方向发展的产物，私立武汉中学成为湖北历史上教育改革的先驱。这所新型学校吸引了湖北的黄安（今红安）、麻城、黄冈、咸宁，乃至湖南的华容、河南的新县等县的工农子弟和进步青年前来求学。

随着学员的数量与日俱增，原来准备对付两年的校舍很快就不敷用了，于是在1922年下半年，董必武带人到武昌武胜门的彭杨公祠，将之改建为学校的二部，和二部的四个班同学共同住了进去。因距彭杨公祠北不远处有几个纺织厂是武昌纺织工人的中心，董必武在二部办学期间，经常组织领导学生访问职工家庭，到武昌第一纱厂办工人师资班，又设武汉中学附属平民夜校，吸收一纱、裕华、震寰等纱厂的大批工人及其子弟上学，夜校成为武昌纱厂工人活动的中心，党团组织也在此建立起纺织工人运动的据点。

1923年，“二七”大罢工前夕，李大钊为指导工人的罢工斗争，特以讲学的名义来到武汉，在董必武的邀请下到武汉中学讲演。在中共武汉区委的领导下，董必武和陈潭秋等人还从武汉中学和其他学校挑选共产党员和青年团员派往苏联学习，并将各县在武汉读书的学生党员派回本县，以建立各县党组织和开展农民运动。

1924年，湖北省议会反对武汉中学男女学生兼收，并为此专门召开会议，作出了倒行逆施的决议，提出要省教育厅切实查禁武汉中学，还以取消补助费相威胁。董必武领导武汉中学师生，顶住压力，坚持走自己的道路。1925 年春，国共合作正在各地展开，董必武遵照党的指示，离开私立武汉中学专门从事党的工作，于当年秋天在汉口筹办了《楚光日报》，终于实现了他和李汉俊等人在 1919 年筹划的另一项工作设想。

1928 年，私立武汉中学被桂系军阀强令停办。但前后八年中，该校培养了大批革命人才，他们在湖北、武汉地区乃至全国党的早期建设中，在“黄麻起义”“鄂南暴动”和建立鄂豫皖边区革命根据地，以及“八一南昌起义”“井冈山斗争”中所建立的丰功伟绩已被载入史册，彪炳千秋。

武汉解放时，私立武汉中学除校门保存完好外，其余建筑都已荡然无存。1956 年，董老曾亲自来涵三宫查勘。1965 年，武汉中学得以复建。次年 4 月 4 日，董老在东湖宾馆接见武汉中学代表，勉励大家办好武汉中学，并亲笔为学校题词。1979 年 3 月 8 日，董必武夫人何莲芝亲临武汉中学视察，并向学校赠送一批董老的珍贵遗物作为纪念。1980 年武汉中学 60 周年校庆前夕，老校门重修复原。1985 年又复原武汉中学的校政厅和 3 间教室。1986 年初，武汉中学筹建“私立武汉中学旧址纪念馆”，于当年 3 月 5 日，即董必武同志诞辰一百周年纪念日正式开放。

九、中共中央军委办事处旧址

中共中央军委办事处旧址位于武昌区黄鹤楼街乾福巷 6—13 号的中和里。旧址坐北朝南，为四栋对称的砖木结构二层洋房，是中共中央早期活动的重要见证。旧址建于民国初年，现为居民住宅，已成危房，现已公开招标准备修缮。

1926 年 10 月，北伐军攻克武昌后，聂荣臻任书记的中共湖北省委

图 2-10　中共中央军委办事处旧址（刘建林摄）

军委设于此。1927 年“四一二”政变之后，周恩来于 5 月由上海迁至武汉，设中共中央军委武昌办事处于此。同年“七一五”政变后，中共中央军委转入地下，于当年 9 月随中共中央机关迁往上海。

十、恽代英故居

恽代英故居位于武昌得胜桥 50 号，砖木结构，坐西朝东，面阔五间，进深三间，房顶由 3 个单檐硬山顶套连而成，布瓦铺盖，抬梁式梁架，椽檩在山墙上，房高 10 米，一条狭窄通道通往后院，2 米多高的院墙为古青砖砌成。

恽代英（1895—1931 年），祖籍江苏武进（今常州市）小河镇石桥恽家村，却是土生土长的武汉人。光绪十九年农历六月二十二日，即 1895 年 8 月 12 日，他诞生于武昌老育婴堂街（今楚才街）的四川会馆对门，谱名“蘧轩”。他的父亲恽宗培希望他长大成人后做事能持之以恒，所以又给他起了“子毅”的字，代英是他成年后最常使用的笔名。

此外，他还用过英、天坦、子毅、但一、但毅、于恰、稚宜、FM 等笔名。

恽代英出生于官宦世家。他的祖父恽元复在壮年时以候补知县被分发到湖北，曾为张之洞幕僚。后来他的父亲也凭借“候补府经历”的资历在湖北老河口、江西德安县等地官府内充任幕僚。他的母亲陈葆云也出生于湖南长沙一个官宦世家，旧学根底深厚。因此，恽代英自小生活较为优渥，但他从未沾染纨绔习气，继承了家族勤奋读书的好习惯。

6 岁那年，他父亲就从老家给他请来塾师在家教习旧学。10 岁时考入武昌龙正初等小学堂，因旧学根基深厚，学习成绩十分优异。12 岁又考入武昌北路高等小学堂（今武昌农民运动讲习所旧址）。这是张之洞在湖北创办的一所新学，设有修身、读经、中文、算术、历史、地理、理科、图画、音乐等课程，学制四年。其时，恽代英的文才逐渐显露出来，常“为师长赞美”，作文常被老师整句整段连圈朱批，有“奇男儿”之称。由于他的刻苦努力，次年便以甲等一名的成绩毕业。当时学校奏请派恽代英赴美国留学，但其母亲爱子心切，说道：“才 13 岁啊，连自己都管不了呢！你离开家庭，出了门，谁来照看？”于是恽代英只得放弃这个宝贵的机会。

此后恽代英本打算报考文普通中学，但次年春因其父谋得了老河口盐税局长的位子，因此他们兄弟四人便随母亲乘船前往老河口，终于在一个月后和父亲团聚。当时的老河口虽然是商船往来的鄂西北商贸重镇，但文化教育十分落后，竟然连一所中学都没有。于是，他就在母亲的管教下自学家中藏书，并开始记日记，把记日记当作鞭策自己修养品德和提高写作能力的方法。次年，他又开始用父亲给的零用钱选购中外著作，尤其喜欢卢梭、孟德斯鸠、达尔文的作品，从中汲取西方民主思潮和科学知识。此外，他还师从老河口邮局局长罗衡甫学习英语，新旧学问都没有落下。

在他 18 岁那年，父亲因时局变化而失业，全家迁回武昌。先暂住在武昌候补街大伯家里，后来又迁居武昌涵三宫街的最西端（此处恽家老宅在 1999 年遭拆毁）。当年夏天，恽代英考入武昌中华大学预科，重新接受正规学校教育。恽代英如饥似渴地学习，他的学习成绩很快便名列前茅，成为学校的“三鼎甲”之一。此外，他仍旧注重社会科学和自然科学知识的学习，并自学日文和德文。当年 8 月 31 日，他的母亲病逝，年仅 43 岁。从入学第二年开始，恽代英开始在《东方杂志》《新青年》《光华学报》《妇女杂志》等刊物陆续发表文章 50 余篇，崭露头角。在他 20 岁那年，他开始受邀讲演，并参与反对“二十一条”的游行示威，积极参加社团活动，逐渐走上了革命道路。

当年下半年，他迎娶了同乡沈云驹先生的二女儿沈葆秀。但不幸的是，沈葆秀在 1918 年 2 月 25 日产下一男婴后死亡，3 月 1 日，新生儿也告夭折。悲伤的恽代英离开武昌涵三宫老家，独自一人搬到了武昌得胜桥 50 号居住，决意不再续弦，立志终身从事教育事业。当年，他毕业于中华大学哲学系。

1919 年 5 月 4 日，北京 3000 多名爱国学生齐集天安门，揭开了五四运动的序幕。消息传到武汉，恽代英当即写下了题为《四年五月七日之事》的爱国传单，与学生连夜赶印 600 余份，到学校和街上广为散发。此后，恽代英又写了《呜呼青岛》等传单散发，并积极支持、组织学生游行、集会等活动。面对日益高涨的学生运动，时任湖北督军的王占元气急败坏，严令军警镇压。

面对反动军阀的暴行，恽代英与林育南等指挥学生冒雨聚集在督军府和省署门前，手举“爱国无罪”“还我学友”“缉拿凶犯”“惩治国贼”等标语牌，静坐示威，要求释放被捕学生、缉拿镇压学生的凶犯。此外，他还积极宣传学生的爱国行为，揭露反动军阀暴行，为爱国学生争取到了广泛的同情与支持，并与施洋等发起成立武汉各界联合会，推动罢工罢市，规模迅速扩大到整个武汉三镇。迫于形势，王占元被迫向北洋军阀政府和参加巴黎和会的中国代表去电，要求拒绝签字。

次年初，恽代英等人又在武昌横街头 18 号创办了武汉地区最大的进步社团——利群书局（后改名“利群书社”），出售马克思主义经典著作和革命刊物，并经常组织读书报告会，由马克思主义研究会的成员董必武、陈潭秋轮流作读书报告。1921 年 6 月 7 日，书社毁于战火。当年 7 月中旬，恽代英和林育南等人又在黄冈成立了一个具有共产主义小组性质的革命团体——共存社，标志着恽代英等人正式走上了马克思主义的道路。此后不久，恽代英便加入了中国共产党，并于当年 10 月前往四川泸州川南师范任教，继续在四川传播马克思主义，积蓄革命力量。1925 年“五卅”运动爆发后，身在上海的恽代英还领导了反帝示威大游行。1926 年 1 月，鉴于国共合作的新形势，恽代英前往广州参加了国民党第二次全国代表大会，入选国民党中央执行委员，会后出任黄埔军校政治主任教官。

1927 年 1 月 3 日，恽代英回到了阔别已久的故乡武汉，实际主持了中央军事政治学校（即黄埔军校）武汉分校的工作，并打破黄埔军校不招女生的先例，专门设立了女生队，培养出赵一曼、胡筠、陈觉吾等一批优秀共产党员。

值得一提的是，当年 1 月 16 日，在武昌得胜桥恽宅，恽代英与沈云驹先生的四女儿沈葆英（共产党员）结婚，结束了十年的鳏夫生活。婚后，恽代英工作很忙，经常深夜才回家，他们聚在一起的时间并不多，但他们互策互励，互敬互爱，感情十分真挚，并在日后从事党的秘密工作时，配合无间，共同为党的事业做出了重要贡献。

当年 3 月 10 日—17 日，国民党二届三中全会正式召开。在这次大会上，恽代英站在反蒋斗争的前列，大会实际上撤销了蒋介石的国民党中央执行委员会常务委员会主席的职务。与此同时，大会对武汉军校的领导体制也相应地进行了改革，决定改校长制为委员制，以防止军校变成蒋介石军事独裁的工具。随后在 4 月 27 日—5 月 9 日的中国共产党第五次全国代表大会上，恽代英又与瞿秋白、毛泽东、任弼时等同志一起努力，批评陈独秀的右倾投降主义错误。

7 月 15 日，汪精卫背叛革命，实行“分共”。7 月 18 日，恽代英出席中央军事政治学校第五期学生的毕业典礼并致开幕词。他说：“同志们，今天是我们最后一次聚会，明天早晨，打倒恽代英的标语，就会出现在武昌城头上了！现在政治形势虽然一时逆转，但我敢说，中国革命必然成功，最后胜利一定属于我们！我们分散以后，希望每个同志，就是一粒革命种子，不论撒在什么地方，就让它在那里发芽、开花、结果。”7 月 22 日夜，恽代英作别了得胜桥的住所，惜别了新婚半年的妻子，离开了武汉，继续投入新的革命斗争之中，从此再未回汉。

此后，恽代英相继参加了南昌起义和广州暴动，然后到了香港，秘密从事党的工作。不幸的是，1930 年 5 月 6 日，恽代英在上海被捕。不过因其真实身份一直没有暴露，他得以在监狱秘密编写解释共产党十大纲领的工人通俗读本。1931 年 4 月 25 日，顾顺章在汉口叛变，出卖了恽代英。4 月 29 日，恽代英在“中央军人监狱”惨遭杀害。

在狱中，恽代英写了一首满怀豪情壮志的七言绝句以表明其为共产主义事业奋斗到底的决心：

浪迹江湖忆旧游，故人生死各千秋。
已摈忧患寻常事，留得豪情作楚囚。

第三章　公共建筑

一、南湖飞机场指挥中心旧址

南湖飞机场指挥中心旧址位于武昌区南湖街宝安花园小区，是武昌南湖机场唯一保留下来的建筑。该建筑与武汉最早的机场——南湖机场同时兴建于 1936 年，是一座坐西朝东的三层建筑，一楼用作候机厅，二楼半圆形外墙上有隶书写就的“武汉”二字，十分醒目，是当年张学良少帅所写，本来还有“机场”两字，但可能是少帅对后两个字不满意，所以就只保留了前面的“武汉”二字。

新中国成立后，南湖机场由军用改为民用，前后共经历了 4 次扩建，一直使用到了 1995 年 4 月 15 日被天河机场取代。此后人们在南湖机场 4000 余亩的旧址上兴建了武汉最大的一片“睡城”，今天的恒安路就是当年的南北向飞机跑道，瑞安街就是当年东西向的跑道，而机场指挥中心楼则在小区群众的保护下得以作为居民休闲会所使用。

二、仁济医院

仁济医院位于武昌区花园山 4 号，正好位于昙华林街区的中心，建于光绪二十一年（1895 年），是近代西方医院传入武汉后保存完好的医院之一。

图 3-1　仁济医院外景

图 3-2　仁济医院内景（刘建林摄）

仁济医院由英国基督教伦敦会杨格非牧师主持修建。杨格非于1864年来到武昌传教，建造了武昌戈甲营礼拜堂，后又办了一座义塾和一个诊所。1868年，他把义塾、诊所迁到昙华林加以扩建，1883年将诊所改名为“仁济医院”，1895年再次扩建。

该院由5栋建筑构成，均为二层砖木结构，连廊将这5栋建筑连接了起来，使之既相互联系，又相对独立，其中4栋建筑加上连廊围合成两个院落。建筑功能分区明确，包括门诊部和住院部，还有其他辅助用房。门诊部为四面坡屋顶，平面矩形。上下四面围廊，底层回廊由连续的罗马券构成，上层由简化的多立克柱划分，正立面大门上方各有一个圆圈标志纪年，分别写着“1895”“1951”字样，表示该院纪年1895年创建，1951年维修，东侧有天桥与住院部相连。住院部为红瓦坡屋顶，平面马蹄形。中间是下沉式庭院，四周设有回廊，回廊采用通高券拱式，加以浮雕装饰。内部均采用木构件，木楼梯设于正中门厅内，并设有多处壁炉。

辛亥革命时期，武汉美国圣公会的吴德施（鲁兹）主教责成教会下属的武昌文华中学校长余日章组建红十字会，将花园山武昌仁济医院改为临时伤兵医院，救治负伤军民，同时对战区灾民进行收容赈济，常有伤兵200余人。1931年武汉水灾，英国伦敦会在院内设立武昌赈灾指挥部。武汉沦陷后，日军占用这里作为日军医院。1953年由市卫生局接管，一部分合并于市工人医院，后划属湖北省中医院，2005年已完成全面整修。

三、湖北省立图书馆旧址

湖北省立图书馆旧址位于武昌蛇山南坡、首义街武珞路45号，落成于1936年9月，由袁瑞泰营造厂承建、缪恩钊设计。

图 3-3　湖北省立图书馆旧址

图 3-4　沈肇年题：缪恩钊工程师设计袁瑞泰营造厂承建（刘建林摄）

设计师缪恩钊毕业于清华大学，曾在美国麻省理工学院和哈佛大学土木工程系留学，当时正在协助凯尔斯设计建造武汉大学新校舍，受到凯尔斯建筑风格的较多影响，故其设计的湖北省立图书馆与武汉大学老图书馆遥相呼应，仿佛兄弟建筑，同为中西合璧佳作。

建筑坐北朝南，平面为凸字形，采用中式的大屋顶和现代建筑结合的造型。建筑正中的主楼是一座单檐歇山的中式殿堂。四根立柱向上，直撑二层以上的檐下，采取中式立柱柱头，柱头为华表式的两翼张开。主楼为三开间，大门皆为直角方框、玻璃门扇，二层设外廊，正中悬一个中式小阳台，作为下面主入口顶上的门斗。两侧灰色的附楼，外墙假麻石粉刷至顶，墙上每一间隔都雕刻着凹凸的墙面花饰，采用的是一种中西混合的石雕风格，窗框和檐下都有精美的雕饰。所有的建筑工艺和建筑技术都是西式的，主楼墙面和两侧附楼墙面上的线条，采用纯西式的墙面粉饰方法。就整体而言，建筑组合体量丰富均衡，将欧洲古典主义的基调和中式的外观与细节很好地糅合在了一起。

湖北省图书馆的前身是张之洞主持创办的“鄂省图书馆”，光绪三十年（1904 年），由武昌兰陵街西侧（今解放路）博文书院改建而成，是国内最早成立的省级公共图书馆。当时鄂省图书馆集中了武昌各书院的藏书约 4 万册，设南北两个书库，采用西方近代图书馆的运营模式，于 1927 年改称“湖北省图书馆”。因藏书日渐增多，老馆渐不敷用，故于 1934 年开始筹建新馆。但政府划拨的昙华林同仁医院斜对面的土地仍显狭小，不适合兴建大型图书馆。于是由李书城、沈祖荣、谈锡恩等负责，前往夏斗寅处，商议置换其在蛇山购置的土地，夏斗寅欣然应允。最终商定，按公地每方 8 元，夏地每方 40 元的价格成交。但夏斗寅并没有领受其中的差额 3 万余元，而是慷慨捐赠给了省图书馆。1936 年 9 月，新馆落成，馆藏书刊增至 10 万余册。

1938 年武汉会战期间，湖北省图书馆西迁，旧址曾用作国民政府军事委员会所在地，武汉沦陷后被汪伪市政府改名为“武昌图书保管处”，最后定名为“湖北省立图书馆”。1946 年 8 月，原湖北省相关人员和全部图书迁回原址，图书馆更名为“湖北省立武昌图书馆”，重新开始业务。因内战，推迟至 1948 年 1 月才对外开放，以后连续两次被军队驻扎，第二次时曾被迫闭馆。新中国成立后，图书馆改名为“湖北省人民图书馆”，1951 年由文化部领导，曾一度改名为“中南图书馆”，1954 年始定名“湖北省图书馆”，并一直使用到 2012 年搬迁至武昌沙湖余家湖村新馆。

四、武汉长江大桥

“同志，我们生了个小孩，请您给俺登个记吧，取名就叫‘建桥’。”

“同志，请您换个别的名字吧，叫这个名字的太多了。”派出所的工作人员说。

图 3-5　长江大桥——万里长江第一桥（刘建林摄）

“那就换成‘汉桥’好啦。”

这是20世纪50年代中叶武汉户口登记处一个常见的特有现象，尽管派出所的工作人员一而再、再而三地劝说不要以“桥”取名，但很多家长仍然费尽心思让自己的子女和“桥”字挨个边，除了“建桥”“汉桥”以外，还有“金桥”“银桥”“青桥”“新桥”和“学桥”等名字，还有的取名叫“长虹”和“江虹”等象征性的名字。

其实这也无怪乎市民踊跃为新生儿起名带“桥”字，因为武汉当时正在建设我国第一座横跨长江的大桥——武汉长江大桥，这标志着自古以来的长江天堑即将变成坦荡通途，祖国南北的铁路大动脉即将真正贯通，武汉的交通枢纽地位将进一步巩固，这怎能不令广大武汉市民欢欣

振奋？广大市民纷纷涌向过去不愿涉足的江边，成天讨论着有关大桥的一切。当时武汉长江大桥的建设在武汉引起了多大轰动呢？据当时参与工程的苏联专家符·卡尔宾斯基描述：

“从大桥开工那天起，到江边来玩的人骤然增多了，不仅是成年人，而且也有孩子们，那些孩子们过去宁肯在自家的院子里跑跑，玩玩，很少到江边来玩耍，而现在呢，他们已成了扬子江堤岸上经常来访的客人了。……你随便问一个小学生，他随时随地都能详细地回答出每个桥墩每孔钢梁最近工程的进展情况，他们的回答都可以打‘五分’。往往报纸还不如这些无所不知的小公民们报导得全面呢。从大桥开工的那天起，那些常到扬子江两岸闲游的人们，聊天的话题就转向大桥了。他们议论着五号墩能否赶在洪水前修出水面；用伸臂拼装法钢梁能下垂多少；银灰色的钢梁油漆好不好看；以及其他一切有关大桥的问题，人们都议论纷纷。”当时广大武汉市民的生活，几乎就是围绕大桥展开的，他们遐想着大桥贯通后的美好生活，又怎会放过给新生儿取个“桥”名纪念的机会呢？

长江是世界第三大河，其宽阔的江面和汹涌的江水，一直被两岸人民视为畏途，自古号为“天堑”。由于这一“天堑”的存在，中国历史上多次出现过“南北朝”。在漫漫历史长河中，除太平军曾于 1852 年和 1853 年先后在武汉三镇搭过三座浮桥以外，6000 多公里的长江上从来没有一座真正的桥梁。武昌和汉口、汉阳隔江相望，过去只能依靠木船和轮渡来运送南来北往的物资和行人。长江两岸的民谣不无哀愁地唱道：“黄河水，治不好；长江桥，修不了。”

清代末年，在张之洞的治理下，武汉三镇的发展“驾乎津门，直逼沪上”。光绪三十二年（1906 年），京汉铁路全线通车，而粤汉铁路也在修建当中。建桥跨越长江，连接京汉、粤汉两路的构思即为各方所关注，当时张之洞就提出要在武汉建一座长江大桥。

1913 年，在粤汉铁路会办詹天佑的支持下，国立北京大学（今北京大学）工科德国籍教授乔治·米勒带领夏昌炽、李文骥等 13 名土木门（系）学生，对长江大桥桥址展开了初步勘测和设计实习，并由时任北京大学校长的严复将建桥意向代陈于交通部。这是武汉长江大桥的首次实际规划，当时提出的建议是将汉阳龟山和武昌蛇山之间的江面最狭处作为大桥桥址，经武昌汉阳门、宾阳门连接粤汉铁路，并设计出公路铁路两用桥的样式。此次规划虽然未获实行，但其选址已被证明十分适宜，此后几次规划选址基本相同。

1919 年，孙中山先生在《建国方略》第二部分的实业计划中，具体提出在武汉建设长江大桥或隧道的设想。在 1923 年依据孙中山的规划思想编制的《汉口市政建筑计划书》更是明确提出："以汉阳之大别山麓（龟山），武昌之黄鹄山麓（蛇山）为基，架设武汉大铁桥，可收平汉、粤汉、川汉三大铁路，连贯一气之完美。"在这之后的 1929 年、1935 年和 1946 年，当时的国民政府先后三次提出了建造武汉跨江大桥的计划，然而由于时局的动荡以及国力的贫弱，计划最终都被搁置。

由于缺少横跨长江的大桥，因此当 1936 年粤汉铁路全线通车时，京汉、粤汉两条铁路线上的火车只能望江兴叹。无奈之下，国民政府于 1937 年 3 月，在长江南岸的粤汉铁路徐家棚站（今武昌北站）与北岸的平汉铁路刘家庙站（今江岸站）之间开通了铁路轮渡通航，火车乘渡轮过江从此成为"江城一景"。而到了新中国成立前夕，由于货物运输量剧增，同时轮渡受到天气影响较大，依靠轮渡中转的模式显然已满足不了经济发展的迫切需要了。

自 1913 年起多次参与武汉长江大桥规划、勘探的李文骥，联合茅以升等一批科学家、工程师向中央人民政府上报《筹建武汉纪念桥建议书》，提议建设武汉长江大桥。党和政府对此极为重视，1949 年末就电邀李文骥、茅以升等桥梁专家赴京，共商建桥之事，次年春，中央人民政府便作出了修建武汉长江大桥的决定。同年 3 月，中央铁道部派出了地质勘探队，由桥梁专家茅以升任专家组组长，在武昌、汉阳约 6 平方公里的地区，开始了河槽及两岸的地质勘察。唯一遗憾的是：第五次赴武汉参与长江大桥设计和测量勘探的李文骥同志当时已抱病在身，一直坚持工作到了 1951 年 6 月，同年 8 月即不幸病逝，享年 65 岁。

1953 年 5 月，武汉大桥工程局成立，并调集国内相当一部分桥梁技术力量，开始了武汉长江大桥的重要组成部分和准备步骤——汉水铁路桥的施工准备。同年 11 月 27 日，汉水铁路桥动工兴建，两岸铁路联络线也同时开始，拉开了武汉长江大桥全面施工的序幕。1954 年 1 月 21 日，在周恩来主持召开的政务院 203 次会议上，讨论通过了《关于修建武汉长江大桥的决议》，当年即聘请苏联专家来华支援，以康士坦丁·谢尔盖维奇·西林为首的苏联专家陆续赶来。

因为当时正值长江遭遇历史上最大的洪水侵袭，所以西林只得取道南京来汉。在南京，西林终于见到了惊涛拍岸的长江洪水，令其震惊不已，当即否定了此前由中苏联合制定的一年只能施工 3 个月、且对施工人员健康杀伤很大的“气压沉箱法”，转而提出采用他当年在苏联军队缴获的德国桥梁工程师资料上看到的“管柱钻孔法”：就是将空心管柱打入河床岩面上，并在岩面上钻孔，在孔内灌注混凝土，使其牢牢插结在岩石内，然后再在上面修筑承台及墩身，“就像把一把筷子插在岩面上”。

这一方法不但能在水面施工，不受深水期的限制，而且不影响工人身体健康。但当时这个新的施工方法在世界上并无先例，因此主持建桥事宜的彭敏同志立即组织了有双方工程技术人员参加的会议。中方人员提出了许多问题和疑点，但是抱有极大兴趣。不料与西林同来的几位苏联桥梁专家却提出相反意见，理由是：施工方案已经苏联国家鉴定委员会通过，没有必要大改动；其次，这种新方法谁也没干过，试验来不及。其中一位专家还讲了一个笑话：“一个人用右手摸自己的右耳朵，只要一抬手就摸到了；但是现在，你们却要把手绕到脖子后面再去摸，还能摸到吗？”西林站起来严肃地说：“同志们，我们讨论的是桥梁基础的施工方法，不是摸耳朵！”

大桥局立即组织人员在岸上和江心进行了新旧多种方案的试验，而武汉长江大桥也在建造方案的争论声中，于 1955 年 9 月 1 日开工建设。在争持不下之际，1955 年底，苏联政府派出以运输工程部部长哥热夫尼柯夫为首的代表团来华，名为参观长江大桥的施工，实则审查西林提出的方案，随团还来了桥梁专家葛洛葛洛夫、金果连柯、沙格洛夫等一大批工程界权威。西林知道后，内心也很紧张，强作笑脸地对老朋友彭敏说：“我就准备接受审判吧。”好在十多天的“参观”之后，西林的新方案终于得到了批准。这令大桥的建设速度成倍提高，大桥原计划四年零一个月完工，实际仅用两年零一个月，创造了我国建桥史上的一大奇迹。

1956 年 6 月，毛主席从长沙到武汉第一次游泳横渡长江时，见当时武汉长江大桥已初见轮廓，很是高兴，随即写下著名的诗作——《水调歌头 · 游泳》，其中的“一桥飞架南北，天堑变通途”至今仍广为传诵。

在大桥建设期间，茅以升任武汉长江大桥技术顾问委员会主任，解决了建桥中的 14 个技术难题。而在大桥施工之前，武汉大桥工程局已于 1954 年 9 月，向全国各大学建筑系和各建筑设计公司广泛征求大桥的美术设计方案。截至 1955 年下半年，大桥工程局先后收到 11 家单位的 25 个设计方案，前 24 个方案基本可分为仿照欧洲古典城堡和凯旋门式并照搬苏联建筑形式，以及完全复古式两种类型，二者共同的缺点在于与长江大桥本身的结构极不协调，以及由施工困难所带来的造价高昂问题。最终采纳的是大桥工程局设计事务所青年工程师唐寰澄设计的协调简易方案。其最大特点是以大桥本身的结构为主，引桥、桥头堡的建筑结构，与大桥本身的结构协调一致；同时还兼顾了施工技术上的可行性和经济上的合理性，其造价仅相当于前 24 个方案均价的 1/13。这就是现在我们所见到的武汉长江大桥，体现了中华民族朴质端庄的性格，与两岸的龟蛇两山交相辉映，更显得庄严宏伟、和谐一致。

大桥竣工前夕，1957 年 9 月 6 日，毛泽东主席第三次来到武汉长江大桥工地视察，并从汉阳桥头步行到了武昌桥头。25 日，武汉长江大桥全部完工。次日，《长江日报》进行了重头报道，在文艺副刊还特地转载了郭沫若同志发表在《人民日报》上的《长江大桥》长诗，以烘托气氛。事有凑巧，就在 27 日，郭沫若同志正好陪同印度副总统拉达克里希南博士来到武汉参观长江大桥。当他得知自己的《长江大桥》长诗已被发表后，表示不够满意。30 日，《长江日报》第三版上加“编者按”发表了郭老修改后的《长江大桥》长诗：

一条铁带拴上了长江的腰，在今天竟提前两年完成了。

有位诗人把它比成洞箫，我觉得比得过于纤巧。

一般人又爱把它比成长虹，我觉得也一样不见佳妙。

长虹是个半圆的弧形，旧式的拱桥倒还勉强相肖，但这，却是坦坦荡荡的一条。

长虹是彩色层层，瞬息消逝，但这，是钢骨结构，永远坚牢。

我现在又把它比成腰带，这可好吗？不，也不太好。

那吗，就让我不加修饰地说吧：它是难可比拟的，不要枉费心机，它就是，它就是，武汉长江大桥！

10 月 15 日，武汉长江大桥正式通车交付使用，5 万武汉人民参加了落成通车典礼。大桥横跨于武昌蛇山和汉阳龟山之间，是中国在长江上修建的第一座铁路公路两用桥梁，被称为“万里长江第一桥”。大桥上层为公路，双向四车道，两侧有人行道；下层为复线铁路。全桥总长 1670 米，其中正桥 1156 米，西北岸引桥 303 米，东南岸引桥 211 米。正桥的两端建有具有民族风格的桥头堡，各高 35 米，从底层大厅至顶亭，共 7 层，有电动升降梯供人上下。游人可直接乘电梯上大桥公路桥面参观，眺望四周，望大江东去，整个武汉三镇连成一体，尽收眼底，令人心旷神怡。

武汉长江大桥打通了被长江隔断的京汉、粤汉两铁路，形成了完整的京广铁路，同时将武汉三镇真正连为一体，极大地促进了武汉的发展，不仅改变了民众的出行和生活方式，而且为那个年代的武汉人民烙下了深刻的印记，成为武汉市最著名的城市标志之一。自建成通车以来，武汉长江大桥虽历经 7 次较大洪水、77 次轮船撞击，但至今仍十分健康。1993 年 5 月 28 日，曾担任武汉长江大桥苏联专家组组长的西林再次受邀登上大桥。参观后，他对随行人员说：“武汉长江大桥设计一流、施工一流，养护也是一流的，大桥的寿命至少要延长 100 年。”

五、武泰闸

武泰闸位于武昌城南巡司河上，北抵中山路，南接武金堤，西距巡司河出江处 1800 米。熊廷弼修建的防洪水闸为其前身，现建筑为清末湖广总督张之洞主持改建，建成于宣统元年（1909 年），当时张之洞已离鄂进京。闸为 3 孔，以花岗岩砌成，规模巨大，是当时武昌最主要的水利工程之一，也是现在全省唯一的一座百年老闸。在近 80 年的使用过程中，武泰闸经受住了江、湖洪水的多次冲击，在内涝外洪中发挥了巨大的调节作用。

武昌城内地势低洼，城外地势略高，加之此地湖泊众多，一到汛期，江水倒灌入巡司河，随即注入其流经的诸多湖泊，武昌城内百姓因此饱受江水倒灌之苦。

明末，熊廷弼曾一度赋闲在江夏（即今武汉）老家，眼见江水泛滥时，“周围二三百里，田禾立尽”，于是发起募捐。因其为大明重臣，此刻只是暂居老家，官复原职指日可待，所以当时江夏各级官员争相解囊。资金到位之后，熊廷弼集合附近几县民工，亲自督阵，在保安门外湖水入口处，修建了一座闸口。至清末，张之洞又将其改建，闸门可调节水位，使内水可泄，外水不入，确保了巡司河水沿途湖田、低地免受洪水涝渍的灾害。从此鄂城、大冶、武昌、咸宁、嘉鱼、蒲圻、崇阳六县和兴国州全都受益，故有武泰闸管“七县加一州”的说法。新闸为浆砌麻石拱形结构，两墩三孔，木板闸门，闸底至闸顶高 18.8 米，闸身长 35.7 米，内外胸墙之间宽 9.34 米。张之洞还在闸身护栏间题写了“武泰闸”三个铁质斗大凸字，寓意保境安民，国泰民安。

该闸内可排南湖、汤逊湖、黄家湖和青菱湖等湖水入长江，使大片良田涸出，外可抵御江水倒灌。建成后，武昌城内外军民及四乡船民纷至，其中尤以湖南人为多，不久之后，武泰闸的地名应运而生。随着土特产品的云集，武泰闸迅速成为连接城乡的小镇，经久不衰，上世纪 80 年代初，政府还在此兴建了武泰闸农副产品批发市场，很快跻身全国四大蔬菜批发市场之列，直至 2004 年 6 月整体迁入白沙洲市场。

1926 年，北伐军武昌围城期间，当时驻扎望山的吴佩孚部将吴俊卿的 1 个旅守军，曾多次冲击武昌要道武泰闸，均被北伐军第七军所截击，北伐军固守武泰闸，为最终克复武昌创造了有利条件。

民国以后，因疏于管理，武泰闸长期受水浸蚀，至 20 世纪 30 年代初，闸身残缺，渗漏严重，汛期关闸后，江水仍从闸缝流入，哗哗作响，群众因此称其为“响水闸”。1934 年虽由益善堂出面翻修，但渗漏仍未解决。1954 年，长江特大洪灾过后，闸身残损严重，已无法修复，武汉市人民政府于是在次年彻底将桥闸改造成为钢筋混凝土结构，武泰闸再度恢复其防水排涝大闸的功能。

20 世纪 70 年代，武泰闸上游建起一道解放闸，武泰闸防洪蓄水的重要性被减弱。1986 年 8 月，武汉政府在解放桥下游 300 米处建成新武泰闸，旧武泰闸正式结束其排水防洪的历史使命。

六、武昌路隧道

武昌路隧道位于蛇山中部，是连接阅马场和民主路的重要通道，因原有明末在司门口开凿的蛇山“鼓楼洞”，故往来行人多称此洞为“新鼓楼洞”，司门口的“鼓楼洞”扩建，改洞为桥后，新鼓楼洞即成为穿通蛇山的唯一洞口。又因此洞在“武昌路”路段的蛇山中部，故又称“武昌洞”或“蛇山洞”。

蛇山是一座东西向的山，虽然不高，但仍将武昌城分割为了南北两部分，往来交通不便，车马不能通行。于是，在光绪三十年（1904 年）由总兵张彪负责派护军 3000 人凿石开路，打通蛇山。

1913 年，洞内加以整修，用旧城砖衬砌洞拱，于次年 5 月 12 日建立蛇山洞告成碑。在隧道洞口上方嵌石碑，有石刻“武昌路”三个大字，为黎元洪副总统所题（“文革”初期石刻字迹被凿毁）。在隧道开通之初，洞内没有装配照明设备，行人白天行走其中尚觉光线不强，夜间更是漆黑一片。为解决这一问题，1916 年，电灯公司在洞内安装了一盏大电灯，极大地方便了行人。但在次年 6 月 12 日大灯忽然不亮，延续半个多月竟然无人过问，常有来往者互撞的现象发生，令人颇觉可笑又

图 3-6　武昌路隧道

可气。此事还曾登于当月的《汉口中西报》，成为武昌市民热议的话题之一。

同样在 1916 年，因山水溶蚀，洞内砖拱发生脱落坍塌，交通受阻，直到 1927 年湖北省建设厅成立后，武汉市工程委员会才着手修复。原拟仿照司门口“鼓楼洞”炸洞搭桥的旧例，准备挖断山腰，废洞架桥，但因耗资巨大，又破坏风景，最终改变计划：改砖拱为钢筋水泥混凝土洞拱，并改大洞口，在洞口外砌筑八字形挡土山墙。此项工程由彭荣泰营造厂中标承建，于 1928 年 9 月开工，次年 4 月竣工，是武汉市最早使用钢筋混凝土修建的一座隧道。沦陷期间，隧道曾被用作日军存放军火的仓库，一度封闭，交通断绝。

新中国成立初期，武昌路隧道因山水长年侵蚀，出现了多处纵向裂缝，暴雨时节由裂缝中涌出大量山水，影响洞内交通，武汉市政建设部门于是采用速凝剂配制水泥进行了修补，保持完好至今。

20世纪50年代中期，修建长江大桥的铁路引线跨武昌路隧道洞口北段而过，修建了一座铁路单孔桥与武昌路立交。由于桥下与道路的净空间高程过小，不能达到汽车行驶应有的交通要求，因此市政建设部门于1959年降低了洞内及洞北段车行道的高程，既满足行车的需要，又缓和了洞北段车辆出入洞口坡度过陡的问题。由于洞内车行道降低，相对增大了与原人行道高程的差距，因此在洞内人行道上新增了护栏，使人车分流，保障了交通安全。如今的武昌路隧道，东为首义公园，西为黄鹤楼公园，仍为武昌旧城东西交通的要道。

七、岳飞亭

岳飞亭全称“岳武穆遗像亭”，位于武珞路47号、蛇山中部武昌路涵洞上方的山脊上的武昌首义公园内，建于1937年，坐北面南，木石结构，高6米，底径6米，六角攒尖顶，单檐外展。石碑高1.7米，宽1.1米。

南宋绍兴四年至十一年（1134—1141年），岳飞曾驻军鄂州（今武昌），并以鄂州为基地，联络北方抗金义士，三次北伐抗金，收复失地。岳飞蒙冤死后20多年的乾道六年（1170年），鄂州民众立忠烈庙以示祭祀。宋宁宗嘉定四年（1211年），岳飞被追封为鄂王，忠烈庙改名为鄂王庙（俗称岳庙）。明正德十四年（1519年）改建岳王庙（亦称精武庙）于大东门外，万历八年（1580年）置祠于宾阳门内。

1937年卢沟桥事变后，中华民族处于生死存亡的关键时刻，岳飞成为激励人民抗击日本侵略者的爱国楷模。当月，武汉抗日群众团体在清理倾圮的岳王庙时，从瓦砾中发现一尊明万历十年（1582年）四月镌刻的石碑，下端有岳飞半身牡丹团花袍石刻遗像，上为云南太和（今大理）人张翼先所撰的四言像赞诗。

像赞诗直书，每行六字：

於赫维王，英风
万古。穆穆其文，
桓桓其武。壮志
吞胡，精忠报主。
肃瞻遗像，如熊
如虎。浩气堂堂，
八荒按堵。翊我
邦家，有秩斯祜。

图 3-7 岳飞亭（刘建林摄）

碑文极力颂扬岳飞的文治武功，表达了人民希望安居乐业、幸福永长的美好愿望，很切合当时的抗日救亡危局。于是众人推举辛亥首义同志会的胡赘负责筹措资金，在岳王庙遗址东8米处建岳武穆遗像亭，置碑于亭中，借以表达武汉军民誓死抗战的决心。亭名由曾任孙中山大元帅府参议的孔庚题写，正面亭柱上还镌刻了一副他题写的楹联：

撼山抑何易，撼军抑何难，愿忠魂常镇荆湖，护持江汉雄风，大业先从三户起。

文官不爱钱，武官不怕死，奉说论复兴家国，留得乾坤正气，新猷端自四维张。

明代的石碑今已不存，现在的石碑是1980年依原碑拓片重刻而成的。

八、湖光阁

湖光阁位于东湖中心狭长的芦洲上，又称“湖心阁”，现由十里长堤与陆地相连，建于1931年，原名“中正亭”，是夏斗寅为其把兄蒋介石奉上的45岁生日礼物。湖光阁底径14米，高19米，三层六面，八角攒尖顶，飞檐外展，上覆绿瓦，掩映于疏林之间，卓俊典雅。后因登楼远眺，可尽收东湖风光，故称“湖光阁”。

夏斗寅初为首义志士，后逐渐蜕变为民国军阀，1927年投靠蒋介石，偷袭武汉，残杀共产党人和革命群众。此后为蒋介石东征西讨，1930年初被蒋委派为武汉警备司令，后在中原大战中立下大功，得到蒋介石的器重，结为异姓兄弟。为讨把兄欢心，夏斗寅在东湖湖心岛打造了一座观景楼阁，命名为“中正亭”，作为蒋介石寿诞贺礼。蒋介石与夏斗寅曾乘船登岛观览东湖美景，蒋介石盛赞了东湖的磅礴气势，并嘱咐夏斗寅要加强建设，并要修建连接小岛的道路。1932年3月，夏斗寅在蒋介石的支持下，成功当选了湖北省主席，但9个月后就因在湖北培植势力而被迫辞职，蒋、夏二人的蜜月期至此终结。

2016年底，湖光阁作为东湖绿道工程建设中的核心景点进行保护修缮，并于2017年重新开放，成为东湖绿道上展示武汉城市文化的新名片。

九、行吟阁

行吟阁位于东湖西北岸听涛轩东侧小岛上，可由荷风桥和落雨桥通达，1955年修建，为钢筋混凝土结构，仿古代砖木建筑形式，平面正方形，四角攒尖顶，飞檐三层，绿瓦圆柱，古色古香，整个建筑雄壮俏丽，颇富民族风格。阁名出自《楚辞·渔父》："屈原既放，游于江潭，行吟泽畔。"

行吟阁檐下悬"行吟阁"匾额，出自鸿儒大家郭沫若的手笔。阁前竖有屈原全身像，造型端庄凝重，展现其对天长吟的生动形象。阁内设屈原纪念展览，一楼展示屈原生平、《楚辞》研究陈列、楚国文物复仿品；二楼展出书画名家的屈原及屈赋题材的书画作品。

叶剑英元帅于1979年4月在视察、游览东湖后，曾题诗句赞美屈原：

泽畔行吟放屈原，为伊太息有婵娟。
行廉志洁泥无滓，一读骚经一肃然。

行吟阁风光秀丽，意境开阔，是武昌观光游览胜地，现为屈子文化园的先导部分。自2009年以来，以武汉大学国学班学子为主，每年都在行吟阁前举行穿汉服依古礼祭祀屈原的仪式，2018年还改为在东湖岸边举行，以方便更多的游客近距离感受端午文化。

第四章　学校建筑

一、武汉大学

武汉大学早期建筑群坐落于湖光山色、风景如画的珞珈山，建筑风格中西合璧，布局开敞，山水相接，轴线明晰，设计精巧，堪称中国近代大学校园建筑的典范。

这些建筑建造于上世纪二三十年代，从选址规划到设计建造，前后历时八年，为打造这一中国最美校园，蔡元培、李四光、王世杰、叶雅各、凯尔斯、沈祝三等一批仁人义士都倾尽了心血。从 1930 年到抗日战争爆发，珞珈山陆续完成了 47 项建设，共计 68 栋建筑，其中的 13 处 24 栋建筑在 2001 年被评为第五批全国重点文物保护单位，分别是：男生寄宿舍、学生饭厅及俱乐部、图书馆、法学院、文学院、理学院、十八栋（包括周恩来故居、郭沫若故居）、国立武汉大学牌楼、半山庐、工学院、体育馆、华中水工实验所，此外，同一批入选文保单位的还有上世纪四五十年代建造的“六一”纪念亭和李达故居，截至目前，珞珈山的文保单位共计 15 处 26 栋。

武汉大学历史悠久，可上溯至 1893 年张之洞创办的自强学堂，1902 年更名方言学堂并迁址武昌东厂口，1913 年北洋政府以此为基础筹建了国立武昌高等师范学校，此后又于 1923、1924 年先后更名国立武昌师范大学、国立武昌大学。1927 年 2 月 20 日，由国立武昌大学和国立武昌商科大学等六校合并而来的国立武昌中山大学举行开学典礼，但于当年 12 月 24 日即被盘踞武汉的新桂系军阀解散，1928 年 7 月，在蔡元培先生的倡导下，南京国民政府大学院决定彻底改组国立武昌中山大学，筹建国立武汉大学，当年 10 月 31 日，武汉大学正式开学上课。

值得一提的是，在筹建国立武汉大学之前，最初曾由湖北省教育局提议省办，但遭到当时的大学院院长蔡元培的坚决反对，主张新建大学必须避免地域局限，学校要明确为“国立”，从而提高了武汉大学的学校级别，吸引了大批学生和优秀教师，迅速跃升为一流大学。

随着校园等级的提升和学生的扩招，原武昌中山大学位于武昌东厂口（阅马场附近）的狭窄旧址显然不堪使用。于是蔡元培先生于 1928 年 8 月 6 日与李四光、叶雅各等六人组成武汉大学新校舍建筑设备委员会（以下简称建委会）。

武大新校舍的选址可谓一波三折。1928 年 7 月，李四光初步选址于武昌东郊的洪山。不过，稍后林学专家叶雅各在武昌东湖一带考察农林状况后，认为武昌东湖一带更为适宜，并在邀请李四光同去考察后得到李四光的首肯。

所以严格说来，当时最先提议选址珞珈山的并非李四光，而是前金陵大学森林系主任叶雅各。当时也无“珞珈山”之名，而称落驾山（或罗家山），稍后幸得新到任的文学院院长闻一多建议，才改为了颇具诗情画意的“珞珈山”。但这也不是说武大校园中李四光站在毛驴前方遮阳远眺的塑像应该变更主人。因为据叶雅各先生的长子叶绍智先生回忆，他似乎从没见过父亲骑过毛驴，平时去郊野考察，一般都习惯采取长途步行的方式，而李四光的外孙女邹宗平女士则称，小时候曾听妈妈说起过外公在武汉工作期间，平时出远门经常骑驴。不过值得玩味的

图 4-1　武大校园中的李四光塑像

是，宋卿体育馆南侧的李四光塑像是 2003 年武大 110 周年校庆时，由武大校友集资塑造的，这已距武大新校舍选址过去 70 多年了，在这批集资的校友心中，是否已经认为武大新校址就是李四光骑毛驴选定的，那就不得而知了。

此外，在 1928 年 11 月 28 日建委会的第一次会议上，确定的校址并非现在的珞珈山北麓，而是南麓与卓刀泉相夹的一处平坦滨水地带——东湖嘴。当时这个小村庄不但风景秀美，而且距武昌老城区东郊唯一的车行干道较近，能够与城区保持便利的联系。但这最终被一个远道而来的美国人改变，从而造就了如今武汉大学校园揽东湖而包珞珈的博大气象，他就是弗朗西斯·亨利·凯尔斯（Francis Henry Kales）。

凯尔斯 1882 年出生于芝加哥，他的父亲是当地律师协会的领军人物，家境优裕，1907 年毕业于麻省理工学院建筑专业，1915 年来到上海，先后进入德和洋行与美国长老会、卫理公会工作。1925 年凯尔斯参加中山陵设计竞赛，获得名誉奖第三名，是获奖者中唯一一名美国建筑师（另有五名俄国设计师）。中山陵基址位于南京城外的钟山，与武大同为山地设计，而凯尔斯的设计又极具纪念性，很符合武大新校舍的选址与建筑要求。基于其国别与设计理念，凯尔斯很自然地引起了英美背景浓厚的武大建委会的注意。另外，凯尔斯出身美国豪富之家，对金钱没什么渴求，当时的他也并没有很高的名望，对于留下自己传世建筑作品的渴求很是强烈，而这些都符合经费不足的武大建委会的要求。

总之，在 1928 年 11 月，武汉建委会冒险选择了当时声明尚不显赫的美国建筑师凯尔斯，又花费 500 大洋，为其从上海包机直飞武汉，在飞越珞珈山上空时低飞盘旋。经过乘飞机鸟瞰珞珈山全景，凯尔斯看中了珞珈山背面的丘陵地带，并在次日登山查看后，提出了以珞珈山北麓狮子山为主要校舍建筑中心，各院系教学楼分别建于各小山之上的想法。很快，他的建议被建委会采纳。1929 年 7 月，国立武汉大学致函湖北省政府，请求其为武汉大学正式圈定校址——“东以东湖滨为界，西以茶叶港为界，北以郭郑湖（今东湖主体部分）为界，南面自东湖滨起至茶叶港桥头止”，总面积约 3000 亩。武大新校舍最终选址于凯尔斯看中的珞珈山北麓。

在选定校址之后，凯尔斯迅速开始了规划设计工作。王世杰校长后来曾在介绍新校舍设计经过时，充满感激地赞扬凯尔斯先生“每每为了图样的设计，站在这个冷峭的山头上一两点钟之久”。此外，凯尔斯还邀请了一批外国专家，协同解决结构设计问题。第一期建筑的设计详图在不到一年的时间里即绘出。

在此期间，监造工程师缪恩钊先生带队于1929年3月18日开始新校舍的测量绘图工作，历时五个月完成。在测量绘图工作完成之后，建委会开始了艰难的土地征收工作，由于当地居民的阻挠，征收工作进行得很不顺利，至当年11月21日才签订了第一份地契，最后一份地契的签订更是延宕到了1937年9月，买地的进程直接影响到武大校园的建设，1932年底，买地进程几乎停止，这也在很大程度上造成了新校舍建设在1932年前后陷入近两年的停顿。

另外，当时从武昌城到珞珈山没有公路。为方便运送建筑器材和物资，1929年10月，工程中标的协和公司开始修建由街口头（即街道口）往北通向珞珈山、狮子山的道路。但道路途经许多坟墓，施工中途发生迁坟风波，修路工程一度停了下来，迟至1930年1月方才完工。

实际上，迁坟问题在1928年8月确定新校区红线范围之后即已存在。当年10月就有迷信风水的部分坟主给省政府去函，要求暂缓开发珞珈山，但政府经讨论后并未明确表态。11月2日，武汉大学收到桂子馨等9人来信，希望王校长“大发婆心、迁地为良”。此后，以陈云五为代表的居民再次去信省政府，言辞激烈，列举在此建校的八大不妥，明确要求“另择校址”。为了把事态扩大，陈云五等人还去信民政厅、建设厅等多个部门，污蔑王世杰校长贪污。迫于压力，省政府于11月5日决议武大“另觅无坟之地”。某些激进分子还大闹校长办公室，以人身安全和王校长老家的祖坟相威胁。王校长据理力争，毫不妥协退让，但省政府仍于11月15日决定：武大即停路工，重行查勘。义愤填膺的武大师生愤而以全体教职员的名义，写信给国民政府行政院院长谭延闿、教育部长蒋梦麟：要求依法严惩豪绅陈云五，以维教育。11月18日，经过磋商，行政院给湖北省政府发布训令：要求湖北省政府剀切晓谕，勿任阻挠。至此，迁坟风波得以平息。

在完成修路、种树等一系列基础工作之后，武大新校舍工程于1930年1月开始招标。当时候选的厂商除汉口的汉协盛、康生记、袁瑞泰等三大营造厂外，还有来自上海的六合公司和方瑞记营造厂，竞争不可谓不激烈。最终，在武汉本地最负盛名的汉协盛营造厂以极低的价格，成功中标了珞珈山新校舍第一期工程的绝大部分。

汉协盛营造厂的创始人沈祝三（1877—1940年）是浙江宁波人，曾在上海协盛营造厂从事建筑工程，1905年借来汉主持平和打包厂建设之机，自立门户，于1908年成立属于自己的汉协盛营造厂，先后承建了武昌第一纱厂、景明大楼、汇丰银行、花旗银行、横滨正金银行、汉口总商会、汉口电报局、协和医院、和记蛋厂、英美烟草公司、南洋兄弟烟草公司、既济水电公司、西商跑马场、梅神父纪念医院等工程，还收购并创建了阜成砖瓦厂、阜成轧石厂等附属企业。

武大新校舍第一期工程于1930年3月开始动工。当时的沈祝三已双目失明十多年，但仍“每天自早至晚，都坐在他的小办公室的桌边接应电话，指挥珞珈山及其他部分的工人从事工作”（王世杰校长语）。但是工地没有电源，无法使用机械，汉协盛的工人不得不采取人工搅拌、人力肩挑上脚手架，用绞车及葫芦等手工设备解决施工中的问题；水的供给也相当困难，工人只能从山下水塘挑水。此外，因工程从一开始便估价过低，“在他投标之后，金价大涨，而他所用的材料中，外货又甚多”（王世杰校长语），且当时正值世界经济危机，原材料价格大幅上涨。面对种种困难，汉协盛营造厂最终仍于1931年11月如期交付所有承包建筑，且按照当初约定，赠送武大价值3万元的自来水塔，其自身则承受亏损40万元以上，汉协盛从此没落。武大建委会有感于汉协盛的牺牲与困难，最终在本校经费也十分困难的情况下，补偿其修建水塔所耗费用，表示感谢与体谅。

第一期工程完成后，1932年3月全校师生由东厂口迁往珞珈山上课。同年5月26日，武大隆重举行新校舍落成典礼，蔡元培、李四光、刘树杞等应邀参加并为武大师生开办学术讲座。

1933年8月，狮子山山顶的图书馆工程开工，二期工程全面开启。在第一期工程中亏损严重的汉协盛营造厂放弃投标，二期工程主要由上海六合建筑公司、汉口袁瑞泰营造厂承建，随着水电的开通，可以使用建筑器械，所以后期的大型建筑都有钢架结构，且因武大工程质量要求严格，施工使用优质材料，所以二期工程的建筑质量明显好转，工程进展也比较迅速，大部分工程于1936年之前完成，1937年3月开建的农学院则因抗战影响而被迫停工。

在武汉大学新校舍兴建的时代，正值20世纪中国第一波传统建筑复兴的浪潮袭来。“中国固有之形式”建筑“本诸欧美科学之原则”、保存“吾国美术之优点”，是西方物质与中国精神结合的文化折中主义思想在建筑领域的反映。在那个特定的时代背景下，美国建筑师凯尔斯的设计表现出的首要特征自然也需要是中国民族的元素，具体表现在屋顶以及建筑细部对中国元素不同方式的运用上。并且，凯尔斯受到的是美国正统鲍扎教育的构图训练，使得凯尔斯在进行建筑设计时能够熟练运用轴线、对称性以及秩序性等组合法则，而值得注意的是，这些法则也正是中国传统建筑所强调的。综合以上两点，对中国建筑思潮的准确把握和自身早期所受训练与中国传统建筑的契合，最终令凯尔斯设计的武汉大学早期建筑群拥有了中国园林式的审美效果。

不过有所区别的是，在中国传统建筑观念中，建筑与山体的关系是以山为靠的，而将建筑放在山顶烘托气势，则是西方山地建筑常用的做法，如雅典卫城。深受西方古典建筑理念影响的凯尔斯，在进行总体设计时，充分利用狮子山，男生寄宿舍依山体南坡而建，几个单体建筑建于山脊，借山顶烘托气势，于是就有了后来男生寄宿舍布达拉宫般的宏伟气势。而有趣的是，当时留学英美背景浓厚的武大建委会的总体建设目标是“以宏伟、坚牢、适用为原则，不求华美”，凯尔斯对于“宏伟”意向的追求恰好符合建委会的要求。由此联想到后来十八栋的典型英式建筑风格，似乎可以说明，武大建委会并未对武大建筑的中式风格提出明确严格的要求。而正是在这种宽松的环境下，凯尔斯融东西方古典建筑风格与元素于一炉，并积极引用新兴的材料与建筑技术，打造了这一立体感丰富而又强烈、建筑风格兼具东西而又不受既有形式限制的别具一格的学校建筑群落，使其成为中国近代建筑史上的一座里程碑。

❶ 国立武汉大学牌楼

2012 年 9 月 29 日，武汉大学官方网站“武汉大学新闻网”对外公布，为配合八一路地下通道建设，学校大门的“国立武汉大学”牌楼将于国

图 4-2　国立武汉大学牌楼

庆节期间拆除。新的校门牌楼将于120周年校庆前在原址附近移位重建。

此消息一出，引起众多武大学子抱怨，闻讯前来留下与武大牌楼最后合影的校外学子与市民纷至沓来，武汉大学年届百岁的刘绪贻教授得知后，也在女儿的搀扶下特意赶到牌楼下合影留念。他告诉记者，他上世纪40年代便在武大任教，他担心再也看不到武大牌楼了，拆迁虽有遗憾，但也是社会发展的变迁使然。

面对武大学子日益高涨的“平移保留”呼声，武汉大学基建管理部规划与土地管理办公室主任胡骏不得不站出来回应：“仿造的牌楼，区区20年，不属于历史保护文物，没有任何文物价值。”

这才让很多不明就里的武大学子和热心市民知晓，原来自己正在奋力保护的不过是一座1993年建成的山寨牌楼，而其民国老牌楼仍然静静地栖身于距正门约1公里的劝业场尽头，被周围林立的高楼包围，显得有些不伦不类。

关于这个民国老牌楼，很多人会由此想当然地认为，劝业场尽头才是武大最早的校门口，其与后来“山寨”牌楼之间的地方起初应该都是武大的校产，只是后来遭到众多校外单位与居民的蚕食，最终武大的校门才退到了今天的位置。

但实际上，武大的民国老牌楼，更多的是充当一个路标的作用，而非武大校址的界点。1930年前后，武大为便于运送建筑材料，修建了一条由街道口通往狮子山的公路。而当时公路沿线一片荒凉，人们很难想象路的尽头有一座中国最美大学，王世杰校长为了标示武大所在的位置，才在公路起点处修建了这个起指示作用的牌楼。

最早的民国牌楼是木制的，建于1931年，由缪恩钊、沈中清设计，仿北方牌楼式样，四柱三间歇山式结构，琉璃瓦顶，略施斗拱，油漆彩绘，古朴大方。但木制的牌楼毕竟不够牢固，次年即毁于风灾。至

图 4-3　牌楼背后写着“文法理工农医”

1937 年，武大又在原址重建了这一钢筋混凝土牌楼，仍由缪恩钊、沈中清设计。新牌楼设计简洁明快：四根八棱圆柱，表示喜迎来自四面八方的莘莘学子；柱头云纹直冲云霄，颇有皇家风度，所覆孔雀蓝琉璃瓦顶，也仅次于皇家的金黄色；背面用小篆书写“文法理工农医”六字，由武大中文系首任系主任刘赜手书；正面居中书写了端庄雄伟的“国立武汉大学”六个颜体大字。

关于国立武汉大学老牌楼的校名书写问题，历来有不同的声音，其中网上流传最广的是书画篆刻家曹立庵先生 1983 年来武大参加校庆时所写。据当时校庆办的工作人员回忆，当年 11 月 15 日，为庆祝武大成立 90 周年，曹立庵、端木梦锡、江雪川等三人确曾合作了一幅画，至今仍存在档案馆，但并没有写字。这也得到了曹先生的同行友人乐建文先生的证实，“曹立庵的字体与那六个字不一样”。据曾参与武大新校舍建设工作的沈中清先生回忆，校牌楼上的六个字是从颜真卿字帖上摘录下来的。对照颜真卿传世字帖以及曹先生所留笔迹，足证其所言非虚。

不过，在20世纪60年代，“国立武汉大学”六字曾被“陈毛体”的“武汉大学”四字所替代，至1983年校庆前夕才得以恢复。“陈毛体”是指毛主席给陈文新写信时的字体。1951年4月，考取武汉大学的革命烈士后裔陈文新女士，写信寄给毛主席并得到回信，之后武大就将主席回信中的“武汉大学”四字摘录下来，并在60年代用以替换了牌楼上的“国立武汉大学”六个字。现在的武大校徽、校标、武大学报以及部分信纸上的“武汉大学”四字，也还都是毛体。

❷ 宋卿体育馆

穿过国立武汉大学牌楼直行约1公里，就可以看到武大2013版新牌楼，经过新牌楼，直行爬坡数百米，至人工湖处左拐上行，行至半山腰处就可以看到一个坐东朝西的半圆形、覆盖绿色琉璃瓦的古朴建筑，这就是武大赫赫有名的宋卿体育馆，从它的捐资定名到设计施工，再到此后围绕这个建筑发生的诸多故事，都注定了其不凡的身份地位。

“宋卿”是首义功臣、民国大总统黎元洪先生的字，这也就说明了，这座建筑必定与黎总统本人有着千丝万缕的联系。黎总统虽是行伍出身，但对教育事业颇为关心，屡有捐资助学之举。早在民国元年，他就曾联合部分湖北名士，发起创办武汉大学以纪念共和首义的倡言，但碍于复杂多变的时局，一时未能如愿。1921年，他又转而筹办“江汉大学”，并为此筹款10万元，购买了当时中兴煤矿公司的股票一千股作为基金，准备日后办学之用，但可惜直至其1928年去世时江汉大学仍未兴办。

1934年3月16日，正当继任的王星拱校长为了武大新校舍第二期工程的筹款问题奔走呼号之际，黎元洪远在天津的两个儿子黎绍基和黎绍业先生联名致函武大，表示愿意将其父此前为筹办江汉大学筹备的十万元股票基金转捐给武汉大学，以慰藉父亲的心愿，并请求告知这笔捐款的用途和保管方法。王星拱校长喜出望外，立即回信，说明要将这笔捐款用来建筑体育馆，并“颜其额曰‘宋卿体育馆’”，还表示要在体育馆内单独开辟一部分用作“宋卿前大总统纪念堂”，用来保存辛亥革命首义文献，黎氏兄弟欣然应允。

不过，在此之后，黎总统家人多次与武大交涉，请求将黎元洪遗体安葬珞珈山，这也是笃信“风水”的黎总统的遗愿。但是，受够了在建校初期迁坟之苦的武大元老们，早已在1932年3月18日就正式作出了

图4-4　国立武汉大学宋卿体育馆老照片（刘建林供图）

校园界内不得再建新坟的决议，校方对于捐资功臣的这一要求也只能屡次委婉拒绝。

到了 1935 年，国民政府拟定于 11 月 24 日在武昌为黎总统举行隆重的国葬仪式。在此之前，黎总统家人趁机再度与武大交涉。黎家此次有备而来，已探知武大早有建总办公楼之意，且已完成设计方案，但苦无经费支持，遂以捐资建造行政大楼为饵。但坚持原则的王星拱校长，权衡之后毅然忍痛放弃行政大楼，婉拒了黎家的这一请求。黎大总统的遗嘱最终未能如愿，家人也只能将他的遗骸归葬珞珈山南麓的卓刀泉土公山。

在得到黎氏兄弟的捐赠之后，武汉大学马上授意凯尔斯展开设计。崇尚轴线秩序的凯尔斯针对珞珈山的丘陵地形和校园布局在一期建设期间的些许变化，适当西移了体育馆的位置，使其处于校园中轴线的西端，从而使原本有些模糊的校园东西轴线变得清晰起来。随着体育馆规划地位的拔高，其设计力度也大为提升，甚至在很大程度上导致了 1935 年 3 月“宋卿体育馆”第一次招标因标价过高而废止。于是建委会只得请凯尔斯修改设计方案，这样才在 1935 年 9 月的第二次招标中由凯尔斯推荐的上海方瑞记营造厂承造。工程都已进入施工阶段，不想方瑞记老板因失恋而开枪自杀，工程因此延宕将近一年时间，校方也不得不另请上海六合建筑公司承建，但六合不满标价，校方也只好加价。经历一番周折，直到 1936 年 7 月，体育馆才算正式动工。不过，好在二期工程时珞珈山已经接通水电，可以使用大型机械，而凯尔斯又采用了 20 世纪 30 年代新兴的砖（石）钢筋混凝土结构，所以体育馆建设速度较快，至 1937 年初即已完成主体工程。

建成的宋卿体育馆达到了外表艺术性与内部功能性的统一。半圆状式的三重檐歇山顶古朴建筑之内，包裹着的是由当时最先进的三铰拱钢

图 4-5　武汉大学宋卿体育馆（刘建林摄）

架结构带来的跨度达到 22.6 米的超大空间。馆内分上下两层，上层为小型观赛看台，也可作对外观景台，下层为室内篮球场，可进行各项球类比赛及教学、文娱活动，另有地下一层，设有健身房。按照凯尔斯的设计，还应在体育馆外部的东西各设一喷泉和游泳池，但这两个附属建筑连同王星拱校长答应黎家的“宋卿前大总统纪念堂”，都随着抗战的战火而中断以至终止了。

1937 年秋季开学，宋卿体育馆正式投入使用，但仅使用了一个学期，武大师生即因日寇进逼而西迁乐山。在此期间，1938 年 3 月 29 日至 4 月 1 日，国民党临时全国代表大会在珞珈山举行，策定抗战建国的大政方针，宋卿体育馆就是其中一个重要的分会场。稍后，宋卿体育馆还成为珞珈山军官训练团的一个受训场地，蒋介石曾在此对参训军官进行点名训话。1938 年 10 月 25 日，武汉沦陷，武大成为侵华日军的中原司令部，宋卿体育馆沦为日军军官俱乐部。1947 年“六一惨案”之际，宋卿体育馆被用作三位遇难同学的灵堂，并于 6 月 22 日举行了盛大的追悼会。

❸ “六一”纪念亭

在宋卿体育馆的南面，有一座水泥构筑的六圆柱六角攒尖顶的亭子，亭子中间立有一块石制纪念碑，这就是“六一”纪念亭，是解放战争时期武大师生为纪念在 1947 年 6 月 1 日的“六一惨案”中不幸身亡的三位进步学生而修建的。

纪念亭由武大土木系教授缪恩钊设计，蔡广记营造厂承建，1947 年 10 月开工，1948 年 4 月竣工。翠瓦飞檐的纪念亭坐北朝南，六角攒尖顶，六根朱漆圆柱，处处蕴涵六月之意。亭中央的纪念碑为麻石基座，碑面刻“六一”纪念亭碑记，碑背刻“死难三生传”，内容出自武大文学系青年教师李健章的手笔，并由时任武大事务组事务员的瞿扶民书写，正面和背面碑文分别用八分体和楷体书写。

李健章先生在书写碑文之时，尚处在白色恐怖的笼罩之下，为了迷惑敌人，故意用文言文来写，而李先生本人自小习学桐城派文章，古文功底扎实，故成此于平实言语中透深沉情感的美文，今录其全文如下：

六一纪念亭碑记

民国三十六年六月一日昧旦，武汉军警千余人突入珞珈山，围扰本大学。黉舍之内，遽而骚然。以出人意外，师生举仓卒不知所为，一任其排闼执讯而已。天既明，而枪声骤起；移时，始解去。计鞭箠劫束、挟以同走者二十人；创而呻吟于室者，十有九人；肝脑涂地、饮弹毕命者，则黄生鸣岗、王生志德、陈生如丰三人也。【事既震惊海内外，而枢府旋亦绳始祸者以法。】（作者按：此二句在新中国成立后重修六一纪念亭时删去）其后，劫走者皆幸免归，伤者亦渐以起，而赍恨于地下者，则将忍此焉终古！非甚可痛念者耶？于是众议作亭以志斯难，鸠工庀材，数月而成，因命之曰“六一纪念亭”，取以事系日例也。夫士以忠信为甲胄，礼义为干橹，此特为守常者言耳。孟子曰：“如有一朝之患，则君子不患矣。”然乎，否耶？亭有碑不可无记，故书其事备来者观焉。

民国卅六年冬十一月立

图 4-6　“六一”纪念亭

死难三生传

黄生鸣岗，湖北枝江县江口镇百新里人也。民国三十二年夏负书入川，就读国立第二中学，三十五年秋来武昌，考入本大学历史学系。生素羸弱而有大志，尝语人曰：吾当为长空之雷鞭也！事变时适以痁作而伏，闻枪声遽起，而弹贯腋下，顿仆地，痛极呼母而绝，得年二十有五。后二十日，其家人来迎其丧以归。

王生志德，本大学土木工程学系一年级学生也。少孤，家又窘于财，以刻苦自奋，得毕业于武进西郊中学。民国三十五年春入南京临时大学补习班，是年秋由教育部分送来校肄读。生为人刚直不阿，善数学及物理学，师友称之。难作，中弹死于阶下，年才十九，葬校侧张家山之北。生江苏武进人。

陈生如丰，台湾省台南县新营人也。方我兴军御倭，台湾与中土隔绝，故生既卒业台南第二中学，即赴日本就读冈山医学院，时民国三十三年春也。越明年，倭人败降，生返里，入台湾大学，改习政治学科。三十五年秋，应教育部试遣，来本大学政治学系第一年级肄业。生勤于攻读，善音乐，喜运动。当军警扰攘之际，生适取水于炉，弹洞其首，仆而不起，年二十有二。生之父母俱在故籍，道远无由归其旅榇，亦葬于张家山。

论曰：甚矣！造士之难也。兴学以养之，是师以诲之，别其行同能偶，而课之以正业，时然后考校之，以率其不及。诚以作育多士，为建国之本，而人才之成就，又不可一日二日卒备，故郑重其事如此也。今观三生之才，皆若可以有为者，自就学以来，盖亦十余年矣，至于一旦而或夭折之，则如是易易焉，此其故何哉？

囿于特殊的时代背景，《六一纪念亭碑记》和《死难三生传》皆未署名，措辞也颇为克制，但愤懑与痛惜之情仍可从《六一纪念亭碑记》的“此特为守常者言耳”“如有一朝之患，则君子不患矣”等言语及《死难三生传》文末培养人才之艰难与一旦而夭折的感叹中体现出来。而且从《死难三生传》的遇难三生生平简介来看，三位同学皆是有志于学的优秀青年，都是在混乱之际死于流弹，实在是令人痛心疾首。

碑文在“文革”时期曾遭磨毁，校方在 20 世纪 80 年代进行了复刻，此次复刻在李健章教授的授意下，删除了当时为规避政治风险而补加的“事既震惊海内外，而枢府旋亦绳始祸者以法”一句，对当时国民政府的愤恨之情得以更加凸显。

1947 年的中国，正值国家动荡。1946 年 10 月刚迁返珞珈山的武大学子也深受影响，对当局不满的情绪日益高涨，也参与到了中共地下党发动和领导的“反饥饿，反内战，反迫害”的学生运动浪潮之中。

针对如火如荼的民主运动，1947 年 5 月 18 日，国民党政府颁布了禁止请愿罢工游行示威的《维持社会秩序临时办法》，授权各地军政当局可采取“必要措施”和“紧急处置”。接着，5 月 20 日，同时在天津和南京发生了国民党军警宪特殴打逮捕学生的暴行，史称“五二〇”惨案。

国民党政府的统治政策，更加激起了爱国学生的愤怒，武大学生自治会在 5 月 18 日即发起罢课签名运动。“五二〇”的消息传来，武大师生更加义愤填膺，于 5 月 22 日发起了武昌大中学校学生联合举行的示威游行，1700 多名武大学生上街游行，部分学生甚至冲进了湖北省政府，在省政府的门窗、屏风和墙壁上写满“打倒独裁”“反对内战”“争取和平”“恢复和谈”“打倒好战分子”“好军人不打内战”“中国要民主和平，我们要携手起来反对内战，打倒官僚资本”等标语口号，创作了“官肥民瘦”的漫画，并在孙中山遗像下写道：“国父！你定名为民国，为何不民主？”这引起了武汉当局的极大恐慌。5 月 28 日至 31 日晚，武大举行反内战、争温饱的时事座谈会和文艺晚会，并在会上约定，响应华北学联提出的定于 6 月 2 日举行的全国各大城市学生大游行。

国民党特务机关本即称武大为“三镇共党的大本营”，宣传“有三百余名共党分子潜伏其间”，早就对武大师生虎视眈眈，此时更有充分的“理由”下手。在武大师生热火朝天地举行时事座谈会和文艺晚会之际，国民党武汉行辕和警备司令部已经悄然做好了准备。5 月 28 日，武汉警备司令部审定了逮捕进步师生的黑名单，31 日晚，武大正在举行“争取和平文艺晚会”之际，警备司令部已做好了相应部署。

6 月 1 日凌晨三点，两千名全副武装的反动军警，包围了珞珈山，截断武大对外交通要道，其中一千余名反动军警直接包围武大男女学生宿舍和教员住宅，并在制高点架设机枪、迫击炮，仅在男生寄宿舍就有机关枪阵地 5 处以上，老斋舍里的每条走廊都实行戒严。此后即开始在特务学生的带领下，手持黑名单逐室逮捕进步师生，哲学系教授金克木、历史系教授梁园东、机械系主任刘颖、外文系教授缪朗山与朱君允 5 名教授及 14 位学生和 3 位职员遭逮捕，并被押解到停在校门口的公共汽车上。眼见装有自己同学老师的汽车即将开走，梦中惊醒的天、地、元（后改为“玄”字）及黄四斋的学生带头冲出铁门，有的与军警据理力争，另外一批则采取了向军警泼水、强拉司机、破坏汽车、抢夺被绑学生等激进行动，越来越多的学生冲向了校门口的汽车。

武大学生的激烈反抗，远远超过了武汉警备司令部的预期，局面逐渐趋于失控。在肢体冲突之中，恼怒的军警竟向手无寸铁的学生开枪，顿时珞珈山上硝烟弥漫。史学系学生王志德，当时伏在台阶之上，正抬头环顾四周情景，不料一颗子弹射中太阳穴，一大股鲜血沿着石阶流下；在天字斋，政治系学生陈如丰正在茶炉旁取水，刚从锅炉房走出，外面枪声大作，他慌忙退回原处，枪声稍停，他想趁机跑回宿舍，不想刚走出来即被一排子弹从左颧骨射进，右颧骨冲出，血染石阶，当场死亡；土木系学生黄鸣岗，当时正因疟疾而卧病在床，他探身向外观望，不料一颗子弹恰从其右胸侧穿进，血流不止，疼痛难忍，大呼母亲而亡，直至几天后入殓时，仍是张大着嘴巴、死不瞑目的样子。除此之外，还有 3 人受重伤，16 名学生负轻伤。这就是震惊中外的珞珈山“六一”惨案，这场惨案也是整个“反饥饿、反内战、反迫害”运动中仅有的出现学生惨死的案例，故而消息传出，舆论大哗，举国震惊。

6 月 1 日上午 9 时，参加逮捕行动的中统鄂处召开会议，统一口径，宣称之所以开枪是因为学生先开枪，军警乃是出于自卫，并找来一支白朗宁手枪，诬陷说是当场从学生手里缴获的。随后，武汉当局扣发新闻电讯及相关伤亡或平安电报，在当天汉口各晚报刊登中统捏造的信息。次日，又在武汉各报刊发布讲话发言，称搜捕武汉大学并开枪打死学生是擅自行动，为首肇事人员已被看押，待查明以后，决定严加惩办等。

惨案发生后，武大全校师生无不悲恸欲绝，并针对国民党反动军警的暴行展开了不屈不挠的斗争。6 月 1 日清晨，代校长刘秉麟即带领 6 名教授，奔赴武昌阅马场湖北省参议会，向国民党武汉行辕主任程潜严正交涉。上午 9 点，武大全体师生都聚集在宋卿体育馆内，哀号不止，决定自即日起开始无限期罢课，派代表赴南京请愿，向社会各界控诉这一血淋淋的事实。

与此同时，中共武汉地下党也很快派人来校了解情况，并提出如何进行斗争的六条意见。1 日当晚，武大地下党员王尔杰等同志即研究成立“六一”惨案处理委员会，并很快发表了《国立武汉大学全体学生为“六一”屠杀惨案告全国同胞书》。另外，1 日当晚为避免再遭迫害，全体同学一起到图书馆过夜，同学们还组织起来轮流站岗放哨。

6 月 3 日，从南京开会返校的周鲠生校长约集 18 名教授，齐赴武汉行辕保释被捕师生，并抗议中央社发布歪曲事实的报道，要求追究责任。面对周校长抬尸游行的威胁，武汉行辕主任程潜只得妥协，午后 4 时，被捕的师生保释返校。6 月 9 日至 13 日，“六一”惨案处理委员会还成立“答谢团”，分赴武昌各学校报告惨案真相。6 月 10 日，万典武、张继达等 5 人飞赴南京请愿，先后去行政院、立法院、司法院、检察院递交请愿书和屠杀学生的照片，向行政院院长张群当面控诉武汉当局制造惨案的暴行，随后前往南京各大高校参加追悼会，并召开记者招待会揭露惨案真相。经过全体师生的不懈抗争，“六一”惨案的真相很快传遍全国乃至国外。

很快，武汉各大中学校学生和市民前来吊唁的队伍络绎不绝，各地声援函电如雪片般飞来，就连蒋介石也不得不在舆论的压力下，两度给国立武汉大学教授会复电，对这一“殊出意外”的“不幸事件”表示慰勉。

鉴于天气日渐炎热，“六一”惨案处理委员会根据群众和党组织的建议，决定于 6 月 22 日为三位死难同学举行追悼会，当天上午，武大师生和校外来宾 2000 多人，聚集在宋卿体育馆，沉痛悼念三位遇难同学，并通过悬挂挽联的形式，表达对国民党暴行的愤怒。

6 月 23 日，一千余名武大师生为死难同学（黄鸣岗的棺柩已被运回家乡，故出殡所抬为其余两位同学的棺柩）举行了出殡大游行。游行虽然受到反动派的阻挠，但肃穆的游行队伍仍然经武昌到汉口，用血的铁证控诉了反动派的罪行。沿途的商铺和住户纷纷燃起鞭炮，表示他们的哀悼和愤怒。

出殡大游行之后，国民党武汉当局对武大师生采取了严密监控如盯梢等措施，并制定了逮捕武大学生的黑名单，幸得地下党同志提前获取情报，武大通过多种途径在半个月内即将进步同学陆续送走。

新学期开学后不久，武大就开始在宋卿体育馆前的空场地上开建纪念亭，以此永远纪念三位死难烈士。此外，武大还将男生寄宿舍的三个门由东往西分别命名为“如丰门”“志德门”和“鸣岗门”，并将当年死难学生留下的血迹处按原状涂红，以示铭记。在新中国成立后，“六一”纪念亭成为进行革命传统教育的处所，校内外青少年学生纷纷前来缅怀在“反饥饿、反内战、反迫害”斗争中死难的三位青年学生，不少小学生的少先队入队仪式也在纪念亭举行。1992 年 6 月 1 日，陈如丰的胞弟陈英武、胞妹陈惠梅等一行四人，从中国台湾地区来到武汉大学，纪念陈如丰遇难四十五周年。

❹ 男生寄宿舍

看过了宋卿体育馆和“六一”纪念亭，再回到原路，继续爬坡数十步，即有一组雄伟壮阔的宫殿式建筑映入眼帘。这就是俗称“老斋舍”的男生寄宿舍，另外，因其下方沿路种植樱花，每到樱花盛开时节，远望如同樱花簇拥着的一座城堡，故而得到一个更响亮的名字——樱花城堡。

男生寄宿舍是武汉新校舍第一期工程的头面工程，由凯尔斯设计，汉协盛营造厂承建，1930 年 3 月开工，1931 年 9 月竣工。

图 4-7　男生寄宿舍

凯尔斯在设计时，为了令学生充分享受阳光，就把宿舍布置到了狮子山的南坡，从而舍弃了狮子山北坡的观湖视野。不过，凯尔斯对此早有弥补之法，在他的精巧设计下，原本海拔 65 米的狮子山被削低了 10 米，打造出一块平整土地，又将四个宿舍的屋顶高度与山顶台基取平，这样就保证了日后修建的图书馆前拥有足够让人活动的开阔广场，而学生们站在这个大平台上，不但可以向南远眺珞珈山，而且向北眺望也能将不远处的东湖收入眼底，从而极大地弥补了为享受阳光而牺牲的观湖视野。

男生寄宿舍布局别具一格，从一层到四层，虽各个楼层的基座高度随山势而逐层递增，但都在屋顶找平，借助山势构成气势磅礴的立面效果。房间数量自一层到四层依次递增：一层房间最少，呈“一”字形排开，二层房间呈“口”字状围合，三层为“日”字，四层也为“日”字，但沿山势北拓，最南侧一排不设房间，直接通向开敞的三楼平屋顶。这里也被学生作为晒台使用。凯尔斯将这一“天平地不平”的设计手法运用到了多处武大早期建筑中，从而巧妙地克服了山势起伏、各楼层基址不在同一高度的问题，使建筑融入自然，并充分借助山势张大立面效果。此外，凯尔斯还设计了三个罗马拱券形大门，从而令四栋相对独立的宿舍建筑紧密地联系为一个整体，还在三个大门之上加盖一层中式歇山顶亭楼，既美观又增高势。

试想学生或参观者，站在狮子山下，目光沿着依山而建的 108 级台阶(现为 95 级，底层部分因路面加宽而被抬升的路基所淹没)徐徐上行，慢慢注视如此庞大高耸、占满山坡的建筑群落，加之三个巨大券门上还配以飞檐绿瓦的飘逸亭楼，四个单元宿舍百千窗户所映射的阳光，也就不免产生形似“布达拉宫”式的感觉。

稍后，随着狮子山顶图书馆的修造，游人又可以通过与其在同一轴线的中间拱门完整地欣赏图书馆的美景，实在令人赞叹这个完美借鉴了中国传统建筑的借景与框景手法的美国建筑师。

除其宏伟华丽的外表，内部设计更堪称科学精妙。在主体采用砖混结构的情况下，宿舍内部则采用钢筋混凝土屋架，既增加了空间分割的灵活性，方便以后空间的改建，同时也可以减少承重砖墙的用量，节约营造成本。

每栋宿舍由两个大天井将宿舍分为前、中、后三排，每个天井都环绕走廊，形成了具有强烈围合感的院落空间和廊道空间，从而利用内庭院的中厅热压效应进行自然通风采光。

在内部的设备设施方面，男生寄宿舍在建成时每斋都有抽水马桶和洗澡间，有管道直接送热水到各斋，生活条件在当时中国的校园中首屈一指。其室内状况据校友刘定志回忆为“每房有双面书桌一只，备两人对坐，书架各一，钢丝弹簧床各一张”。另据王世杰校长报告可知，这种床经学校身体最重的叶雅各教授在上面又站又跳地试验过，其坚固耐用可想而知。在20世纪80年代，上海电影制片厂曾在男生寄宿舍拍摄了一部电影——《女大学生宿舍》，该片一度风靡全国，人们在电影中，看到了男生寄宿舍那木制的床、窗子、地板，以及青色的石砖、雕花的扶手环、小巧玲珑的阳台，这些美好的场景令全国观众都无限向往。

男生寄宿舍的四个单元各分为四斋，共十六斋，按照《千字文》“天地玄黄宇宙洪荒日月盈仄辰宿列张”的顺序命名。其中在相当长的时间内，玄字斋写作元字斋，笔者读书时有幸在此居住，曾见白发苍苍的老校友询问宿管阿姨元字斋的所在，懵懂的阿姨错误地指向了相反的方向，如此想来，四五十年前应仍作元字斋。

1938年4月，武大师生西迁乐山，蒋介石亲任团长的珞珈山军官训练团，共开办两期，在此期间，男生寄宿舍被用作国民党军常委会军官训练团的宿舍。当年10月底，日军占领武大，以之为司令部，男生寄宿舍变为住院部。至1939年春，日军换防，珞珈山成为办理后勤的场所，驻军随之减少。于是，负责看守校产的汤子炳（又名汤商皓，曾留学日本并娶日本妻子）等5名武大教职工趁机前来与驻扎的日军联队长交涉，要求保护校园内的一切设施。负责接待的高桥少将表示会尽力保护这个风景优美的文化地区，同时认为校园还缺少花木点缀，要从日本移栽樱花树。汤子炳不敢违抗，于是提出可同时种植中国人喜欢的梅花，但遭到拒绝。

很快，日军从日本运来了28株樱花树，并均匀种植在男生寄宿舍的四栋楼前。日本人当时种植樱花的目的，一则是为了缓解住在这里疗养的日本伤兵的思乡之情，二则是为了炫耀其武力强大，妄图长期占领。在那个特殊的时代种下的这28株樱花树，确实成为中国国耻的象征，所以在武大师生重回珞珈山之后，一直有要砍伐樱花树的声音，不过好在主张保留的意见始终占据了上风。

樱花树的生命周期只有二三十年，因此象征国耻的第一批樱花树在1957年嫁接更新时已基本死绝。第二批由日本赠送的樱花树则成为中日友好的象征。1972年9月，中日邦交正常化，日本首相田中角荣访华，向周恩来总理赠送1000株大山樱。1973年3月，有关部门将其中20株转赠给了武汉大学，由学校栽植于珞珈山北麓的半山庐前。此后，在中日友好10周年和20周年之际，日本方面再度分别赠送了武大100株和200株樱花树，武大的樱花已经转变为了见证中日友好的“友谊之花”。

如今男生寄宿舍前的樱花大道，种植了近200株樱花树，仍是武大最佳的赏樱地点，每年阳春三月，雪白的樱花与灰墙绿瓦的“樱花城堡”相映成景，成为武大校园内最具特色的景观园区，这里也早已成为武汉市的一张耀眼的名片。

另外值得一提的是樱园的百余级台阶。年轻力壮的武大学子爬上爬下早已习惯，但年老体弱的老教授以及老年游客，都不免视此为畏途，甚至有些疏于锻炼的年轻人，爬起来也未免有些吃力，感叹自樱花大道爬到狮子山顶，真有如朝圣一般。

❺ 图书馆

自男生寄宿舍中间的“志德门”拾级而上，就来到了武大的标志性建筑——图书馆。这座神似带了一顶皇冠的中国传统宫殿式建筑，有如“新世界的卫城”，威武庄严地矗立在武大校园核心区的狮子山巅的中

图 4-8　图书馆

心位置，背对东湖，南向珞珈山，通过其广泛的视野可达性，成为统摄整个校园的精神核心。

图书馆于 1933 年 8 月开始平定地基，这也标志着武汉大学珞珈山新校舍第二期工程的启动，由上海六合公司承建，1935 年 9 月落成。设计师仍然是美国建筑师凯尔斯。他接手武汉大学珞珈山新校舍的建筑规划设计工作时，曾不辞辛劳地考察了校园范围内的落驾山（后改“珞珈山”）、狮子山、团山、火石山、笔架山、小龟山、乌鱼岭、扁扁山、侧船山、廖家山等十几座大小不等的山头，并且结合武大建委会“以宏伟、坚牢、适用为原则，不求华美”的总体建设目标，最终选择了海拔适宜、最有利于通过建筑布局凸显“宏伟”气魄的狮子山作为校园核心区。其原因，一则在于狮子山的高度所带来的视野统摄作用，一则在于其高度恰好能使男生寄宿舍铺满山南坡，以便达到与位于狮子山山顶的建筑群落融为一体的视觉效果，更增其宏伟气魄。

而位于狮子山顶部中心的图书馆，作为狮子山建筑群乃至整个珞珈山新校舍的核心主体建筑，其设计自然是令凯尔斯绞尽脑汁，而其建造要求也必然是精益求精，其间颇有些曲折有趣的故事。诸如凯尔斯“中西合璧”的建造理念及其精妙设计，他未能全部付诸实践的早期设计方案，以及他在设计中的不合理之处被施工单位的负责人指正与随后施工单位的错误被校方工程监督人所指正，这一系列故事都显示了设计师、施工单位和校方的高超水平与严谨态度，三方人物对于这座武大的标志性建筑，都是倾注了心力的。

首先，图书馆覆盖了六座高低、大小、形态各异的中式屋顶，其中最高的屋顶更是采用了别具一格的八角歇山式。这种形式的屋顶自 1884 年黄鹤楼毁于火灾之后就不太常见了，这可能是自觉彰显中国建筑民族风格的设计师从黄鹤楼老照片上获取的灵感；并且屋顶正脊正中还立有一个七环宝鼎（兼具排气功能），这在中国古建筑中也颇为罕见，可能借鉴自厦门南普陀寺大悲殿的屋顶造型，可见凯尔斯对中式屋顶的研究还是颇为深入的。此外，屋顶还设有采暖烟囱，装饰为通灵宝塔状；屋顶南面的两个角还立有云纹照壁，北屋角立有小塔，其间护栏以左右的构栏和中央的双龙吻脊，形成了“围脊”之效；前部两座附楼的歇山顶屋脊与大阅览室相连，被称为“歇山连脊”，屋顶皆覆盖孔雀蓝琉璃瓦；在屋脊、环廊、檐部等处也都设置了蟠龙、云纹、斗拱和仙人走兽等传统色彩十分浓郁的精美装饰，其中最令人惊喜的是：中国传统建筑装饰文化中檐角的“仙人骑鸡”，被改造成了“背书卷的仙人骑马”这样令人莞尔的装饰构件；在正门上方更是镶嵌了老子（中国图书馆的始祖）的镂空铁画像，两侧尚有云纹青灯铁画像，寓意“青灯伴书卷”；铁画像上方的云纹牌匾内，用篆字镌刻古朴厚重的“图书馆”三字。从外观上看，图书馆是一座美轮美奂的标准中式宫殿。

不过与武大其他早期“中西合璧”建筑相同的是，虽然图书馆的外观是很经典的中国传统宫殿式建筑，但其内部结构及构件则采用了西方的先进设计理念与建筑技术。比如：在结构技术上，图书馆采用了当时最先进的钢筋混凝土和组合式钢桁架结构来承重，其中钢桁架跨度18米，极大地拓展了图书馆的内部使用空间；建筑的下半部分别设置四对西式双联廊柱子，托起了前面两座中式歇山顶的附楼，其细节又采用了罗马柱、石拱门等西式构件；图书馆内部也采用了西式的回廊、吊脚楼、石拱门、落地玻璃等，这些内部西式构件与外部中式屋顶上的蓝色玻璃瓦及兽形、回纹脊饰形成了强烈的对比，充分体现了“中西合璧”的建筑风格。

此外，善于利用空间的凯尔斯，在削平狮子山山顶的同时，还将图书馆的位置后移，在图书馆后部设置基柱承托，依靠环廊与地面相接，这不仅增加了图书馆前的广场面积，还凸显了图书馆背面的宏伟气势。

其次，略有些可惜的是，虽然武大校方很尊重凯尔斯的设计方案，但在实际操作过程中往往受限于经费的不足，而令凯尔斯对设计方案作出调整，作为武大新校舍精神核心的图书馆也没有逃脱这一命运。在凯尔斯的最初设计中，图书馆是一主二从的三座建筑，中央主楼为攒尖式屋顶，两侧附楼则采用歇山顶，但最终被合并为由一座主楼和前后两翼四座附楼组成的“工”字形单体建筑。不过这倒是多少成就了后来主楼的“八角重檐”和附楼与阅览室连接处的“歇山连脊”，也算达到了一个意外的良好效果。

再次，就是关于设计与施工错误的指正了。尽管凯尔斯在图书馆的设计上尽心竭力，尽管他拿出自己工程设计费的百分之四十聘请了一支由外国专家组成的设计师团队，但仍然在图书馆的设计上出现了纰漏，而发现问题的正是承建单位——上海六合公司的创始人李祖贤。

李祖贤（1894—1981年）是镇海人，1912年考入清华学校，之后保送美国攻读土木工程并取得学士学位，1922年在上海创办六合贸易工程公司，是中国第一位留学归来从事建筑业的营造家。在他的专业指导下，六合公司向来以施工管理科学、建造质量优良而著称。在上海站稳脚跟之后，李祖贤还积极向外埠扩展业务，武汉正是其主要据点之一。而六合公司在武汉承办的最重大工程就是武汉大学珞珈山校舍的二期工程，这也在一定程度上得益于李祖贤在美留学期间的同窗好友——武汉工程监理缪恩钊的举荐，它承建了其中的图书馆、工学院、法学院、体育馆和水工实验所，取代了一期工程的汉协盛，成为二期工程的中流砥柱。

在图书馆开工前，李祖贤就指出了凯尔斯结构设计存在支撑柱截面不够的缺陷，将会导致斜裂缝，并提出了修改设计的要求。但出身名门的凯尔斯并没有理会这名中国建筑师的意见，结果在建筑过程中果然出现了大面积开裂现象，最终不得不按照李祖贤提出的方案进行修改弥补，李祖贤由此在武汉名望大振，成为汉口宁波帮营造业的重要人物。

不过有些打脸的是，六合公司在图书馆施工中也出了纰漏。由于墙体砌砖的方法不对，承重力达不到设计要求，结果被缪恩钊发现并坚决要求纠正，六合公司为此增加了2万元在大阅览室四角增加四对钢筋混凝土柱子才达到承重要求。

由于采用了先进的建筑工艺，图书馆一楼大厅宽敞高大，层高达9.6米，与欧洲19世纪早期大厅式图书馆的格局颇为相似，可同时接纳240人的借阅自习需求，1947年“六一”惨案之后的第一个夜晚，武大学子还为防备反动军警的再度来袭而集体到图书馆歇宿。得益于一楼阅览室大厅的宽敞空间和良好通风效果，图书馆能在炎炎夏日为莘莘学子带来难得的凉爽感受，可以想象，在没有空调的年代，每年夏季图书馆大厅都座无虚席。另外，一楼阅览室木地板下方还埋有取暖道，严寒时节，烧上烤火炉，热气进入取暖道而使地板发热，阅览室内便会温暖如春。

武汉大学图书馆，不仅是全校师生的知识殿堂和精神象征，而且也是来校名人的必到之处，蔡元培、胡适、陈独秀、董必武、周恩来、郭沫若、朱德、罗荣桓等政要都曾登临此楼，一览珞珈风光。

图书馆在政治上最辉煌的瞬间，当是在 1938 年的 3 月 29 日到 4 月 1 日，在这四个夜晚，位于珞珈山的武汉大学图书馆成为国民党临时代表大会的主会场。在高大恢宏的阅览大厅里，国共两党讨论通过了设立国民参政会，确立国民党总裁制等对中国历史产生深远影响的决议，通过了《抗战建国纲领》，对中国抗战做出了总体上的战略部署。另外，大会还见证了国共两党在国难面前，摒弃内战的恩怨，共同抗日，预示了抗战胜利的光明前景。武汉大学图书馆见证了这一意义非凡的历史事件，自身也增添了更多与民族命运息息相关的历史色彩。

1938 年 10 月底，武汉沦陷后，珞珈山成为日军的中原司令部，图书馆也一度沦为日军中原司令部驻地，屋顶还加建了四个瞭望塔。

随着时间的积淀，武大图书馆变成了珞珈学子口中的“老图”，去老图大厅自习甚至演变成了大多数武大学生心目中神圣的必然程序。2013 年，为迎接武大 120 周年校庆，修缮后的武大图书馆作为校史馆对外开放，而武大最高规格的学术讲座——珞珈讲坛仍以老图书馆为专属场地，老图书馆依旧是武大校园的精神核心和武大师生心目中最神圣的学术殿堂。

❻ 文学院和法学院

武汉大学图书馆坐北朝南，如宫殿般矗立在狮子山巅的中心位置，其左右分别是文学院和法学院，如青龙、白虎般侍立两侧。从外观上看，左边文学院屋角出挑上翘，右边法学院屋角紧凑平缓，也颇合青龙砂峻秀、白虎砂圆润的风水要求。不过很可惜，他们的设计师凯尔斯是正宗的美国绅士，借鉴中国传统的民族建筑样式是他需要考虑的，中国的风水学说却并不在其考虑范围之内。

另外，在近年流行一种与此类似的说法，认为文、法学院左右相对，呈现出“左文右武”的格局：文学院建筑屋顶采用翘角，寓意文采飞扬；而法学院飞檐则很平缓，象征法律正直，执法如山。但从历史资料来看，这同样也是一种关公战秦琼式的误解。那么真实的历史情况是如何呢？

从凯尔斯的早期设计图纸来看，图书馆旁边的两栋大楼起初都设置为文学院，两者的立面设计也基本一致，两者都是带有天井的“口”字形中式屋顶大楼，是一对标准的姊妹楼，并不存在“左文右武”的功能设计，其屋角的设计也是同样起翘平缓的北方官式建筑风格，而这也符合上世纪 30 年代的建筑风潮。

当时，来华参与“中国固有之形式”运动的外国建筑师们对于中国南北建筑风格已经达成了普遍的共识，即倾向于“更紧缩”的北方风格，而非繁复的南方样式；另外，就发生在以南京、上海为核心的“中国固有之形式”运动的实际情况来看，当时在这两座大城市兴建的众多复古的“固有形式”大屋顶建筑，多数采用了与当地原有南方建筑迥然不同的北方官式建筑风格。但为何武汉大学文学院的屋角会是出挑较远且上翘的南方建筑风格呢？这仅从文学院和法学院不同的建筑时间上出发，就可以找到答案。

文学院于 1930 年 4 月开工，1931 年 9 月竣工；法学院则在 1935 年 8 月开工，1936 年 8 月竣工。就是说，两者是在不同的时间段建造的，承建单位的不同和设计师状况的不同都可能导致两者屋角在外观上的巨大差异。

原来，在珞珈山校舍一期工程正如火如荼进行之际，凯尔斯积劳成疾，只得在上海卧床休养，自然无法再到现场查看，直至 1932 年初，他听闻武大全体师生迁居新校舍，才扶病而来。在此期间，承建文学院工程的是在武汉三镇最负盛名的汉协盛营造厂，从老板到工匠大多都是南方人，建造风格是一贯的南方式样，这从稍后由其承建的汉口商业储蓄银行大楼上也能得到充分的体现。这栋大楼建造于 1933 年至 1934 年之间，由充分参与“中国固有之形式”运动的上海建筑师陈念慈设计，屋顶设计自然是平直简化的北方屋顶，但最终大楼被汉协盛打造出了浓郁的江南建筑风格：屋角上翘、两侧屋檐升起。显然，当时的武汉建筑，并没有受到不远处南京、上海的“中国固有之形式”运动的充分影响，故而在汉协盛承建的武大新校舍一期工程中，汉协盛的南方工匠们，或许是出于建筑风格上的一种惯性，又或是本土意识的膨胀，其承建的所有建筑的屋角都采用了上翘的南方建筑式样，不独文学院如此，学生饭厅及俱乐部、理学院和男生寄宿舍也是如此。而当时全权代表凯尔斯的德国建筑师石格司，显然并不熟悉中国建筑风格的地域差异，也没有注意到这种细节，径直在设计图纸上签字通过了。

今天的我们很难想象，1932 年春天，凯尔斯扶病前来欣赏自己最伟大的设计作品时的失落与愤怒的心情，但却可以从二期工程的图书馆和法学院的平缓屋顶中看出其坚持自己建筑风格的决心，哪怕是以牺牲狮子山建筑群屋顶造型的统一为代价。最终，汉协盛的本土主义和凯尔斯的坚持已见，演绎出了后人对此“左文右武”的误读与趣谈，这应当也可算作中国近代建筑史上的一段佳话了。

下面再从屋角以外的部分，简单介绍一下这对姊妹楼。不知是否出于对称性的考虑，两栋大楼都采取了钢筋混凝土屋架结构，而与法学院同属第二期的图书馆、工学院、华中水工试验所、宋卿体育馆等建筑都采用了钢结构屋架。另外，二者都是孔雀蓝琉璃瓦庑殿顶的四合院回廊式建筑，中间都设置了天井；都在正立面设置了水刷石的巨型壁柱，借以烘托建筑的巍峨感；都在四面直立的清水墙体上加了四根一米宽的斜角大立柱，使得墙面呈现出了传统城墙的形状，这很可能是借鉴了中国城门楼的形式。

两座大楼如青龙、白虎般拱卫着图书馆，为了映衬图书馆的雄伟庄严，二者都取消了斗拱形象。不过，二者仍皆以圆柱和简化的额枋构件连接中式屋顶与西式墙身，体现出了凯尔斯较之其他教会大学建筑师的高明之处，他不再采用中西生硬拼贴的方式，而是认识到了中国建筑檐下过渡部位的美学意义，而这也带来了意想不到的表达效果：二者的中式屋顶及过渡层与西式墙身主体在整体视觉感受上接近于中国传统建筑屋顶与墙身之间 1∶1 的比例，形成了不偏离中国古典建筑整体韵味的中西合璧建筑风格。

二者略有不同的是，文学院大楼平面呈“口”字形，并利用四合院中的地面空间加设了一间大教室，而法学院则在四四方方的主体部分北面又加建了两层楼的大教室，使其平面大体呈“凸”字形。

当然，最大的不同还是在于因汉协盛擅自做主而造成的二者屋顶的翘起与平缓。在二期工程中，当上海六合公司又按照南方风格建造图书馆屋顶时，很快就被凯尔斯发现并坚决要求更改，有了凯尔斯的格外留心，在之后的法学院建设中，南方风格的繁复屋角已不可能再出现了。而由此形成的翘而尖的南方式飞檐与平而缓的北方式飞檐的遥相呼应却在日后成为武大狮子山建筑群的一个重要看点，成为无数学生、游客津津乐道的谈资。

左边的文学院，在建成后是文学院中国文学、外国文学、历史、哲学四系教师教学、办公的地方，因当时学校还没有办公厅，文学院的二楼就作为了校领导及主要职能部门的办公场所，直到20世纪50年代院系调整前，校领导都在此办公。在图书馆和法学院大楼竣工前，图书馆和法学院也在此办公。

在右边的大楼竣工后，学校根据实际情况，将其调整为法学院大楼，是法学院法律、政治、经济（原来还有商学系，后取消）三系的办公、教学场所，承载着民国"法学院之王"的美誉。

两座大楼，在沦陷时期，都曾作为日军中原司令部大批文职人员的办公场所。新中国成立后，几经沧桑，当年的文学院大楼，现已演变为数学与统计学院办公场所；曾经的法学院大楼，现为质量研究院办公场所。

此外，法学院大楼造价约18万元，其中12万元由湖南省政府捐助，深刻见证了两湖深厚的历史情谊。

❼ 学生饭厅及俱乐部

学生饭厅及俱乐部位于狮子山建筑群的最西端，左边紧邻法学院，1930年8月动工，1931年9月竣工，由凯尔斯设计，汉协盛营造厂承建。

建筑外观呈矩形，内部则分为上、下两层，下层是饭厅，在锅炉房的背后，还供奉着一尊灶神，专门设有神龛；上层则是学生俱乐部和临时大礼堂，为增强和改善其视野、光线和活动空间，在传统的歇山顶上又增加两层亮窗和马头墙屋面，形成独具特色的三重檐式歇山顶。

学生饭厅的内部装饰极富民俗特色，室内大梁上雕刻"宝葫芦插三戟"的图案，称为"连升三戟"，意即祝福武大学子"连升三级"；雀替上有“蝠在眼前”图，蝙蝠大睁着双眼，看着下巴前的铜钱，象征“福在眼前”。这些都是汉协盛营造厂工匠们的自由发挥，反映了凯尔斯与本土工匠的密切合作。

依照欧美学校传统，学生食堂往往承担着聚会功能，武大饭厅的二层也承办新学年开学时的校长讲话和名人讲座及颁奖典礼等聚会事宜。抗日战争初期，董必武、周恩来等曾在此进行抗日宣传讲演，号召青年学生到前线参加抗战。他们利用国共合作的有利时机，以演讲的形式充分发动武大学子，进行了卓有成效的统战工作，武汉大学饭厅也因此烙上了红色的印迹。

另外，在上世纪三四十年代，蔡培元、李四光、胡适、李济、蒋介石、汪精卫、陈立夫、李宗仁、罗家伦、司徒雷登、张君劢等学界和政界名人也都曾先后在此演讲、作学术报告。学生饭厅上层因频繁举行各种高规格的演讲和报告活动，而成为实际上的学校大礼堂，而凯尔斯规划设计大礼堂的建造也就变得不甚着急，最终因抗战而搁置，其空地直至 1990 年才由邵逸夫捐资的人文科学馆所填补。

关于周恩来同志的演讲时间，有必要在这里说明一下。近年来，武大的相关普遍说法是，1937 年到 1938 年，周恩来曾三次到武大演讲，分别是 1937 年秋天的一个下午，1937 年 12 月 31 日的上午，以及 1938 年夏初。但据中共中央文献研究室编辑的《周恩来年谱》可知，周恩来在 1937 年夏秋之际，先后在南京和陕西、山西等地活动，直至当年 12 月 18 日才踏足武汉，那么其 1937 年秋天到武大演讲的说法显然是不能成立的。另据抗战史料、武大师生以及周恩来随行人员的回忆可知：1937 年到 1938 年，周恩来实际到武大演讲四次，其中 1938 年夏天周恩来曾到武大演讲两次；而所谓的 1937 年秋天应该是 1938 年秋天的误写。1938 年秋天，正值武汉会战之际，周恩来在学生饭厅上层的临时

图 4-9　学生俱乐部

礼堂就抗日形势与统战政策发表过一次演讲，这是他第二次在武大饭厅发表演讲。1937 年 12 月 31 日演讲的说法则并无差错，这才是周恩来第一次到武大演讲，地点即临时礼堂，其主题为《现阶段青年运动的性质与任务》。他要求青年人不仅要在抗战救亡的事业中复兴民族，而且要担负未来建设新中国的重任。

❽ 理学院

理学院位于文学院的左侧、狮子山的东侧山脊，背对东湖，面朝工学院，既是凯尔斯设计的武大早期东西、南北轴线的交汇点，又是当时武大核心区三大建筑群之一（其余两个是图书馆建筑群和工学院建筑群），其建筑面积超过 1 万平方米，居武汉大学早期建筑群之首。

理学院建筑群由一主四附的五栋大楼组成，整体建筑依山就势，前排两座中式庑殿顶的附楼护拥着拜占庭风格的主楼，而后排两座附楼则是造型较为朴实的西式平顶楼。前后两部分建筑风格的差异源自间隔的修筑时间和变化的建造思想。

由于武大新校舍一期建设过程中，凯尔斯积劳成疾，导致设计图纸未能完成，只得先进行理学院主楼和前排附楼的建造，1930 年 6 月开工，1931 年 11 月竣工，由汉协盛营造厂承建。后排附楼则搁置到 1935 年 6 月才动工，至次年 6 月完工，由袁瑞泰营造厂承建。

在武大新校舍一期工程中，出身名门但当时名誉尚不显的美国建筑师凯尔斯，一心想要留下属于自己的传世佳作，且彼时武大的筹建者们也雄心勃勃，要超越北京大学、中央大学和中山大学，建成一所真正的大学，同样对武大新校舍建筑的纪念性充满期待，这也助长了凯尔斯对建筑外观宏伟优美的追求，而不免忽略甚至牺牲了部分建筑物内部的使用功能，正如 1932 年 9 月前来参观武大新校舍的建筑师刘既漂所批评的“内部一切分配，都跟着外表美观而迁凑”。理学院一期工程的这三栋建筑也是如此，很多房间的通风、采光、视线以及声响效果都很成问题。有鉴于此，该建筑群后来在二期工程时，便采取了实用至上的原则，新建的后排两座附楼，造型质朴，仅在外墙、阳台、屋檐等处略施一点简单的中国传统建筑装饰元素而已，虽然造型不如主楼与前排附楼华美，但却实在地解决了实验室空间狭小的问题。理学院前后两部分，由于建筑时间的不同，而将武大校园建筑设计理念的演变，具象地体现在了外观上。

凯尔斯为理学院的主楼设计了一座多角基座的拜占庭式穹顶，与南面工学院的方形墙体和四角重檐玻璃方顶形成对景，颇合中国传统“天圆地方（北圆南方）”的建筑理念，很难说是出于建筑师掌握的中国建筑知识，还是国人的另一种解读。穹顶由混凝土肋拱支撑，外侧设一圈短扶壁，扶壁之间开高窗，具有浓郁的古典主义气息。主楼楼体采用希腊十字平面式，局部屋檐饰以中式绿色琉璃瓦。前排东西两翼附楼为单檐庑殿顶楼阁，歇山连脊式，中间相互有石质走廊相通，立面墙上开大窗，窗框是用细的柱条纵横相间，有着现代感和古典风格的结合，墙身主体两端倾斜的墙体，则隐含了中国古典城口楼墙体形态的韵味。后排两座造型质朴的西式平顶楼也通过连廊与主楼连接。整个理学院建筑群，融合了东方与西方、传统与现代的建造艺术与技术，既透着一丝东方古朴，又融汇着大方的西洋风格。

理学院建筑群主从秩序明晰，附楼建筑取消了斗拱形象，但檐下过渡部位仍然被保留，以圆柱和简化的额枋构件连接中式屋顶与西式墙身。

图 4-10　树丛掩映的理学院穹顶

理学院主楼的主要功能是公共教室，教室内设立了古埃及纸草柱造型的室内柱和具有巴洛克特征的室内栏杆。利用地势修建的两个当时罕见的阶梯大教室，讲课不用音响设备，声音十分清晰，为民国学子带来了有趣的回忆："我们高高地坐在上面，老师站在最底。在如此屋中以如此状态听老师讲述久远的事情，感觉真是格外不同。"主楼东西两侧的附楼分别为化学楼和物理楼，主要功能为实验教室、实验室和教学办公用房。二期工程加建的两栋附楼主要功能为实验室。当时武大的理学院下设四系：数学系、物理学系、化学系和生物学系，规模较为庞大。在凯尔斯的原本设想中，还有一个理学院第二院，但因经费有限，一直没能动工。

沦陷时期，理学院成为大批日军文职的办公场所，日军还修建了关押抗日志士的地牢。抗战后理学院被收回，重新投入教学使用，延续至今。另外，因其墙壁较厚，故得冬暖夏凉的效果，在武大校区全面装载空调之前，是珞珈学子夏冬季节上课自习的绝佳场所。

❾ 工学院

与理学院相对的工学院，坐落于珞珈山北麓的两座火石山之间，背靠珞珈山。由凯尔斯设计，上海六合公司承建，于 1934 年 11 月开工，1936 年 1 月竣工。建筑风格中西合璧，布局对称和谐，主从秩序明晰，设计理念先进，装饰及细部设计精巧，兼具实用性和观赏性。

工学院建筑群采用一主六仆的方形中心对称布局，运用四面群房对称布局的手法来烘托主体建筑。带有四角重檐攒尖玻璃大屋顶的主楼居中，正立面为方框玻璃结构，四角各有一座歇山顶附楼，正前方还有两座罗马式碉楼，形成了典型的"中西合璧"式建筑群。

主楼与附楼之间的主从秩序明晰，主楼华美，附楼质朴。主楼为五层高的方形建筑，屋顶与外墙形象突出：下檐铺设孔雀蓝琉璃瓦，顶层

图 4-11　工学院

则用透光玻璃做屋面，再用四个反扣的橘红色陶缶叠成宝塔状，形成四角重檐攒尖顶的收束；方圆结合，红、白、蓝三色相间；其双重屋顶的四角，共有八处“仙人骑马”雕饰，全部上、下檐每个雕饰的后面分别跟着六个和八个“脊兽”，“脊兽”数量远超其余建筑；外墙墙面四角削斜，形成了中国传统城墙的既视感；为了整体协调，斜角上方的石刻栏杆采用独特的圆角过渡；墙面上方还配有多个中国传统建筑中罕见的狮头装饰。独特的设计与华美的装饰，令工学院大楼在外观上明显有别于图书馆、理学院建筑群。

与理学院相同，出于主从秩序的考虑，工学院四角的四个附楼取消了斗拱形象，但檐下过渡部位仍然被保留，以简化的双柱与雀替作为屋顶与墙身的过渡。另外，在主楼正前方还布置了两座穹隆圆顶的罗马式碉楼，作为主楼的配景。四角和前方的六个造型相对质朴的附楼，环拱主楼，更显壮丽典雅。

凯尔斯的设计理念相当超前，运用当时罕见的新材料和新技术，打造了主楼内部的五层超大“共享空间”和“玻璃中庭”。主楼呈正方形，中央为高达五层的封闭天井，每层四周都绕有回廊，采用钢梁屋架、透光玻璃作屋顶，阳光可从顶部直射大厅，形成了明亮的“玻璃中庭”，使武大师生能充分感受由光影和空间变化所带来的情趣。凯尔斯将“共享空间”和“玻璃中庭”的设计运用于教学建筑，不仅在我国近代建筑史上别无先例，在国外建筑界也迟至20世纪60年代才逐渐流行。

主楼的细部处理极为讲究，集美学、力学与实用性于一身。例如四角飞檐下的圆形盛露盘，形似吊灯，实则是屋面的排水口，既美化了飞檐翼角，又能承接双层屋面的雨水，保护墙脚。

主楼为教学用房，地下层为科技成果展览大厅，一至三层为围绕通高中庭设置的教室，四层为室内开放空间，利用主楼前高台敷设地下通道，可由楼前道路直接进入大厅。四面配楼为系所办公房，包括土木工程系、机械工程系、电机工程系、矿冶系和研究所、实验室等。工学院在1952年院系调整中被移出武大，原工学院主楼成为学校行政大楼，四座附楼改为部分机关职能部门办公场所。1958年9月12日，毛泽东主席视察武汉大学时，在工学院楼前接见了武汉大学、武汉水利学院、武汉测量制图学院和中南民族学院四校13000多名师生员工，楼前大操场因此也被称为“九一二”操场。

工学院的工程造价为40万银元，其中管理中英庚款董事会赞助12万银元，该笔赞助是在王世杰和王星拱两任校长的活动请求之下才争取到的。这也从另一个侧面体现了美丽校园的来之不易。

管理中英庚款董事会是在1931年4月8日由国民政府行政院设立的，旨在利用退回的1922年以后的中英庚子赔款，设立基金，借充建筑铁路及经营其他生产事业，再以所得利息兴办教育文化事业，同时须在伦敦另设购料委员会，凡铁路及其他生产事业借用资金需购外洋器材必需交购料委员会在英国购买，以“作为两国互有利益之用”。而武汉大学的首批教授多曾留英，自然不会放过争取这笔教育款项的机会。自管理中英庚款董事会成立伊始，王世杰校长就开始去函申请资助工学院实验室及设备费 30 万元，并年拨讲座费 6 万元。但当时的中英庚子退款尚未获得利息，也无从划拨。此后，王世杰和王星拱校长又先后在 1932 年 6 月和 1933 年 12 月 5 日致函请款，但均因中英庚子退款利息不多而遭婉拒，不过管理中英庚款董事会董事朱家骅在 1933 年底给其北京大学时期的老同事王星拱的私信中承诺将在次年夏季利息开始支配之后，特别注意武大的请求。

终于，1934 年 6 月 26 日，管理中英庚款董事会致函武大，解释了中英庚款利息可支配于教育及研究机关的仅有 42 万，而全国各教育文化机关请款数额已达 5600 万元以上的困难情况，仍然决定补助武大工学院建筑费用 12 万元，分三年平均拨给，并另赠讲座一席，每年补助 3 万，以三年为限。其最终拨付数额虽不及武大申款总额的三分之一，但已占据首批庚款利息可投入教育部分的三分之一以上，相对于全国各教育机关的庞大请款数额，确实是特别关照了。

除此之外，工学院还由中央政府拨款 20 万，不足的 8 万元则使用平汉铁路管理局给武大的津贴。当时，平汉铁路管理局是武大的合作单位，二者于 1932 年 4 月即签订技术合作合同，规定由武大理、工两院担任平汉铁路各项材料之试验及调查等技术工作，平汉铁路管理局则每月津贴武大 8000 元，用于理、工两院扩充建筑设备，购买仪器及增设讲座之用。该合同的有效期为 3 年，期满后经双方同意，仍予续订。

正是在中央政府、管理中英庚款董事会和平汉铁路管理局的大力支持下，武大工学院才有了充足的建设资金，得以顺利开工并高质量地落成。年轻的武汉大学也正是在多方补助关照之下，得以迅速崛起为“民国五大名校”。三年拨款完毕之后，1937 年 1 月，武大再次函请补助华中水工实验所设备费及农艺系设备费各 8 万元，1937 年 6 月底，管理中英庚款董事会决定补助武大 15 万元，仍分三年拨付，但因抗战，大部分补助经费最终落空。

⑩ 华中水工试验所

华中水工试验所位于珞珈山北麓，面对工学院大楼南面，其建造有效强化了校园东区的南北轴线，由凯尔斯设计，上海六合公司中标承建，1935 年 8 月开工，1936 年 4 月完成实验大厅、蓄水池、回水渠、高压水箱等基本建筑工程，后续工程则因抗战而中止。水工试验所由湖北省政府与国立武汉大学合建，是国内高校最早建立的现代水利科学实验研究机构之一。

该建筑屋面采用琉璃瓦歇山顶，屋内用跨度 19 米的弧形钢梁作屋架，地面设有深 2 米、宽 1.5 米的环形水道。刚竣工两年的科研基地，在抗日战争中沦为日军的马厩，抗战胜利后才又恢复水利实验和研究，湖北省政府还设置水利讲座，每年补助经费 12000 元。陆凤书、涂允成等水利学家们在此开展教学实验和科学研究，为治理大江大河和培养中国水利人才做出了重要的贡献。1952 年院系调整，水利学院独立建校，几经沧桑，现在这里为武汉大学档案馆和继续教育学院社会考试办公室，同时也是武汉大学早期建筑管理保护委员会所在地。

⑪ 半山庐

华中水工试验所的背后，就是半山庐，因地处珞珈山北麓的山腰而得名。由沈中清、缪恩钊设计，胡道生合记营造厂建造于 1932 年至

1933 年之间。

半山庐为二层砖木结构的小洋楼，小巧玲珑、环境幽雅。主体呈“山”字形，高达 7 米，共三栋楼房，由两个阳台连缀，中间一楼伸出一个装饰性屋檐为入口，八个屋檐毫无雕饰，整栋楼用色简拙，皆青砖墨瓦，外表质朴，与珞珈山的苍秀山势浑然一体。

半山庐是一幢专供单身教授居住的宿舍楼，内部分为多个带壁炉的单间，并设置了会客室、储藏室、厨房、卫生间等公共空间。抗日战争时，赵师梅、汤佩松、高尚荫、郭斌佳、缪培基、李先闻和朱利安·贝尔等年轻有为的教授先后在此居住多年，其中，史学系的单身教授郭斌佳因其年轻俊美、学识渊博，最得广大女生青睐。

至 1938 年春夏，武大师生已西迁乐山，国民政府在珞珈山开办军

图 4-12　半山庐

官训练团，蒋介石亲任团长，为工作方便，蒋介石、宋美龄夫妇及陈布雷等侍从人员于当年 3 月下榻半山庐。在半山庐居住的时期，是蒋介石人生的亮点。在此期间，他不惧侵略者咄咄逼人的军事态势和阴毒的诱降政策，对全国军民掷地有声地发出“与其屈服而亡，不如战败而亡”的坚定口号，由此声望大增，受到全国民众真诚的拥戴。蒋介石在这个武大单身教授公寓中为抗日大业日理万机：调度全国战场，操控西迁，规划大西南交通建设，开办珞珈山军官训练团，与陈布雷商讨起草各类文书公告，召见军政要员。每星期一的总理纪念周，也在珞珈山举行，蒋介石要亲自检阅党政要员。郭沫若回忆，蒋介石每次都要用“咬字不准确的宁波官话从尖锐而亢噪的嗓子里很勉强地逼出”以及每句话插进多个“这个是”的大道理来对到会党政要员进行训话。半山庐虽依山而建，但庭前开阔平坦，至少可停放十多辆小轿车，在蒋介石居住期间，常常停满，这也是半山庐在政治上达到最高地位的时期。

1946 年，武大复员珞珈山，面对当时师资力量的严重缺乏，周鲠生广招贤才，甚至亲赴美国招聘，于是又一批青年才俊入住半山庐，后来的武汉大学“哈佛三杰”韩德培、吴于廑、张培刚，以及谭崇台、刘绪贻、余长河、周新民、万卓恒等多位教授，均曾在此居住。学校还为他们专门安排了一个厨师、一个勤杂工，年轻教师们在半山庐同吃同住，散步聊天，很是惬意。

新中国成立后，半山庐曾先后作为招待所、校医院、人事部、校友总会等多种用途，兜兜转转，经过修缮后的半山庐如今是武汉大学校友总会和董事会的办公场所。

⑫ 十八栋（含周恩来故居和郭沫若故居）

“十八栋”是武汉大学第一教职员住宅区的俗称，位于珞珈山东南面海拔 110 多米的山腰上，面朝东湖。汉协盛营造厂承建，1930 年 11

月开工，1931 年 9 月竣工。在凯尔斯的早期设计中，其建筑皆中式屋顶，与校园核心区统一，但武大建委会大概考虑到当时武大的首批教授多为留英归来，所以选用了凯尔斯的助手石格司的建议，采用英式乡间别墅风格建造。建筑皆砖木结构，清水砖墙，红瓦坡屋顶，形式灵活，不拘一格，可分为独栋、联排及前后布局等多种户型；多采用一层拱券门廊，二、三层月台的组织形式，虚实结合、层次分明。

起初规划建造 40 栋，但受限于经费，最终建了 18 栋呈三列“之”字形排开的小洋楼，故人称“十八栋”。后来在二期工程期间及抗战胜利后，学校在一区又新建了四栋小洋楼，日据时期拆毁一栋，新中国成立后又有两栋毁塌，目前共计十九栋，但其“十八栋”的称号始终未变。

清华大学的梅贻琦校长曾有名言：“大学者，非有大楼之谓也，有大师之谓也。”武汉大学成立伊始，高水平的知名教授稀缺，而当时的时局也为武汉大学提供了吸引人才的大好时机。正在武大校园如火如荼建设之际，西方资本主义世界及日本正处于史无前例的“大萧条”之中，经济日益凋敝，中国大批留洋学子纷纷归国。1931 年，日本为缓解经济危机，悍然发动“九一八”事变，东三省沦陷，大批学者涌入关内。加之当时的北平旧学复炽，有新思想的学者纷纷南下，而中央大学等名声显赫的高校又并不为教授提供住宿。王世杰校长瞅准时机，在学校经费紧张的情况下，仍旧花费重金，在珞珈山东南麓高规格地建造了这三排颇具英伦风范的教授别墅群，并且参照当时欧美大学教授的生活水准，为入住教授提供多种便利与福利。此举果然颇收筑巢引凤之效，短期内，大批中国学术界、教育界的重量级人物相继入住。当年“珞珈三女杰”中的两位——即外文系教授袁昌英和著名女作家、画家凌叔华，物理学家查谦，生物学家汤佩松，经济学家朱祖海，“珞珈三剑客”之一的史学泰斗吴于廑，武大中文系“五老”之一的徐天闵，以及武大最初的三任校长——王世杰、王星拱、周鲠生等，都曾在此居住、创作和工作。年轻的武汉大学正是在这些吸引而来的大师们引领之下，迅速跻身“民国五大名校”之列。

当时武大的教职员住宅区，是按级别划分的，第一教职员住宅区只有知名教授才得入住。1946 年，时任武大文学院外文系主任的吴宓还曾在日记中写道：“夫宓在武大，不能与一区仙山楼阁同处共乐。”其不能入住知名教授云集的十八栋的遗憾之情跃然纸上，而十八栋在武大教师心目中的地位也由此可见。

当年十八栋的居住条件有多好呢？据曾入住的著名法学家皮宗石教授的儿子皮公亮先生回忆，房内有 24 小时热水供应，水是循环的，送到三楼，洗手间还有抽水马桶。家里用的煤是白煤块，由当时山下的消费合作社开车送上山来。每家一般都会请两个佣人：一个厨工；一个保姆。

具体来说，每栋砖木结构的小洋楼有四层：最底层是厨房及厨师住处和煤炭堆放间；二楼是饭厅、客厅、书房；三楼是卧室、洗手间；四楼的阁楼是杂物间。皮公亮先生所说的消费合作社，位于现在的新图书馆处，当时专门为教职工服务，商品种类齐全，并会为十八栋的教授提供卡车送煤的服务。此外，学校还开通了定时往返的福特牌轿车，接送十八栋教授们上下课。

除此之外，叶雅各教授还在十八栋周围设计栽植了樟、栎、松、柏等多种树木，营造了优雅惬意的居住环境。对此，著名外交家缪培基先生回忆：“洋房（十八栋）高踞山顶水塔下面，俯瞰东湖碧水，远眺前方山峦。湖滨的广袤田野铺着金黄色的油菜花，迎风摇曳，白鹤飞翔，构成一幅美丽的图画。”十八栋的教授们在工作研究之余，信步珞珈山南麓，周围树木森森、曲径通幽、静谧祥和，仿佛置身风景名胜，让人忘却自己尚身处中部都会之中，曾有幸入住的郭沫若先生誉其为“蜂窝水涡，物外桃源”。

但可惜的是，十八栋教授们的这种优雅惬意生活很快就被抗战的烽火所打破，1938年春夏，武汉大学西迁，国民政府在珞珈山开办军官训练团，十八栋成为部分国共两党要员办公和居住的地方，周恩来及郭沫若同志就是在此期间入住十八栋的。日据时期，这里成为日军高级军官住宅，部分别墅内部甚至还被改造为日式风格。抗战胜利后，武大回迁，珞珈山南麓再度变为硕学鸿儒云集的知识圣殿，直至上世纪70年代后期，教授们才陆续迁出，昔日的“物外桃源”逐渐被人遗忘。

直到2001年，十八栋中的“周恩来故居”和“郭沫若故居”与另外13处24栋建筑被评为第五批全国重点文物保护单位，这一片隐居珞珈山南麓的英伦小洋楼才再次回到了人们的视线之内，其中的大部分建筑也很快得到了修缮。但可惜的是：其中部分住宅完全抛弃原有的结构形式和外墙材料，盲目采用新的材料和技术，整个外立面用仿砖瓷片贴补；大面积完好的阜成机制瓦被更换；内部的木构件包括装饰性构件被拆换，修缮后的建筑整旧如新的感觉十分明显。2017年夏季，一批联合国教科文组织专家考察武汉大学早期建筑群时，每至一处老建筑都会品评一番，但路过修缮后的十八栋时则径直前行，直到有人提醒，才有专家惊讶地说：“这一点儿也不像老房子啊！”这对于武汉大学早期建筑群而言，确实是不无遗憾的。

“周恩来故居”位于珞珈山东南麓的一区27号(即第19栋一单元)，1938年5月至10月，周恩来及其夫人邓颖超在此居住；比邻的郭沫若故居位于珞珈山东南麓的一区20号（即第12栋二单元，第12栋一单元为国民党要员黄琪翔)，1938年4月底至8月底，郭沫若及其夫人于立群在此居住。当时周恩来、郭沫若、黄琪翔都是刚成立的国民政府军事委员会政治部及其第三厅的骨干，为方便其工作沟通，所以安排他们比邻而居。

当时的第三厅主管军事政治宣传和协同以后有关单位贯彻执行军民总动员事宜，吸纳全国各界文化名士，被时人誉称为“名流内阁”，极大地促进了文化艺术界抗日民族统一战线的形成。在以周、郭、黄为首的国共两党亲密合作之下，三厅充分把握武汉沦陷前的半年时间，先后组织了“抗战扩大宣传周”“七七纪念周献金活动”，组建了1个漫画宣传队、10个抗敌演剧队、5个电影放映队、4个抗敌宣传队，还收编领导了著名的“孩子剧团”。一时间，武汉的反日宣传、募捐及劳军活动蔚为风气，使一个“在刀光血影之下已经窒息了整整十年”的江城重新沸腾起来。第三厅的抗战宣传工作卓有成效，成为抗战初期国统区最具号召力、影响力的一个文化战斗堡垒，书写了国共第二次合作中浓墨重彩的一笔。

在珞珈山居住期间，周恩来还曾三度为武大学子做抗日演讲，宣传党的抗日路线，鼓励青年学生到前线去，很多热血知识青年因此奔赴延安，走上抗日最前线。此外，周恩来、邓颖超夫妇还经常在寓所同爱国民主人士、爱国抗日将领促膝谈心，共商抗日救亡大计。埃德加·斯诺、安娜·路易斯·斯特朗、史沫特莱等著名国际友人，多次造访珞珈山，受到周恩来、邓颖超的热情接待，并一起合影留念。当时避居东湖疗养的李宗仁，也经常在散步时碰到周恩来和郭沫若，相与散步寒暄，商讨国家的未来，周恩来还曾在寓所中设家宴招待过李宗仁。另外，周恩来的寓所与蒋介石下榻的半山庐仅隔一道山坡，据周恩来随行人员童小鹏回忆，“那时周恩来和蒋介石都住在珞珈山上，经常会在散步遇到。在抗战前途、民族命运等问题上，两人总是相谈甚洽”。由于周恩来在国共第二次合作中发挥的巨大作用，其寓所也经常接待国民党高级官员，故被称作“国共合作抗日小客厅”。得益于周恩来的入住，如今的“一区 27 号”早已成为武汉大学师生的爱国主义教育基地了，无数学子、游人慕名而来，追寻周总理的足迹。

郭沫若在十八栋居住期间，担任第三厅厅长，其工作异常忙碌，但武大的湖光山色以及相伴的芳邻，仍令其留下了一生中对居所最为满意的回忆。“差不多每天清早一早出去，要到晚上，甚至有时是深夜才能够回家，但在夜间月下的散步……星期日无须下山，或者有友来访的时候，可留下了不少的甜蜜的回忆。”他还在《洪波曲》一书中回忆：“周公和邓大姐居住在靠近山顶的一栋，在我们的直上一层，上去的路正打我们的书房窗下过去。有这样的湖山，有这样的好邻居，我生平寄迹过的地方不少，要以这儿为最接近理想了。”他赞美武汉大学校园是武汉三镇的一个“物外桃源”，并认为珞珈山“一区 20 号”是他一生中最满意的居所，对其评价甚至超过了他在北京居住多年的恭王府和他在四川乐山出生成长的沙湾老屋。1963 年，时任中国科学院院长的郭沫若再次来到珞珈山，在其抗战时的旧居前留影并为武汉大学校庆泼墨挥毫，赋诗一首，表达他对武汉大学的殷切希望和对珞珈山水的眷恋之情。

桃李春风五十年，珞珈山下大江边。
一桥飞架通南北，三镇高歌协管弦。
反帝反修期望勉，劳心劳力贵相联。
攀登决不畏艰险，高举红旗插九天。

如今的“郭沫若故居”已经过修缮，其门洞里墙壁上有几行字：“一九三八年四月至八月，郭沫若同志在此居住。”

⑬ 李达故居

李达故居位于珞珈山南麓西部，坐北向南，背靠珞珈山南坡，是一座由院墙围合的砖木结构平房，平面布局呈“干”字形，前排为客厅、书房、卧室，后排为生活用房，从外观看是一所较为普通的平房，建筑面积也只有168平方米，与十八栋里动辄二三百平方米的教授住宅不可同日而语，但这也比较符合李达校长谦虚低调的工作生活作风。这所房子先由时任武汉大学校长的李达同志亲自绘制示意图，再由工程人员进行设计。

李达（1890—1966年），1890年10月生，字永锡，号鹤鸣，湖南零陵县（今永州冷水滩区）人，是中国共产党主要创始人和早期领导人之一，杰出的马克思主义理论家、哲学家、经济学家和著名的无产阶级教育家，毛泽东曾当面称赞他是“理论界的鲁迅”。他1952年11月被任命为武汉大学校长，1953年2月23日到校就职，直至1966年8月去世，是武汉大学历史上任职最长、威望最高、影响最大的校长。

李达与武汉大学有很深厚的渊源，早在1927年大革命失败之后，李达就曾应李汉俊之邀，冲破国民党反动派白色恐怖的统治，于9月底从长沙潜至武昌中山大学（武汉大学的前身）担任文学院教授，勇敢地向进步青年宣传马克思主义革命真理。1952年6月至9月，新中国政府大规模调整了全国高等学校的院系设置，把民国时期效仿英式、美式构建的高校体系改造成效仿苏联式的高校体系，打破了民国遗留下来的英美高等教育体系，为新中国确立对高校的实际领导扫清了道路。此后不久，马克思主义理论修养深厚的老共产党员李达就受中央人民政府政务院之命，担任武汉大学校长。

赴任伊始，李达就抽调骨干，组建马列主义教研室，并自兼主任，负责全校的社会发展史、中国革命史、辩证唯物论和政治经济学等公共政治理论课程的讲授，并于1954年11月开办马列主义夜大，1959年

2 月成立了马列主义政治理论教育委员会，两度在全校掀起学习马列主义的热潮，将武汉大学真正建设成为一所社会主义大学。除此之外，他还在 1956 年 9 月重建了在院系调整中被合并到武大的哲学系，并兼任系主任，亲自编写教材，他在授课时提出了“脑、口、手、德、体”并重的培养要求，要求哲学系的学生们全面发展。在他生命的最后十余年间，就在这所位于珞珈山南坡的普通平房之中，他先后亲自编写或主持编写了毛主席指导的《〈矛盾论〉解说》和委托的《唯物辩证法大纲》《马克思主义哲学大纲》等一系列著作，极大地丰富和发展了马克思主义哲学，使武大的马克思主义理论研究一直位列学界翘楚。

李达在担任武汉大学校长期间，除了引领轰轰烈烈的马克思主义理论研究与教育热潮之外，他还尊重知识、爱惜人才，以极大的勇气排除重重阻力，不拘一格地选拔人才。李达尤其尊重专家教授，经常登门拜访，嘘寒问暖，向他们征求办学意见，充分发挥每个专家教授的学术带头作用。此外，李达还特别关心爱护珞珈学子的成长，经常把学生请到家里做客，与青年促膝谈心，勉励他们奋发成才。

经历过院系调整的武汉大学，在李达同志十余年殚精竭虑地苦心经营之下，再度成为名副其实的国家重点大学。李达同志在武汉大学发展史上的作用和地位无疑是“空前”的，今天武汉大学仍然保持的扎实学风和“平等待人、百家争鸣”的宽松学术氛围，就奠定自李达时代。

1961 年，李达（在武大副校长张勃川的陪同下）还在寓所中接待远道而来的吴晗、范文澜、吕振羽等著名文史专家，四位硕学鸿儒惬意交谈的华彩瞬间被机敏的摄影工作人员捕捉，成为这所普通平房的最光辉永恒见证。

二、华中师范大学：从昙华林到桂子山

❶ 翟雅各健身所旧址

翟雅各健身所，乃为纪念文华大学首任校长翟雅各（James Jackson，英籍美国人）而建，位于武汉市武昌区昙华林特一号，是从中山路进入昙华林历史文化街区的东大门，建筑西侧紧邻湖北省中医药大学（昙华林校区）体育场，建筑风格中西合璧，建于 1921 年，是中国最早的现代体育馆之一，也是武汉硕果仅存的一所二层历史体育建筑。

翟雅各（1851—1918 年），又译杰克逊，英籍美国人。光绪二年（1876 年），受英国基督教新教循道会委派，到中国广州传教。光绪四年（1878 年），前往美国，加入美国基督教美以美会。光绪八年（1882 年），受美以美会派遣，再次来华，开辟芜湖教区。光绪十四年

图 4-13　翟雅各健身所修缮后外景

至二十五年（1888—1899 年），担任九江同文书院院长。在此期间，他于光绪十五年（1889 年）加入英国基督新教对外传教组织伦敦会。光绪二十六年（1900 年），退出美以美会，加入美国基督教圣公会，并在上海圣约翰大学短期执教。光绪二十七年（1901 年），出任圣公会开办的文华书院院长，直至 1917 年因身体原因卸任，迁居江西九江，次年 4 月 22 日病逝。

他在任期间，文华书院得到较快发展，级别提升，办学规模扩大。光绪二十九年（1903 年），增设大学部，起初为三年制大专班，后升格为四年制本科。宣统元年（1909 年）在美国注册为“文华大学校”（简称文华大学），后又相继取得学士学位和硕士学位授予权。十余年间，文华学院升格为文华大学，建立了中学部、大学部完备的教育体系，有注册中学生 300 多人、大学生 50 多人。校园面积也扩大了 20 亩，并建成了学生宿舍和中国第一座公共图书馆——文华公书林。

此外，翟雅各牧师秉承素质教育原则，引入英美先进教育理念。他上任伊始，就用新兴的足球、棒球等体育项目取代放风筝、踢毽子等传统游戏活动，并举办武汉地区的首届校际运动会。同年，他还在校内发行手抄刊物《文华年鉴》，并鼓励学生积极参与社会服务活动。之后几年，他还相继实施全英语教学，创立足球队、中国第一个铜管乐队、学生合唱团和第一届夏令营、第一支“红十字会”，以及旨在培养青少年智、仁、德、体全面发展的童子军，学校文体活动丰富多彩。

为纪念翟雅各牧师对文华大学做出的卓越贡献，其继任者美国人孟良佐（Alfred A. Gilman）博士提议以翟雅各命名新建体育馆。体育馆于 1921 年 4 月 20 日中国基督教全体会议在文华大学举办时，由杨格非主教主持奠基，并于同年 10 月 2 日（文华大学成立 50 周年校庆）正式投入使用，主要用作体育教学与室内运动场地，也承担部分中外学者的讲座任务。

建筑由美国建筑师柏嘉敏（J. Van Wie Bergamini）设计，为二层砖混结构，中西合璧的建筑风格。建筑坐东朝西，庑殿抱厦顶，清水红砖外墙，平面呈“凹”字形，中轴对称布局。立面采用三段式构图，一层正中设拱券入口，门楣由混凝土发券装饰，外部白灰粉刷，南北两侧分别设有侧门。二层设外廊，上部为抱厦和高窗，檐飞而平、翘而稳，隐隐有宋代建筑之风。建筑门窗使用中国南方民居形式，窗棂形制多样。

但与之相对，建筑的窗框和拱门使用混凝土框套；建筑二层的柱础、额枋、梁头、雀替、栏杆等，虽其形式采用中国传统元素，但皆以钢筋混凝土浇筑，且屋身使用钢木混合梁架，形成大跨度室内空间；建筑室内空间布局也按照现代体育馆功能设计，科学合理。

健身所在其建成后隶属于文华大学（1924 年改名“华中大学”），新中国成立后仍长期属于华中师范大学，直至“文化大革命”后期华师全部迁至桂子山为止，成为研究华中师范大学早期校史的重要历史建筑。

新中国成立后在华师的管理下，健身所主要供华师中外来访的专家进行讲学之用。湖北中医学院接管之后，再次将其作为篮球馆使用。20 世纪 80 年代，学院对其进行过简单修补，至 2007 年，终因年久失修而暂停使用。2016 年 11 月 11 日，得到修缮的健身所再度投入使用，改称“翟雅阁博物馆”，成为武汉设计之都的客厅，完成其使用功能从体育馆到博物馆的转换，成为武汉近代建筑改造和再利用的典范。

❷ 文华大学礼拜堂旧址

清同治七年（1868 年）春天，美国基督教圣公会驻上海教区主教文惠廉和该教区中国籍牧师颜永京溯长江而上，于当年 6 月 23 日抵达武昌。他们此行的目的主要是做教会的宣传工作并考察创办一所书院式的教会学校。他们到达武昌后，先是在武昌府街（今青龙巷）开办了一家小诊所，作为传教的依托。之后又在武昌城的东北角买下一块土地，并修筑了一座小教堂。这就是后来的文华大学礼拜堂，又因其设堂时间为1870年12月25日，故又名“圣诞堂”。此后，美国圣公会围绕这座“圣诞堂”，逐渐兴建起了一座湖北最早最大的基督教教会学校——文华书院，以后逐渐演变为文华大学、华中大学，最终形成了我们今人

图4-14　文华大学礼拜堂老照片（刘建林供图）

熟知的华中师范大学。这座礼拜堂是“百年文华”的最初见证，也是武汉校园中兴建最早和使用时间最长的教堂，很幸运地保存到了现在。从翟雅各健身所旧址右转，沿着一条林荫大道爬过一段山坡，就能看到一处开阔地带——圣诞广场，广场的东侧就是原来的“圣诞堂”了，只不过它已经改换了主人，成为湖北省中医药大学（昙华林校区）的工会活动中心（5 号楼）。

礼拜堂开堂后近一年，1871 年 10 月 2 日，文华书院的前身——The Boone Memorial School（文氏学堂）才宣告成立，校名乃为纪念文惠廉主教的父亲老文惠廉（William Jones Boone）。当时只有一名教师（杨用之），学生也仅招到了 5 名，是一所小型的男童寄宿学校。直到两年后，学校建成了第二栋房子，学生数也达到了原计划的 30 人，学校才结合高尚典雅的“文章华国”的含义，正式定中文名为“文华书院”。

这是一座单层砖木结构的西式教堂。当时的中国，尚未发生大规模的反基督教运动，因此当时的西方建筑师还不会刻意将教会建筑设计为中西合璧形式，而是遵循本国的建筑风潮。这座教堂的设计者是武汉美国圣公会首任主教——美国人殷得生（J. A. Ingle）。在 19 世纪，追求民主的美国人对古希腊共和体制非常认同，因此对希腊建筑也极为喜好，以至于该时期希腊古典建筑在美国非常盛行。循此潮流，殷得生设计的礼拜堂也采用了希腊神庙式的建筑风格：主体建筑系长方形厅堂，三面呈马蹄状外廊，围廊立柱为古希腊风格，但立柱柱身删减了柱头花饰，显得素洁修长，更加庄重典雅。檐部分为三层，层叠直上托起坡状平顶，也颇具希腊神庙式建筑特色。这种模仿古希腊神庙形式且不设钟楼的设计，是一种大胆的创新，体现了美国人特立独行的个性。此外，因礼拜堂入口有三角形门斗，外廊与屋面均为铁皮坡顶，使教堂外观呈现重叠的三个三角形，小、大、中三层几何图形，使建筑物显得严肃庄重，富有哲理。这一特殊形式的建筑在湖北仅此一例。

这座礼拜堂最活跃的时期当属20世纪初。当时日知会任圣公会鄂湘教区主教的美国人吴德施（即鲁兹），是一位思想开明、同情中国革命的友人。在他的支持和默许之下，当时的文华大学教师、日知会主要成员刘静庵、余日章、张纯一等常在文华书院礼拜堂宣传反清革命思想，礼拜堂由此成为重要的革命策源地。光绪三十二年（1906年），由文华大学留日国文教师张纯一作词和文华中学留日体育教员余日章谱曲的《文华学生军军歌》，也是在这里诞生的。歌有两首，每首三段：

第一首：

愿同胞，团结个，英雄气，唱军歌，一腔热血儿，意绪多。怎能够坐把国事蹉跎，准备指日挥戈，好收拾旧山河！从军乐，乐如何，从军乐，乐如何。怎能够坐把国事蹉跎，准备指日挥戈，好收拾旧山河！

对天演，烈风潮，争优胜，武士道，兢上舞台高，精神好。为国民重新铸个头脑，挣得神州天晓，纪念碑立云表！操操操，休草草，操操操，休草草。为国民重新铸个头脑，挣得神州天晓，纪念碑立云表！

齐昂昂，整顿了，好身手，讲兵韬，任他千钧担，一肩挑。新世界能够造得坚牢，便是绝代人豪，浩然气薄云霄！身价儿，比天高，身价儿，比天高。新世界能够造得坚牢，便是绝代人豪，浩然气薄云霄！

第二首：

向前向前奋勇争先，向前向前伸我自主权；抖擞精神唤起国魂，思独立心如百炼金坚；把微躯为国捐，把微躯为国捐，羞偷生怕神州瓦解难全。

向前向前登山极巅，向前向前涉水极重渊，军国主义战胜天演，是英雄当仁休让昔贤；且猛着祖生鞭，且猛着祖生鞭，仗血性竞争个国服绵延。

向前向前步武高骞，向前向前任重休息肩；慷慨从军恢复中原，誓国仇好将大力回天；新中国美少年，新中国美少年，唱凯旋一齐都昼上凌烟。

两首歌曲慷慨激昂，唱出了革命党人的英雄气概，诞生后很快就替代了原来的反映美国独立战争的英语歌曲，并从学校唱到了军营，在武昌首义爆发时，更成为部分起义军的军歌，被誉为“天下第一革命歌曲”。

曲作者余日章（1882—1936年）先生是近代史上著名的基督教领袖，早年即积极参加政治活动，在创作这首军歌的前后，他还积极参与吴德施等人营救日知会领袖刘静庵的活动，最终由吴德施利用美国基督教著名领袖穆德来汉的机会，以“事关圣公会名誉”为由，请穆德去北京以外事渠道疏通总理衙门，使刘静庵等9人免于死刑。在武昌首义之后，他又组织起中国最早的“红十字会”组织，率众救治革命军民；并曾冒死前往清水军，将黎元洪的信件当面交与清朝海军统制萨镇冰，劝其反正。民国时期，他还参与了孙中山《建国方略》的撰写工作，并在1927年12月1日受邀主持了蒋介石、宋美龄的宗教婚礼，并在蒋宋此后的世俗婚礼中作为证婚人之一出席。

1958年，校园宗教活动遭停，礼拜堂的宗教使命就此终结。2002年，礼拜堂旧址进行过一次大修，现为湖北省中医药大学工会活动中心。

❸ 文华大学文学院旧址

文华大学文学院旧址，即湖北中医药大学 8 号楼，是文华书院最初的正馆，建于光绪二十九年（1903 年）前后，坐北朝南，为中西合璧的二层砖木结构建筑。

当时的中国社会，刚刚经历庚子国变，反基督教的声势已经壮大了起来。为了减少传教阻力，这一时期的教会建筑已多借鉴中式屋顶等构造和中国传统装饰手法，建筑风格趋于中西合璧。

受时局与风潮的影响，文学院旧址虽为西式外观，装有巴洛克彩色玻璃窗户，但其整个结构为中式结构，回廊式二层楼房，砖木组合式栏杆，栏杆砖墩上竖双柱支撑屋檐，檐部额枋做上下枋，两枋之间有木雕花格装饰。中为下沉式天井，南面是传统的底层门厅和顶层房间，地铺条石，粗大原木作立柱，整根杉木为横梁。虽然北面入口有四根多立克

图 4-15　文华大学文学院旧址（一）

柱支撑在明台之上，但根底仍为中式四合院建筑。

该建筑最初是文华书院的一座校政厅，主要用于老师办公，后来由于老师们办公的地方挪换了新址，于是这里就交给文学院使用了。20 世纪 20 年代，这里还成为共产主义的启蒙之地。1920 年 2 月 4 日，陈独秀应文华大学校长孟良佐的邀请，来武汉出席文华大学毕业典礼并作演讲，在此期间他就在文学院二楼居住。5 日和 6 日连续两天，他在文华大学公书林（公共图书馆）礼堂发表了《社会改造的方法与信仰》和《知识教育和感情教育问题》的演讲，标志着共产主义学说正式登陆湖北。

陈独秀在文学院居住期间，文华大学安排校工郑凯卿负责照顾陈独秀的生活。郑凯卿（1888—1966 年）是青山人，小时候曾在武昌的大户人家当书童，具有一定的知识素养，成年后进入文华大学当挑水校工。曾经为了因不小心将水溅到洋人皮鞋上而遭打骂的工友出头，联合其他挑水工人，不给洋人挑水，最终迫使洋教授向被其打骂的工友认

图 4-16　文华大学文学院旧址（二）

错。传说外国教授在道歉时，想有意刁难，指着学校墙上的“己所不欲，勿施于人”，说如果郑凯卿能认出这句话，解释是什么意思，就真的道歉。但他没料到曾经作过书童的郑凯卿对此早已烂熟于心，只见郑凯卿指出这句话出自《论语》，意思是自己不愿意要的，不施加给别人。于是，推脱不掉的外国教授只得低头道歉。就这样，郑凯卿组织工友“罢洋人水”的故事在校园中很快传开了。

陈独秀来到文华大学后，也很快了解到这个负责照顾他生活的壮实汉子就是那个“罢洋人水”的郑凯卿，而郑凯卿也对陈独秀演讲的平民社会主义和社会改造等一系列学说感佩不已。二人遂一见如故，相谈甚欢。陈独秀还向他介绍了《新青年》《湘江评论》等进步书刊，令其受益匪浅，从此认定了共产主义思想。

陈独秀临走前，专门交给这个壮实汉子一个任务：调查武汉工人状况。在文学院二楼的下榻处，陈独秀一边跟郑凯卿讲解具体的调查内容和方法，一边给他画了一张调查表格。后来郑凯卿就根据陈独秀的要求，组织文华大学的学生，对武昌织布局、纺纱局、铜币局、银币局、麻布局的工人状况进行了调查，写出《武昌五局工人状况》调查报告寄给陈独秀，陈独秀很快将其发表在了《新青年》上。当年 9 月，在陈独秀的发展下，中国共产党的第一个工人党员就在武汉诞生了。同年秋天，郑凯卿就与董必武、陈潭秋、包惠僧、张国恩、刘伯垂等人在武昌抚院街（今民主路）召开会议，秘密成立了武汉共产主义小组。在此后的革命斗争中，郑凯卿同志矢志不渝，始终跟着党走。1922 年 7 月，中国第一个地方总工会组织——武汉工团联合会成立，郑凯卿任组织部秘书。次年初，他又参与组织了著名的京汉铁路工人游行大罢工。“二七”惨案后，他转入地下活动，但仍然致力于工人运动，努力宣传共产主义，为对敌斗争做出了重要贡献。

文华大学文学院旧址现为湖北省中医药大学保卫处和离退休工作处，立面已得到修整，内部木结构建筑则维持原状，黑褐色的油漆斑驳的木门、窗与五彩的玻璃构成一幅古朴淡雅的画作。

❹ 文华大学女生宿舍附楼旧址

文华大学女生宿舍主楼旧址，位于湖北中医药大学后门处的门球场和小花园处，现存建筑仅为女生宿舍附楼，即门球场旁边的 14 号楼。建筑坐西朝东，建筑平面呈扇形，三层砖木结构，红瓦坡屋顶。

主楼旧址始建于光绪二十九年（1903 年），后曾为文华大学校长孟良佐的住宅。1926 年，华中大学开始招收女生，因无女生宿舍，故

图 4-17　文华大学女生宿舍副楼旧址

安排首批 11 名女生暂住孟良佐旧居。1929 年，华中大学恢复办学，规模迅速扩大，女生宿舍不敷用。早先，一手开办文华书院的颜永京牧师在回到上海后，一直关注文华书院及文华大学的发展。此时，他已去世，但其遗孀仍旧向文华大学捐了一笔款项。于是，校方利用这笔钱将原来的女生宿舍改建一番，命名为“颜母室”，以表示对颜家母亲的敬意。1933 年暑假，校方又用颜家捐赠的余款对颜母室进行了一次改造，增加了容纳人数。但到了 30 年代后期，由于女生数量激增，校方遂于 1937 年春决定改造颜母室，并聘请曾在前一年秋天全面规划和设计华中大学校园建筑的美国圣公会建筑师柏嘉敏（J. V. Bergamini）先生负责设计建设，至 1937 年 9 月改扩建完成。

1951 年颜母室经改造后作了教工宿舍，其主楼于 2003 年被拆除，仅余附楼。

❺ 文华大学教育学院（神学院）旧址

文华大学教育学院（神学院）旧址，即今湖北中医药大学昙华林校区 6 号楼，建成于光绪二十九年（1903 年），坐南朝北，为中西合璧二层砖木结构建筑，曲尺形平面，修缮后为机制瓦红顶，原为木板地面，现已更换为大理石。该建筑初为文华大学神学院，后与华中大学教育学院合用。华中大学的教育学院办得非常出色，这成为新中国成立后华中大学定位师范的重要原因之一。

文华大学教育学院（神学院）旧址经过整修，现为湖北中医药大学继续教育学院、自修学院办公用房。

❻ 文华大学理学院旧址

文华大学理学院旧址，即湖北中医药大学 7 号楼，建于宣统元年（1909 年）前后，是一座二层砖木结构的中西合璧建筑。一楼的南立面和东立面外墙均为连续拱形宽大窗户，窗楣上有拱形浮雕装饰，具有典型的西方建筑特点。但二楼和建筑内部却借鉴了很多中国传统建筑方式和构件。该建筑内部皆为木质栏杆和楼梯，并且还铺设了木地板。二楼外廊的南面和东面为敞廊，类似西方殖民者惯常使用的外廊式建筑风格，但建筑细部又掺杂着很多中国传统建筑装饰构件，例如砖木组合栏杆，栏杆为直棂形，砖墩上树立双木柱支撑上部檐口额枋，额做上下枋，两枋之间用传统木雕花格装饰，还有额枋和柱间用如意头图案的装饰性雀替。

该建筑起初作过外国教师公寓，后为理学院。文华大学理学起初相对较弱，但在 1929 年 9 月华中大学重新开办之后，长沙雅礼大学并入，著名物理学家桂质廷、卞彭，化学家张资珙，生物学家陈伯康相继到来，理学院才办得生机勃勃。1932 年该楼开放为男生公寓“博育室”（Poyu Hostel）。抗战胜利后，因战时华中大学大量房屋被毁，该建筑遂改为教工楼，20 世纪 60 年代，章开沅及熊铁基教授都曾在此楼居住。楼房格局至今保持不变，几经保护修缮，现为湖北中医药大学教学楼。

❼ 文华大学公书林辅楼书库旧址

在武汉市第十四中学东门东侧，有栋破旧的三层小楼。该楼原为文华大学公书林（公共图书馆）辅楼书库，建于 1921 年，砖木结构，平面呈方形，而中国近代史上最早的一座公共图书馆文华公书林主楼已于 20 世纪 90 年代被拆除。

文华公书林（Boone Library）的创建者是在文华大学任教的美国人韦棣华（Mary Elizabeth Wood，1861—1931）女士。她于光绪二十六年（1900 年）前来探视在文华书院任教的弟弟，之后留任文华书院英语教员。因其在美国担任过里奇蒙德纪念图书馆的首任馆长，深知图书馆对于社会的重要意义。初到文华书院任教不久，她就将校园内的八角亭开发为阅览室，并向美国妇女援助会（Women's Auxiliaries）和教会期刊俱乐部（Church Periodical Club）募集书籍和款项，形成了最初的馆藏。为实现在中国建立公共图书馆的愿望，韦棣华女士还不辞辛劳，返美攻读图书馆学。在她的辛苦学习与多方筹措下，1910 年 5 月 16 日，文华公书林终于诞生了。

文华公书林十分在意图书馆的社会服务功能，派专人分赴武汉各校，宣传公书林的社会服务功能和借阅方法，并利用周末时间举办音乐会和讲演会，扩大影响力，1920 年就有陈独秀、杜威两位中外大儒在公书林大礼堂作讲演。此外，公书林的宣传活动还走出武汉，走向全国。1914 年至 1916 年，公书林的工作人员远赴上海、南京、杭州、开封、太原等城市进行巡回演讲，向全国普及图书馆学知识。此举引起了文化界的广泛关注，蔡元培先生称赞文华公书林“弥孚众望”。

在韦棣华等人的努力之下，公书林逐渐受到知识界的欢迎，得以迅速发展。1920 年 3 月，韦棣华女士和中国第一位图书馆学留美学生沈祖荣先生，以及同样留美归国的胡庆生先生共同创办了文华大学图书科，图书科的创办标志着我国近代正式图书馆学教育的开端。1921 年，在韦棣华女士的捐款和其他人的筹措之下，文华公书林得以扩建，辅楼书库即在此时兴建。至 1930 年，文华大学开办图书科 10 周年之际，共毕业学生 60 名，其中就有 33 人在国内图书馆任职，其中的 29 人在此前后还担任过馆长一职。此外，美国各大学的东亚图书馆也多由文华图书科出国留学生创办，他们中的很多人在图书馆界至今提起来仍如雷贯耳，如沈祖荣、胡庆生、裘开明、严文郁、汪长炳、桂质柏、童世纲、吴元清、顾家杰等。

1929 年，武昌文华大学图书科独立为私立武昌文华图书馆专科学校。1931 年 5 月 1 日，韦棣华女士在武昌病逝。她将自己的后半生全都奉献给了中国的公共图书馆事业，曾被黎元洪大总统赞为“中国现代图书馆运动之皇后”。1953 年，私立武昌文华图书馆专科学校并入武汉大学，更名为武汉大学图书馆学系，后发展为武汉大学信息管理学院——我国历史最悠久、规模最大的信息管理教育与研究机构。

❽ 圣约瑟学堂旧址

圣约瑟学堂旧址位于武昌区崇福山街 49—51 号（原武昌候补街高家巷），建于光绪十六年（1890 年），属中国传统民居建筑。

美国圣公会教士鲁兹（1870—1945 年），中文名即前文所述的“吴德施”，曾于光绪二十二年至三十年（1896—1904 年）居住于此，是其来汉后的第一个居住地。1904 年 11 月，在其升任鄂豫皖赣教区主教后，才搬至汉口鄱阳街。他同情中国革命，默许圣公会信徒刘静庵等人的反清宣传活动。光绪三十二年（1906 年），刘静庵等人将其反清革命团体——日知会的活动地点迁至圣约瑟学堂内的救世堂，以宗教作掩护，继续进行“推翻帝制、建立新中国”的宣传活动。在次年刘静庵等被捕后，鲁兹还利用基督教势力，多方交涉，免除了刘静庵等人的死刑。

1919—1927 年，教会在此开办圣约瑟学堂。1920 年 3 月，韦棣华女士还在此创办了文华图书馆学专科学校。1927 年 6 月 26 日，贺龙指挥的独立第十五师北伐开封胜利返汉，被安排驻扎在圣约瑟学堂。7 月初，贺龙在参加完国民革命军第二十军军长就职典礼后，将第二十军军部设于此。7 月上旬，中共中央军委负责人周恩来来此与贺龙会面，揭露蒋、汪反革命嘴脸，分析政治形势，阐明共产党武装保卫革命的主张，争取到贺龙的支持。随即，贺龙以招兵为由，将陈赓、范长江等大批共产党员安排在了自己的第二十军，从而使他们避免了反革命的屠杀。7 月 15 日，汪精卫叛变革命后，贺龙率第二十军从武昌出发参加南昌起义。

随后，校舍毁于大火，仅存清代校门，门楼上仍保留“圣约瑟学堂”石雕门楣，现存的五栋校舍为 1929 年重建。

❾ 华中大学教授公寓（鼓架坡 59、60、61 号）

华中大学教授公寓，又名武昌区鼓架坡 59、60、61 号。传说朱元璋攻打武昌城时曾在这处山坡上擂鼓，故名“鼓架坡”。三座房子建于光绪二十九年（1903 年），呈不规则排列，合围成一个扇形的平面，皆为二层砖木结构阁楼式建筑，机制瓦顶。所不同的是：59 号为扇形顶层结构；60 号建筑较为方正，带有罗马风格的门廊，采用不完全对称的布局，右边比左边多出一间；61 号的主入口朝北，正面略带弧形。

三座房子原是基督教美国圣公会开办的文华大学教师公寓，1924 年大学部合并另外两校，起名“私立华中大学”，中学部则改名为“武昌文华高级中学”，三座房子改为中学部教师公寓，1952 年文华中学校舍划归华中高等师范学院（次年更名华中师范学院，1985 年改名华中师范大学），产权至今仍属华中师范大学。

59 号楼开始为美国教授居住，1931 年后为原华师代理校长、著名物理学家卞彭居住，现住 4 户教工；60 号原住生物学家李琮池教授，现住 2 户教授；61 号原住新闻学家艾玮生，现住 4 户教工。

卞彭（1901—1990 年），江苏仪征人，出身官宦世家，是李鸿章的曾外孙。早年留学美国，1926 年回国后任教于沈阳国立东北大学，教授物理学。1931 年，经好友桂质廷的介绍来到华中大学。卞彭十分喜欢教会学校的平和氛围，不久加入圣公会，次年，在雅礼会的资助下再次留美，出国前迎娶基督徒王爱施女士。1935 年，卞彭顺利取得美国麻省理工学院物理系博士学位，重回华中大学。

抗战期间，华中大学先后迁至广西桂林和云南大理，卞彭两次都承担了为学校选址及安排落户的重任。在大理期间，卞彭组织教工与学生拦溪筑坝，建立了一座小型水电站，解决了学校晚间照明及实验室用电问题。要知道，它可是成为云南西部的第一套电力设施。

1946年，华中大学校长韦卓民应邀赴美募捐，卞彭担任代理校长，组织全体师生员工，顺利完成回迁重任。返回武昌后，卞彭积极致力于师资队伍建设，为华中大学战后重建作出了贡献。

1947年卞彭获年假，在圣公会的资助下再度前往美国进行讲学和科学研究。次年夏天，他将家人在美国安顿好后，毅然回到华中大学，兑现其当年许下的“全心全意为华大”的承诺。1964年，卞彭被调到南京，依依不舍地离开了华大，离开了前后居住20多年的鼓架坡59号。

⑩ 朴园（钱基博故居）和榆园

华中大学朴园和榆园位于武昌区华中村1—40号、湖北美术学院校园内，两栋小楼毗邻而立，皆落成于1936年，系折衷主义风格的美国花园别墅，二层砖木结构，中式屋顶，正立面有半圆形的大拱门和细长的高窗，室内装有壁炉，门庭宽敞。原为华中大学教授公寓，华中师范大学搬迁桂子山后，划归湖北美院。2002年湖北美院对两园大修后，分别成为该院的环境艺术研究所办公用房和咖啡艺术沙龙，并根据各自近旁枝繁叶茂的百年朴树和榆树而正式起名为“朴园”和“榆园”。其中的朴园是《围城》作者钱钟书的父亲——国学大师钱基博的晚年居所。

朴园和榆园所在的华中村，原是北伐战争后拆武昌城墙而形成的一块官地。1935年，日益壮大的华中大学将近旁的这块土地买了下来，兴建华中大学的教授公寓。当年这块地上相邻生长着两株大树，一株为朴树，一株为榆树，它们枝繁叶茂，郁郁葱葱，在周围的杂草丛林中格外醒目，于是决策者和建设者们决定依树筑房，让大树在夏天能挡住部分阳光。

朴园最先入住的是一位在校任教的美国人。抗日战争期间，这里一度成为日军的宪兵司令部，朴园房内也改成了推拉式门廊。1946年秋，钱基博受韦卓民校长之邀，前来华中大学文学院任教，此后一直

图 4-18　朴园

居住在朴园教书治学，直至 1957 年底去世，公寓也因此得名“钱基博旧居”。

钱基博（1887—1957 年），江苏无锡人，是古文学家和教育家，一生致力于教书治学，曾参与创建光华大学。钱先生对其晚年任教的华中大学充满感情，新中国成立后不久，他就将自己的 5 万册藏书捐给了华中大学。1952 年，他又将自己收藏的 200 多件珍贵文物捐给了改名后的华中高等师范学校。1956 年夏，其子钱钟书请假携女从北京来看望他，并陪老人在朴园小住。杨绛先生在《我们仨》中对此有精彩的回忆。

> 钱瑗考取大学以后的暑假，一九五六年夏，随钟书到武昌省亲。我公公婆婆居住学校宿舍。钟书曾几度在暑期

中请“探亲假”省视父母。这回带了阿瑗回去。

大热天，武汉又是高温地区，两人回来，又黑又瘦。黑是太阳晒的，瘦则各有原因。钟书吃惯了我做的菜，味淡；我婆婆做的菜，他嫌咸，只好半饥半饱。爹爹睡觉不分日夜。他半夜读书偶有所得，就把健汝唤醒，传授心得。一个欠吃，一个欠睡，都瘦了。

这时爹爹已不要求钟书“养志”（养志的弟弟携家侨居缅甸）。他最宠爱的是“女孙健汝”，钟书已是四十、五十之间的中年人，父子相聚，只絮絮谈家常了。爹爹可怜唔娘寂寞，而两人很少共同语言。他常自称“拗荆”。我问钟书什么意思。钟书说，表示他对妻子拗执。我想他大概有抱歉之意。自称“拗荆”，也是老人对老妻的爱怜吧？

钟书阿瑗回京，带给我一个爹爹给我的铜质镂金字的猪符，因为我和爹爹同生肖。我像林黛玉一般小心眼，问是单给我一人，还是别人都有。他们说，单给我一人的。我就特别宝贝。这是在一九五六年暑假中。

⑪ 华中师大历史文化学院、文学院和西区六栋宿舍楼

华中师大历史文化学院、文学院和西区六栋宿舍楼位于洪山区珞喻路 152 号、华中师范大学校园内，建于 1955—1956 年，由中南设计院王秉忱指导，女设计师何浣芬具体设计，具有明显的仿梁思成风格，是典型的近代建筑。

新中国成立后，原私立华中大学迅速筹备改造调整。1950 年朝鲜战争爆发后，中美关系恶化，相互冻结资产。1951 年 6 月 7 日，华中大学最后一名西方教员离校。8 月 16 日，中原大学教育学院与华中大学合并，并将私立改为公立。在次年的院系调整中，以原公立华中大学

为主体，调入了私立中华大学的中文与化学两系、广西大学生物系、湖北教育学院（其教育、俄文两系刚由中华大学调入），并调出了华中大学的商业经济系（入武汉大学）和外文系的英文组（入中山大学）以及理学院地理组（入河南大学）。当年 11 月 5 日，新组建的华中高等师范学校正式召开开学典礼，次年定名“华中师范学院”，其性质为一所学科齐整的综合性师范大学。

面对着一连串大手术式的合并和调整，昙华林校址已经无法满足学校发展的需要，便于学校新成立当月，即向中南军政委员会申请另征建校用地。最初选定的是喻家山，后因远离武汉市区，交通、水电等问题难以解决，于是在 1953 年 11 月，武汉市政府决定调拨以武昌猪头山、桂枝山为腹地，东至卓刀泉，南跨龙家湾、陈家湾至南湖一片沼泽，北抵珞喻大道的成片土地给学校建设新校区，面积 3000 余亩。同时，政府相关部门也明确了昙华林旧址、千家街附属中学的地产和校产仍归华中师范学院所有。同时，在 1953 年 12 月，中南文教委还向华中师范学院划拨建校专款 220 亿元（旧币）。

至 1955 年秋天，1、2 号教学楼，即现在的历史文化学院楼、文学院楼完工。1 号楼即历史文化学院楼（今与政法学院合用），采用中国古典园林风格，绿瓦灰墙，大红廊柱，蓝琉璃瓦的大屋顶带有浓郁的中国风民族气质。

2 号楼即文学院楼，是华师大的地标建筑，建筑风格严谨，布局扎实宽敞，中西合璧的建筑风格，设计兼具实用性和审美性。屋顶支架为三角形结构，屋檐四角角度约为 30° ～ 45° ，最大夹角处嵌有三角硬木，大红廊柱，中央拱门，楣上木匾，匾刻玉色三字——文学院，在森森林木的衬托下，文学院楼若隐若现，远观近看，都能令人心情沉静。此外，门楣、窗间、窗台等细部的中国古典花纹很考究，尽显简洁大方之美，这些是这两栋教学楼的共同之处。

西区六栋宿舍楼完成于 1956 年，是新中国成立后武汉最早修建的大学生宿舍，最早也拟做成斗拱飞檐的蓝琉璃瓦大屋顶，所需的琉璃瓦也已从江西采购回汉。可是，随之而来的对梁思成建筑思想的大批判，让当时的国内建筑界认为类似 1 号楼的民族风格大屋顶，是一种对资源的极大浪费，这令华师不得不改变了宿舍楼的屋顶设计，做成了如今又小又直的青瓦屋顶。但总体而言，宿舍楼的建筑样式和施工工艺仍具艺术特色和科研价值，与周围的整体氛围达到了和谐的状态，成为近现代高校建筑艺术转型的见证。

从 1955 年 9 月 8 日开始，华中师范学院的中文、历史系师生陆续搬往新校区，中间有所反复，直至 1966 年，昙华林校区的教学单位才全部搬到了新校区。在此期间，华师广大师生在新校址展开了大规模绿化活动，终于将昔日树木稀少、黄沙飞舞的“猪头山”变成了如今四季如春、花团锦簇的“桂子山”。

三、圣·希理达女子学校礼拜堂

圣·希理达女子学校礼拜堂，位于民主路 444 号、武汉市第二十五中学校内，建于 1922 年，是一处中西合璧式的教堂建筑。

圣·希理达女子学校由美国基督教圣公会于同治十三年（1874 年）创办，初名“布伦女校”，仅比第一所教会创办的男生学校——文华书院晚三年，是武汉近代最早女子学校的发端。校址最初设在武昌昙华林的华中大学文学院。民国武昌有首民谣：“希理达，嫁文华，文华不要，送进干部学校。”生动描述了当时希理达女校和文华大学的亲密关系。

晚清民国时期，教会在中国办学，喜欢办一男一女的两个学校。如上海的圣约翰大学和圣玛丽女校，苏州的东吴大学和景海女校。武汉的文华大学和希理达女校也是这样，一男一女两所学校，都是美国基督教圣公会创办的著名高校，可谓门当户对，且两校相距不远，青年男女多有接触，故有此民谣出现。而所谓“干部学校”则有不同的说法，或许是民国时期的某成人学校或军事学校，也可能是新中国成立前后成立的湖北人民革命大学或武汉市武昌区干部业余文化学校。

1912 年，女校迁往小东门新校址（今武汉市第二十五中学所在地），并陆续修建了外籍教员宿舍、教职工宿舍、礼拜堂、校医院和健身房等建筑。其中礼拜堂建于 1922 年，采用传统的重檐做法，平面布局呈拉丁十字形，外墙为砖砌清水墙，饰以哥特式尖券窗，主入口位于山墙面，哥特式门斗，细部装饰精美，屋顶用木屋架承重，现仍保存完好。

1928 年，女校成为拥有初级高等中学的完全中学，1952 年，由湖北省教育厅接管，更名为“湖北省立第三女子中学”，1954 年划归武汉市教育局，改名为“武汉市第二十五中学”。礼拜堂在 2005 年经武昌区教委拨款修葺，修旧如故。2013 年，礼拜堂被列入武汉市第八批优秀历史建筑。

圣·希理达女子学校礼拜堂是武汉市第二十五中学校园内现存的四幢老房子之一，其余尚有外籍教员宿舍、健身房和教职工宿舍，皆具有一定的历史和建筑价值，同样值得挂牌保护。

四、经心书院旧址

经心书院旧址位于武昌三道街 2 号（横街头口），现仅存一栋朱红立柱的学宫式建筑，建筑年代当在清末或民国初年。

经心书院始建于同治八年（1869 年），由时任湖北学政的张之洞奏立。当时他见原有江汉书院（武汉设立最早的书院，约在万历年间，1644 年迁粮道街东头）规模太小，乃商请时任湖广总督兼署湖北巡抚

图 4-19　经心书院旧址

的李鸿章，在武昌三道街文昌阁别建精舍。翌年，迁至文昌门附近的火星堂文昌宫（今湖北实验小学后面），始名“文昌书院”，后由李鸿章正式定名为“经心书院”。

经心书院招生面向全省，由学政在各县诸生中亲自选拔调取。该书院办学条件优越，特别是学舍宽裕，分经、义、治、事四斋，每斋 20 人，人各一室。课程有经解、史论、诗赋、杂著等。学风良好，教学自由，培养出不少高材生。同治九年（1870 年），经心书院的贺人驹、陈作辅、傅廷浩、范昌埭 4 名高材生病故后，张之洞亲自作诗哭悼，称《四生哀》，足见其重视人才。

光绪十七年（1891 年），湖北前学政赵尚辅等捐廉俸，将经心书院迁回湖北学署右舍，更名“经心精舍”，规制一仍其旧。

光绪二十三年（1897 年），张之洞鉴于清军甲午战败，极力提倡中西学并重，并提出“中学为体，西学为用”的办学原则。于是改革书院制度，重视学生的科学学习，将原设的经解、史论、诗赋、杂著等科改作学生课外研读，另设外政、天文、格致、制造四科（两年后正式改为天文、舆地、兵法、算学四科），分为四斋，延聘专门人才担任分教。每科规定学额 20 人，分年轮习，把以前个人自由研究的办法，改为班级教学。并规定无论学习哪门课程，都要兼习算学。此外，他还在书院后山上，设立天文台，购置仪器以备观测天象之用，并在图书室内增购新的科学书籍，以备师生借阅。改制后的书院可说是渐入学堂的形式了。

从光绪二十四年（1898 年）起，张之洞又开始从江汉书院、经心书院和两湖书院中挑选学生出国深造。在几年之间，经心书院就有孔庚、何成浚、吴经明、李书城、史青等十几名学生被挑选赴日深造。他们都依照学科的难易，学习一定的时期，具有相当的成就才回国效力。其用费都在湖北公款项下开支，不仅供出国留学的用费，而且支付一笔留学生的安家费，使留学生们免除了后顾之忧。

光绪二十八年（1902 年），经心精舍与江汉书院合并，改为“湖北勤成学堂”，揭开了近代湖北教育的序幕。次年，张之洞废除书院，改办学堂，两湖书院改造成“两湖文高等学堂（又名两湖大学堂）”，原江汉、经心、两湖三大书院学生皆并入其中。自此以后，从小学、中学、师范以至高等专门学堂，在省城武昌逐渐设立，并普及各府县。经心书院因较早进行科学教育，所以大批学生被分派到各级学堂任堂长、学监和教员。教学成绩颇为各省所欣羡，不少省份派人来参观仿效。这些被挑选出来的经心书院学生，在清末至北洋军阀统治告终的 20 多年里，一直实际掌控了湖北教育的用人之权，对近代湖北教育的兴起做出了突出贡献。他们中的不少人，如李廉方、万声扬等在当年就参加了吴禄贞领衔的花园山聚会，孔庚、李书城、杨雨廷等还对辛亥革命有所助力，并活跃于民国政坛，后来的李廉方、耿覲文、张继旭、贺诚甫、杨雨廷等人还竭诚拥护共产党，并在新中国任职，继续发挥余热。

光绪三十年（1904 年），两湖文高等学堂停办，在原址成立“两湖完全师范学堂”，又称两湖总师范学堂或两湖千师范学堂。光绪三十三年（1907 年），张之洞又在经心书院原址上创立“湖北存古学堂”，是全国首家旨在“保存国粹”的高等学府。从 1916 年起，这里又变为“武昌商业专门学校”，至 1924 年又升格为“国立武昌商科大学”。

1924 年夏，安徽省的“高考状元”——时年 20 岁的王明怀揣母亲半生积攒的七块大洋，走进了国立武昌商科大学的校园，并很快崭露头角。当时的商大校长是时任湖北省议会议长的屈培兰，这个说话结结巴巴的官僚校长是军阀政府的代言人，颇不受商大学生喜欢。于是大家凑在一起，发动了一场“驱屈”运动。王明在这场运动中表现极为活跃，在《商大周刊》上连发三篇“檄文”，最终成功“驱屈”。

当时由于商大在湖北省的名望，一批进步教师，如李汉俊、危浩生等都纷纷到商大任教。他们在传播现代科学知识的同时也宣传马列主义理论，《共产党宣言》《新青年》和《共产党》等进步书刊在商大也能方便地读到，这些都对学生们产生了很大影响。王明虽然在商大只学习了一年左右，但这一年却是王明思想转变的重要阶段，次年夏天他就加入了中国共产党。

新中国成立后，经心书院旧址上又建起了武汉市第四十六中学，1963 年还开办过武汉市警察学校（1981 年 9 月改名“武汉市警官学校”）。现在的经心书院仅剩下一栋朱红立柱的斋舍，位于武昌区房地产公司粮道街房管所大院的进门左侧，似已用作民房，残损的建筑目前暴露在工地的旁边，显得格外落寞。

第五章　宅邸民居

图 5-1　徐源泉公馆　西式风格双层建筑（刘建林摄）

一、武昌徐源泉别墅

武昌徐源泉别墅位于昙华林 141 号，即湖北省武警干部宿舍区，建于 1930 年前后，现存 3 栋建筑，曾是民国时期著名的军人和实业家徐源泉的居所。其中甲栋为主楼，是一座典型的西式二层别墅洋房。水泥凹痕涂层，左右八角形立面，直角门窗框架，六步石阶进入门厅，门厅以两根罗马立柱支撑，柱头上有雕塑繁复的卷叶草花饰。侧面是红砖清水外墙，几个小

图 5-2　徐源泉公馆　中式风格建筑（刘建林摄）

凉台与漂亮的铁花栏杆点缀着房屋。乙栋为中国传统风格单层建筑，丙栋为中式砖混结构庭堂建筑，山坡上建有琉璃瓦八角亭，三处建筑保存较好。

徐源泉（1886—1960 年），又名克诚，湖北黄冈仓埠人（今属武汉市新洲区），出身耕读世家，幼年丧父，20 岁时随族叔至安徽投军，并入随营学堂学习，后进入南京陆军讲武学堂，1910 年 7 月毕业，任南京陆军第四中学教官。当年秋，武昌首义爆发，清廷唯恐南京发生如湖北新军那样的变乱，遂派遣张勋的部队包围学校，搜捕师生中的革命分子。为保证教职员工的生命安全，校方决定解散师生，令各自暂且归乡。徐源泉和一部分同学由江苏返回湖北。回到武汉之后，徐源泉在武昌召集学生军 300 多人，自任队长，连夜渡江到汉口，于大智门火车站与清军激烈交战，后又参加了琴断口、蔡甸以及坚守阳夏等战斗，为辛亥革命的胜利立下了汗马功劳，并于次年 1 月被临时大总统孙中山先生任命为陆军部参谋长。不久之后，他远赴上海，参加光复军，继续革命战斗。

在此后的十余年间，徐源泉在军阀混战中摸爬滚打，渐渐闯出了声望。1928 年，在奉军中担任第六军军长的徐源泉被蒋介石收编，任命为国民革命军第 3 集团军第 6 军团总指挥兼第 11 军军长。次年率所部 48 师回防湖北，此后参加中原大战，因功晋升为第 10 军军长。

在此前后，徐源泉修建了位于武昌县华林的公馆。1931 年，他又为其母亲和发妻修建了仓埠老家的公馆，此后又在老家兴办了正源中学（正源中学校舍一度为湖北革命大学分校的校舍，现为新洲师范）和小学（初名仓溪小学），为家乡的贫苦学生创造了一个读书的机会。徐源泉在自身事务繁忙之时，也不忘经常来学校巡查。有一次，正在教室外走廊巡查的徐源泉被一个赶着上课的西装革履的小伙子撞到了，那人头也不抬，捡起文具就匆忙跑进教室。徐源泉心中疑惑："我校学生都是贫苦人家出身，怎么会有这等素质低下的阔气少爷呢？"原来，随着正源中学规模的扩大，附近很多学生慕名而来，家境不错的学生自然也多了起来。徐源泉担心这些外来有钱学生的"阔气作风"带坏学生风气，迅速召开了师生大会。会上，徐源泉严厉训斥："我办的这个学校，只要穿草鞋的学生，不要穿皮鞋的学生，你们可要当心点！"从此以后，正源中学艰苦朴素的校风得以发扬光大，学生们不再讲究吃穿用度，一心专注学习。后来，在正源中学走出来的学生中，既有才思横溢的著名作家、诗人，也有红星闪耀的将军。

另外，在湖北驻军期间，徐源泉也开始利用军权开展商业和工业活动，在沙市、汉口和湖南沿江设码头，发展内河航运，还在汉口、汉阳开设工厂、银行、公司，成为民国时期著名的军人实业家。

抗战初期，徐源泉先后参加了南京保卫战和武汉会战。在南京失守后，徐源泉果断高价雇下一批民船，安排好掩护，指挥部队趁着夜幕与东风顺利渡过长江，成为南京保卫战各支部队中，牺牲最少，安全撤离人数最多的一支。但在武汉失陷后，却因安徽敌后供应条件差而借故擅自撤退，遭到蒋介石的关押，三年后才经湖北老乡、军法总监何成浚求情，得以无罪释放，经此一劫，徐源泉出任军中闲职，再无心力插足军界。

抗战胜利后，徐源泉于1946年正式退出军界，回到武汉，住在武昌昙华林寓所，全身心地经营实业，先接手大冶源华煤矿，后在沙市修建中山公园和贯穿全市的一条马路。此外，他还赞助仓埠老家修公路，开办电灯厂、轧花厂、碾米厂、印刷厂和杂货、米行等，支援家乡建设。1949年，徐源泉感到国民党大势已去，只得收拾细软，离开了昙华林寓所，逃往香港，最后去了中国台湾地区。

二、夏斗寅别墅

夏斗寅别墅位于武昌昙华林141号，在徐源泉别墅的隔壁，建造于20世纪30年代，为中西合璧建筑群，原有四栋，现仅剩山坡上一幢有科林斯立柱的前廊后厦式房屋，一层砖混结构，因长期无人维护已坍塌一半，屋面部分被揭，此外山顶上还保留有一个碉堡。

夏斗寅是一个复杂的人物，他出身寒微，早年投身辛亥革命，后来参与军阀混战，第二次北伐战争期间又跟随蒋介石背叛革命，20世纪30年代初又曾慷慨捐地建湖北省图书馆，抗日战争时期力主抗日，武汉解放前夕又参加地下党领导的救济委员会筹建工作，新中国成立后却逃往香港，最终客死他乡。他的一生是很多摇摆不定的民国人物的人生缩影。

夏斗寅（1886—1951年），湖北麻城人，出身贫苦农民家庭。在他出生后不久，父亲突然病故，母亲辛苦操持，供养夏斗寅上学读书，但他12岁时母亲也因病离世，夏斗寅只得辍学，靠长年在外打工的年迈祖父抚养。14 岁那年，他不得不背井离乡独自谋生，只身来武昌投奔在朱家巷做尼姑的姨母，次年，在姨母的资助下，进入湖北武备学堂学习，光绪三十年（1904 年）毕业后被分配进入湖北新军 32 标队从军，1906 年经人介绍加入了同盟会，开启革命生涯。

武昌首义爆发时，夏斗寅任第二大队副队长，率部参加攻打督署府和刘家庙的战斗，并在随后的阳夏保卫战中英勇负伤。辛亥革命后，夏斗寅所在的部队被裁编，一心想过富贵日子的夏斗寅便先在湖北黄冈县境内的团风县从事木炭生意，此后又回老家开茶馆，但由于生性懒散，又经营不善，皆以破产告终。正在苦闷之际，偶遇本地一位师长从外省回乡，其祭祖之风光，令他钦敬不已。这位师长带了约一个排的护兵，为父母扫墓，不用鞭炮，而是用 40 多条长枪向天齐发，震耳欲聋，围观者人山人海。夏斗寅目睹此情景，叹道："为人当如是焉！"于是决定走旧路：当兵吃粮。

当时夏斗寅受形势所迫而当兵，主要目的是想出人头地、光宗耀祖，因此并无一定"主义"，只是混迹在军阀之间，不断发展壮大自己的势力。夏斗寅善于交际和任用良才，接纳并重用保定军官学校的湖北籍毕业生如万耀煌、张森、叶蓬、刘绳武等；对部下宽厚，能与军官士兵分享胜利果实，深受部下爱戴；此外，他还听从万耀煌的建议，创办"鄂军军官训练所"，培养中下级军官，同时在全军中加强训练，以增强战斗力。如此苦心经营数年，夏斗寅部终于在两湖之间混成了一支重要的地方武装。在北伐战争中，夏斗寅又偕万耀煌赴广州，混迹到了国民革命军的队伍之中。

1926 年 8 月下旬，夏斗寅部由武昌金口附近渡江，袭取新滩口，获得了进击汉阳城的前进阵地，表现出英勇果敢、冒险犯难的作战精神。此后一路军纪严明，秋毫无犯，受到了众多群众的夹道欢迎，人们盛备酒肉，慰劳军士。9月5日，蔡甸镇举行了数万人的军民联欢大会，夏斗寅出席演讲，慷慨激昂地带头高呼“拥护孙总理三民主义”和“联俄、联共、扶助农工三大政策”的口号，得到了当地民众的热烈欢迎。之后，夏斗寅部向孝感疾进，出奇制胜，截断了吴佩孚残部北窜的退路，一举将其歼灭。

客观而言，夏斗寅部在参加北伐军之后，一路下来屡立战功且军纪严明，可以说为北伐的胜利立下了汗马功劳。但在武汉之战获胜后，时任武汉国民政府第四集团军总司令的唐生智，生怕湖北人有势力对自己不利，只提拔自己的心腹，夏斗寅仍任师长，此外他还对夏斗寅部多有压制，这令夏斗寅极为不满。与此同时，当时国民革命军的总政治部正、副主任邓演达和郭沫若编发了《宣传纲要》，对归顺军队提出了反封建的民主改革要求，这更令视军队为私产的夏斗寅痛恨不已。最终，在蒋介石的利诱之下，夏斗寅选择背叛革命，遂于1927年5月，趁唐生智率部进军河南的机会，联合杨森偷袭武汉，不料却被叶挺率部击败。但叛乱所过之处，残酷捕杀共产党人和工农革命群众。夏斗寅这种反共的决心很得蒋介石的赏识，于是对夏斗寅作了多次拔擢，扩编夏部为新编第十军，成为蒋介石的基本武装力量之一。

1930年初，蒋介石委派夏斗寅为武汉警备司令。任职期间，夏斗寅大肆捕杀共产党及进步民众，仅按正常程序处决的就有1000多人，大肆制造“白色恐怖”气氛。在随后的中原大战时，夏斗寅部在攻占曲阜的战役中，动摇了阎锡山的整个津浦路战线，为蒋介石创造了降伏山西王阎锡山的重要条件，为此蒋介石不仅厚赏夏斗寅部众，还与夏斗寅互换生庚帖子，结为异姓兄弟。

在蒋介石的扶持之下，夏斗寅终于在1932年夏登上了湖北省政府主席的宝座。当时正值鄂东北、鄂西北各县农民运动如火如荼，夏斗寅当即组织“湖北清乡会”，对革命群众进行野蛮镇压，在大别山制造了不少惨案。但九个月后，夏斗寅还是因为在湖北培植势力而遭到蒋介石猜忌，只得提交辞呈，解除了他在湖北的军政大权。

此后，他在蛇山中段购买了大片土地，准备建造自己的公馆。当时，正值湖北省图书馆要兴建新馆，但政府划拨的昙华林同仁医院斜对面的土地仍显狭小，不适合兴建大型图书馆。于是由李书城、沈祖荣、谈锡恩等负责，前往夏斗寅处商议置换土地，夏斗寅欣然应允。最终商定，按公地每方 8 元，夏地每方 40 元的价格成交。但其中的差额 3 万余元夏斗寅没有领受，而是慷慨捐赠给了省图书馆。夏斗寅因此受到湖北省政府的表扬。后来，夏斗寅就在置换的昙华林官地上兴建了两幢富丽堂皇的别墅。

全面抗战爆发后，夏斗寅屡次向蒋介石请缨参战，皆未获批准。抗战期间，他遭到情妇的背叛，落得人去财空的境地，以至于在抗战后期靠自己种地养猪为生。抗战胜利后，夏斗寅回到武汉，因武汉大汉奸叶蓬是夏斗寅旧部，所以其武昌昙华林的别墅等不动产都完好保存。此后，夏斗寅依靠田租过活，倒也优裕舒心。1946 年 10 月 10 日，夏斗寅与万耀煌、熊秉坤等湖北籍首义志士发起成立了“辛亥首义同志会”，并担任会长。

解放战争期间，夏斗寅看到革命形势一片大好，很想投向共产党，但考虑自己过去曾背叛革命，血债累累，怕得不到共产党的谅解，因此他思忖再三，还是去了广州立法院就任立法委员。当时，夏斗寅委托自己的老部下、时任湖北省政府主席的万耀煌将他在武昌昙华林的别墅出售套现，起初谈好了买主，就是蒋总统二公子蒋纬国的岳父石凤翔，但因家人反对而作罢。淮海战役后，蒋介石主力被摧毁，武汉人心动摇，夏斗寅也匆忙携家眷南逃广州。走到长沙时，夏斗寅心生徘徊，最终在老同事晏勋甫（时任汉口特别市市长，正密谋起义）的劝说下，回到武汉相机行事。

回汉后，夏斗寅与中共地下党取得联系，表示“愿以垂暮之年，为桑梓尽力，倘有驱使，自当竭尽绵薄”。此后，夏斗寅参加了“救济委员会”的筹建工作，联络了较多的老一辈上层人士，带动大批部属成建制地留下来，帮助维持“真空”时期的武汉治安，为迎接武汉解放做出了较大贡献。但因未受邀参加开国大典，又对我党心生疑虑，遂于次年春不积极认购公债，最终潜逃香港，沦落到靠算命糊口的田地，次年即贫病而死，结束了其矛盾复杂的一生。

三、徐荣廷公馆

徐荣廷公馆位于汉阳门正街（今民主路6号），建成于1926年，在1928年位于汉口的同兴里住宅落成之前，“纺织大王”徐荣廷一家曾居住在此。公馆为中西合璧式砖木结构，二层楼房，坐南朝北，北部为主入口，中部为起居楼，南部为花园及后门。

徐荣廷（1857—1949年），出生于武昌南乡阚家河的一个小商人家庭，幼年曾读私塾。成年后弃学从商，进汉口三盛药材行当学徒，23岁开同兴药材行，经营药材，兼做杂货生意，但获利不多。光绪十六年（1890年），进入汉口川帮德义生商号的分号工作，由于他对业务熟练，工作认真，受到老板的赏识，累迁之后在1897年升为汉口分号任副经理，开始在武汉商界崭露头角。

徐荣廷生性豪爽，社会活动能力强，喜交三教九流的朋友，经常进出茶馆。1893年，黎元洪在广东广甲兵舰上任三管轮时，曾一度被派到湖北汉阳枪炮厂任监工，监督生产广东海军部门订购的大炮。黎元洪工作任务不忙，又因家属不在武汉，闲时也经常进出茶馆，因此与徐荣廷相识。黎元洪见徐荣廷性格豪爽，讲义气，对徐荣廷颇有好感；徐荣廷见黎元洪毕业于北洋水师学堂，年轻有为，前程无限，也有意结交，因此两人交谊甚笃。1900 年，因八国联军侵华，各地都出现社会秩序不稳的现象，徐荣廷在老家遭到抢劫，于是请求时任护军马队第一营管带的黎元洪设法保护。黎元洪慨然应允，此后经常派出巡骑到徐家附近巡逻，保得徐家平安，徐荣廷因此对黎元洪非常感激。

此后几年，黎元洪官运亨通，由管带（营长）升任督带（团长），1903 年升任协统（旅长），1904 年升湖北护军第二镇统制（师）兼护统领事，后兼理省城外火药丝麻纱布四局，1908 年出任中军副将。在此期间，黎元洪有一次到长沙出差（1904 年或 1906 年），刚巧赶上来此筹建分号的徐荣廷，二人他乡遇故知，分外高兴，当即结为异姓兄弟，徐荣廷由此成为黎元洪的兄长，有了和黎元洪的这层关系，日后徐荣廷在商界更是大开大阖、顺风顺水。

1909 年，湖北掀起保路运动，迫使清政府同意湖北省铁路自办。次年，徐荣廷等被推选为查账人，广泛动员商界认购股款，思想逐渐倾向革命。1911 年秋，武昌首义爆发，徐荣廷曾携李紫云深夜带馒头酒肉到起义阵地劳军。汉口光复后，他率永济消防会成员张旗提灯整队欢迎革命军，还应汉口商务总会要求，负责坐办干粮，供给军需。后来，清军反攻汉口，会员大多作鸟兽散，只有徐荣廷等少数几人仍在坚持。

徐荣廷因贡献卓著，次年被选为武昌总商会会长，加入军政府理财部，募集军饷十万余两，深得把弟黎都督的赞许。此后，黎元洪有意提拔这位把兄做官，于是任命他为湖北官钱局总办（相当于后来的湖北省银行行长），徐荣廷由是被称为“政治商人”。不过习惯了生意场上快节奏生活的徐荣廷，很不适应官场的那套繁文缛节，终于在几个月后对黎元洪说：“老弟，你抬举我当总办，我谢了，但我不习惯迎来送往，你还是让我去做生意吧。”黎元洪为难道：“官钱局总办是个肥缺，不知道有多少人钻门路，想当这个官，你还不想当，那我就难办了。”经过徐荣廷的坚辞，黎元洪只好准其离职，另委他人继任。

其实徐荣廷辞去官职，还有一个重要的原因，就是觊觎张之洞创办、黎元洪曾兼管的湖北纱布丝麻四局的承租权。原来，当时湖北纱布丝麻四局的租期将近，原租办的应昌与大维两公司为承租权发生纠纷，于是黎元洪决定取消他们的承租权，另行招商承办。徐荣廷发现这是一个发家的大好机会，于是通过黎元洪的关系，取得了四局的承租权，从1913年起承租，租期10年。

徐荣廷的承租也并非一帆风顺，在此期间，他遭到应昌公司韦紫峰的阻挠。经工商界人士调解，双方同意进行谈判。在一次谈判中，韦紫峰自认为资金雄厚，态度十分骄横；徐荣廷也自恃有黎元洪这个后台，不肯相让。在承租的租金上，徐荣廷的认标数总是高于韦紫峰的认标数，韦紫峰无计可施，于是恶语相加。当双方争吵激烈之时，韦紫峰突然拔出身藏的手枪，向空鸣放，对徐荣廷进行威吓。徐荣廷勃然大怒，拍桌子厉声说道：“你是什么东西，敢欺侮到老子头上来了！”回头对门口士兵说：“把他抓起来。”经四座诸人相劝，韦紫峰才悻悻离去。不过经此波折之后，韦紫峰知道徐的势力不可轻视，徐也抱着“利益均沾”的态度，双方谈判逐渐有了进展。最后达成协议：徐荣廷所在的楚兴公司承租四局，而韦紫峰所在的应昌公司也得以将所存的机物料折现入股。

于是徐荣廷一面与应昌公司订约合作，折价收买其所存花纱机物料；一面邀请德厚荣号大股东刘象羲（又名刘伟）等组成楚兴股份有限公司，由刘象羲、刘歆生、毛树棠、蒋沛霖、周星棠、徐荣廷等13人组成董事会，公推刘象羲为总理，徐荣廷任总经理，总管厂务。徐荣廷提名苏汰余管理文牍、财务，张松樵管理纱局，是为裕大华纺织集团三巨头结合之始。从此，徐荣廷弃商从工，由一个商业雇员、代理人逐渐成为武汉有名的纺织工业资本家。

在楚兴公司正式承租四局后，徐荣廷不断受到来自外界的倾轧，幸赖黎总统的威名，才得继续发展。1914 年第一次世界大战爆发，进口棉纱、棉布几乎绝迹，棉花出口急剧减少，国内市场出现花贱纱贵局面。徐荣廷全力组织生产，采取添招新工、增开夜班、实行职工分红、采用麻局的织机改织纱布等措施，加快生产速度。

在做生意发财的同时，徐荣廷也不忘关心国家大事。第一次世界大战期间，英镑价格暴跌，每镑从 7 两银下降到 3 两银，徐荣廷认为这是民族企业偿还外债的良机，于是他以武昌商会负责人的身份，积极动员工商业者互相支持，筹集款项，帮助汉口既济水电公司等企业偿还向日方的借款。他的这些爱国行动，使人们对他当时创办的楚兴公司产生了良好的印象。1915 年，为了反对袁世凯与日本签订“二十一条”，年近六旬的徐荣廷冒雨走上街头，走到游行队伍的最前面，高呼“莫买日货”。因其体形高大魁梧，在队列中很是显眼，引得无数人注目。此后，徐荣廷又组织了几次反日游行，半年后武汉的日货进口量下降了四成。

同样在 1915 年，徐荣廷又与新任湖北督军王占元结义，取得了新的保护伞。1918 年，徐荣廷创办楚兴纺织学校，办校两年，毕业 60 余名学生，此后也成为他拓展纺织市场的得力干将。1921 年 8 月，王占元下台。1922 年初，租约期满前三个月，四局被萧耀南和“湖北将军团”组织的楚安公司强行接收。经过近十年的发展，楚兴公司获利约 1100 万两，徐荣廷也拥资二三百万两，成为武汉巨富。

在纱布丝麻四局被接收之后，徐荣廷此前在武昌与张松樵合办的裕华纱厂、在石家庄兴办的大兴纱厂，很快相继开业，为日后裕大华纺织资本集团的形成奠定了基础。当时徐、张二人重组的裕华纱厂规模庞大，仅次于李紫云创办的第一纱厂。面对一战后外商纱布卷土重来、日商几乎垄断武汉纱布市场的不利局面，徐荣廷利用与各界的关系，争取社会力量的支持，领导裕华纱厂与外商较量并进一步做大做强。

1926 年 9 月，北伐军兵临武昌城下。9 月 3 日晚，蒋介石同白崇禧、唐生智、刘文岛一行抵达武昌车站。9 月 4 日，蒋介石在紧急会议上匆匆作出决定：趁敌人立足未稳，武昌城限 48 小时攻下。9 月 5 日和 8 日，革命军两次发起猛攻，由于准备不足，屡受挫折。9 月 8 日，蒋介石向吴佩孚委任的武昌城防司令刘玉春等发出最后警告：如不在 24 小时内开城投降，即发炮猛攻，使全城变成瓦砾。这可急坏了刘文岛和他的夫人廖世劭，他们想犯颜进谏，又恐激怒了蒋介石，只好邀出湖北省商会会长徐荣廷一同到武昌南湖蒋介石行辕，代表市民向蒋请愿，要求缓攻。蒋同意了他们的请求，经过商议，改强攻为缓攻围困战略。后来，北伐军既光复了武昌城，又使城内人民生命财产免遭大的损失。在这点上，徐荣廷奔走进言是起了作用的。

1928 年初，年逾七十的徐荣廷退休，推荐苏汰余继任董事长。苏继任董事长 20 余年，于 1934 年在西安兴办大兴二厂，1937 年更名“大华纺织股份有限公司”，至此正式形成了裕大华纺织集团。徐荣廷虽年老退休，但一直在参与裕大华纺织集团的重大决策活动，心系公司发展，1929 年还参与促成了公司派员前往日本实习，学到了很多日本的先进纺织技术。

1931 年，武汉洪水泛滥，许多市民流离失所，忍饥挨饿。古道热肠的徐荣廷立即做出了救济灾民的决定。他出资让长春观的侯道长、老家青菱乡的许善人具体实施，在武昌的梅家山、长春观，石咀的河坡山设点赈济灾民，发放煮好的稀饭，有时每人每次发三天吃的面粉、大米或压缩饼干。当年冬天，徐荣廷的母亲过世，出殡至老家时，见到途中很多摆案焚香的人，于是徐荣廷雇佣挑夫用箩筐挑着现洋，见香案就发给4元。有的人见钱投机，不断挪动香案位置，领了又摆，摆了又领。这一来，出了徐的洋相，银元发完了，只好打白纸条叫人到银行去兑现洋。这一举动轰动了当时的武汉，不过想到徐荣廷对家乡父老一向慷慨，此举也就不足为奇了。徐荣廷每年岁末都要对族人或邻里的贫困户进行救济，视其困难的大小，少则现洋10元，多则50元不等，还准备了不少简易棺材，存放在他捐资修建的徐氏宗祠内，委托专人管理，人死了没钱收殓安葬的贫困户，可到祠堂内领取棺木。此外，徐荣廷还在祠堂内开设了一所文明小学，招收当地的学童免费就读。

1938年秋，徐荣廷在裕华纱厂讨论西迁的董事会议上，力主克服困难西迁重庆，最终促成了西迁事宜，并随厂迁居重庆。裕大华纺织集团在西迁之后，大力开拓西南市场，既壮大了自身实力，也缓解了后方物资困难的问题。年过八旬的徐荣廷仍然头脑清醒，纱厂遇有重大问题都请他参加决策，他的主张有时甚至有“一言九鼎”的作用。

抗日战争胜利以后，徐荣廷从重庆回到武汉，在汉口同兴里居住，仍旧不肯安度晚年。除继续参与裕大华纺织集团重大决策外，他还于1947年筹资创办了私立江汉纺织专科学校，继续培养纺织人才。当时徐荣廷已年届九旬，着实令人感佩其老当益壮。1949年1月，一代“纺织大王”徐荣廷溘然长逝，享年92岁。

四、万耀煌公馆（李先念故居）

万耀煌公馆（李先念故居）位于武昌紫阳村22—1号，为二层砖混结构，由三栋相连的“Z”字形主体建筑和两排厢房构成。正房坐北朝南，将院子分隔成前后两院，后院紧邻紫阳湖公园。后院的两层楼一侧的四角塔楼，据说是警卫岗哨，二楼为木制百叶窗，屋顶雕花，塔尖有个球形装饰物，颇有上世纪三四十年代的建筑风情。这里曾先后入住过万耀煌和李先念两位中国近现代史上的著名人物。

这处公馆是由民国军界闻人万耀煌修建的。万耀煌（1891—1977年），1891 年 3 月 13 日出生于湖北黄冈武湖（今新洲仓埠街杨裴村）万家大湾，出身官宦世家，但到他父亲这一代就家道中落，仅以教书为生。万耀煌从小接受私塾教育，因先生教小学生并不上心，以至其年已十岁也只能作半篇八股文章。光绪二十七年（1901 年），清政府废除八股，改试策论，到了第二年，万耀煌勉强读完五经，即随族叔兼姨父的信民公移居武昌花园山，在族叔的亲自教导下，他的学问才有所进步。

在此期间，他还经常前往花园山高家巷内的圣公会听取刘静庵等日知会成员宣扬革命“排满”思想，并到日知会的书报社借阅新书、报纸、杂志等，从而对革命的意义了然于心。此后，万耀煌进入两湖师范附属高等小学就读，读到第三年，因学校废除供给制，学业难以为继，只得辍学。

当时清朝设立陆军部，计划将全国陆军划为三十六镇，为准备这三十六镇的下级军官，规定每个省都先设立一所陆军小学，每校每期学生约 80—100 人，三年毕业，且各校的学制、授课及招考学生入学都有规定。但当时的湖广总督张之洞独行其是，直接从军队中选送优秀士兵至陆军小学，学员由公家供给一切，每月还另发银钱。这对于家中困难的万耀煌来说是一个很不错的出路，于是在做通母亲的思想工作之后，由肄业于陆军小学的族兄万勃士推荐，顺利入伍，不久即被选送至湖北陆军特别小学。

湖北陆军特别小学原称“湖北陆军小学”，生员从军队中直接拔擢，学员往往年龄偏大，在光绪三十一年（1905 年）开办之后，因学生年龄过高不合规定而停办，光绪三十三年（1907 年）再开学，改称“陆军特别小学”，当时即有顺口溜打趣，“学堂特别小，学生特别老，学堂与学生，颠倒复颠倒”。万耀煌入学时，已经是 1908 年 8 月，当时万已然年满 18 周岁，确实是一名特别老的小学生了。

宣统元年（1909 年）秋天，万耀煌又顺利成为位于南湖的陆军第三中学的第一期学员。第三中学是陆军部开办的三所中学之一，其余是北京清河镇的第一中学和南京的第四中学（原拟在西安开办的第二中学因经费问题被搁置）。三所中学的建筑房舍，都按照陆军部的规定形式建设，校舍整齐，规模庞大，是各省优秀青年的汇集之地，同期进入第三中学的还有著名将领何应钦、谷正伦等人，此后的唐生智、何键、李品仙、刘文岛等人都是出自第三中学的名人。万耀煌在此学习两年，成绩优异，还组织了“群治学社”，联络朋友，宣传革命思想。

两年后，万耀煌从陆军第三中学顺利毕业，按最初学制的规定，应该到军队中去接受入伍训练，但陆军部顾及军队素质太差，怕毕业学生得不到良好的教育，于是在保定速成学堂原址上开办了入伍生总队，万耀煌等毕业学员于当年 6 月奔赴保定入伍。他的队官和教官都是日本士官学校毕业的高材生，学员训练完全采用日本入伍训练的教范，内务整齐清洁、动作灵活迅速，可与日本士官学生媲美，得到驻守保定的第六镇统制吴禄贞（日本士官第一期毕业）称赞，认为他们较日本最好的军队尤有过之。

万耀煌在保定入伍生队里，整天过着严肃而又规律的学习生活，直到武昌首义的一声枪响，万耀煌再也坐不住了。他先是劝导吴禄贞起义，但并未被采纳，而受清廷怀疑的吴禄贞也中了调虎离山之计，调去担任山西巡抚，赴任途中在石家庄遇刺身亡。此后万耀煌又去劝说他们的总队长萧展舒起义，但又遭敷衍。两次劝说长官起义皆未成功，而荆州的旗籍同学几乎全体都在监视他的行动，此时万耀煌已经明白，再待在保定不会对革命有所帮助了，于是决定南下。但此时他身无分文，正在伤脑筋，幸好有两位福建同学将他们仅有的七元大洋和一块银壳挂表相赠，这才有了日后万耀煌“葛店追黎”的壮举。

在得到同学的资助后，万耀煌马上赶赴车站，历经艰辛，取道上海折往武汉，回汉后黎元洪当即任命他为参谋部参谋，参加“阳夏保卫战”。当年 12 月 1 日，各国驻汉领事提议交战双方马上停战 3 天，停战协议书需要加盖黎元洪的都督大印，而此时的黎大都督正因都督府大楼西侧中弹起火而仓皇出城逃往葛店方向，大印也被带走了。万耀煌见状，主动请缨携书追黎，他策马几十里路，终于追上黎，取得了印信，从而使停战协议生效，开启了南北议和的先河，在很大程度上扭转了武昌首义的总体形势。“葛店追黎”也成为万耀煌一生中最引以为豪的功绩，在其后偏居中国台湾地区的岁月里，仍有同去的首义名人张知本先生为其写下“葛店追黎有大功”的七十寿联。

在辛亥革命后的军阀混战中，万耀煌越战越勇，至 1935 年，被提升为第二十五军军长，前往咸阳驻扎，并在 1936 年 12 月因“西安事变”与蒋介石共患难而深得蒋氏信任。抗战时，万耀煌率部参加了“八·一三”上海保卫战，部队损失殆尽。1938 年 3 月 1 日，万耀煌被任命为军事委员会将官研究班班主任兼军官训练团副教育长，负责在武昌珞珈山训练国民党中下级将领，并参与了此后的武汉保卫战。当年 11 月，陆军大学代校长蒋百里病故，万耀煌前往贵州接掌校务，并于次年 1 月 28 日被正式任命为陆军大学教育长，为抗战培养了大批优秀将领。

抗战胜利后，自 1946 年 4 月起，万耀煌任湖北省政府主席兼保安司令。万耀煌回到武汉，购买了武昌小朝街东侧即紫阳湖畔的一亩菜地，兴建了一座带花园鱼池的公馆。万耀煌在这里经常召开座谈会，往往到深夜还在处理公务。无奈时局动荡，万耀煌任职两年，焦头烂额，一事无成。

唯一可以称道的是：在其任职期间，计划在长江上修建一座大桥，并组织人手进行了半年多的勘察。虽然后来由于经费困难，再加上万马上要离任，建桥的愿望终成泡影，被武汉民众嘲讽其计划是“只听楼梯响，不见人下来”，但是，他留下的勘察和设计资料，在新中国成立后修建武汉长江大桥时，仍然起到了重要的参考作用。

1948 年 5 月万耀煌被调离武汉时，将自己的公馆转让给了淞沪警备司令部的周力行。此后，万耀煌前往南京担任战略顾问，8 月又被调中央训练团任教育长。不到半年，中央训练团南迁，万耀煌最后一次踏上武汉的土地，后前往广州，1949 年 5 月逃往中国台湾地区。到中国台湾地区后，万耀煌仍心系故乡湖北。1966 年夏，他联络一些旅台的湖北同乡，组织创办《湖北文献》季刊，于 10 月 10 日开始发行。1968 年又倡议收集存在中国台湾地区的《湖北通志》及各府县志，重印刊行，“以绵延吾鄂传统历史文化，从而发扬光大”。他在 1969 年 2 月的《重印湖北省及各府县志缘起》中还说道：“这件事‘义所见为，责无旁贷’。”

后来，周力行也逃往中国台湾地区。在新中国成立初期，万耀煌公馆被军管会物资接管部的房管处接管，经整修后，被安排给刚进城不久的中共湖北省委书记、湖北省人民政府主席李先念及其家人居住，直到 1954 年李先念离汉进京。此后，另一位老干部搬迁至此。

李先念（1909—1992 年）同志也是从湖北走出来的无产阶级革命家。他于 1909 年 6 月 23 日出生于湖北黄安（今红安）县高桥区九龙冲乡李家大屋一户贫苦农民家庭，乳名全伢。在同母异父的八个兄弟姐妹中，他排行老幺。

在母亲和大姐的悉心照料下，李先念一转眼长到了六七岁，逐渐懂得了一些事理。一次，他帮母亲做饭，不慎将灶头上放着的半碗食油绊翻了，母亲愣了一下，狠心打了他一巴掌。他知道，这点油家里至少要用三四个月。每次炒菜，等锅烧热了，母亲才用布在碗里蘸点油，放进锅里擦一擦，就算给油了。农闲时还舍不得擦，一连几个月就咽干锅菜。虽然挨了打，但李先念却忍着没哭出声来。他噙着泪水，连忙帮母亲用布将淋在灶头、地上的油一点一点地攒进碗里，甚至连沾过油的灰尘、泥土也刮了起来。干完活，他跪在母亲面前，表示认错。母亲见状，后悔不该打他，把他抱在怀里，大哭一场。事后，母亲逢人便讲："我家全伢懂事了！"

从 8 岁起，李先念开始跟父兄下田劳动，放牛拾柴，回到家中，还干些家务杂活。10 岁时，聪明伶俐的全伢被送进了李家大屋的私塾读书，他了解父亲和伯父凑钱让他读书的不易，自己又是李家祖祖辈辈破天荒能进学堂读书识字的人，所以学习特别上心，但两年后，终因家境贫寒而辍学，他去地主吴家的杂货店当学徒。当时，李先念的父母和伯父都在为吴家打工，全家简直成了吴家的奴隶。杂货店主对李先念穷凶极恶，而硬骨头的李先念也不愿逆来顺受，终于在一年之后回家当了木匠。在学徒期间，李先念广泛接触社会，耳闻目睹许多不平之事，加之董必武在 1922 年和 1923 年间经常回黄安（今红安）老家进行革命宣传，李先念耳濡目染也深受启发，初步具备了革命思想。

不久之后，李先念去汉口球场街的陈福记寿器店继续当学徒。李先念参加革命后，有人开玩笑说他是"做棺材出身的"，他风趣地回答："我是给旧社会做棺材的。"晚上，他住宿在寿器店街对面的庆和茶馆里，常与工人师傅聊天，还见识过一些三教九流的人物，从而对万花筒般的城市生活和社会现实有了更多的了解。江边码头也是他夜间常去的地方。扛麻袋，出苦力，挣点零用钱，与码头工人交朋友，对他们所受的剥削和压迫，有了切身的感受。他和许多被压迫的底层人民一样，渴望着改变这个黑暗的旧世界。

李先念一晃就在汉口待了半年多。一天傍晚，李先念正端着饭碗在门口吃饭，对面正好有几个穷人家的孩子猫着腰在路边扒垃圾拣破烂。这时，从一旁走过来三个喝得醉醺醺的阔少爷，他们骂骂咧咧地从拣破烂的孩子身边走过，拣破烂的孩子一不小心，把泥巴溅到了一个阔少爷的身上了，那个阔少爷勃然大怒，揪住拣破烂的一个孩子就拳打脚踢，被打的孩子惨叫不迭。这时，目睹经过的李先念放下饭碗，飞快地跑过去，大喝道："住手！不许打人！"

"嗯哼，你这穷小子从哪里冒出来的？你吃了豹子胆不是？"一个阔少爷满脸杀气逼了过来，另外两个也从他左右两旁围拢来，看这势头，他们企图大打出手。李先念挺胸怒目，毫无惧怕，严厉指责他们："你们太欺负人了，凭什么随便打人？""凭什么？老子就凭这个！"说话间，站在李先念正面的阔少爷，照李先念的面部猛击一拳，李先念被打倒在地上，他连忙爬起身，怒不可遏地说："你们仗势欺人，蛮不讲理。好，你们等着！"说着，调头就往店里奔。三个阔少爷正嘲笑这穷小子自不量力，不料见到李先念手执一柄利斧奔了回来，他们顿时吓得喊爹叫娘乱跑乱蹿。李先念紧追不舍，朝一个阔少爷的臀部劈去，受伤的阔少爷惨叫一声，倒下了。

师傅从外面回来，见徒弟闯了祸，进门就责备："你怎能用斧头劈人呐，听说被你砍伤的是个什么局长的公子，这可怎么得了！"于是，师傅提出让他到别人家躲一躲。师娘急忙劝阻："躲一躲不是好办法，躲得过今天，躲不过明天，让他们捉住了，性命就难保了。""那你说怎么办？”师傅反问师娘。“依我看，得赶快跑，跑得远远的。”师娘果断地说。但李先念怕连累了师傅师娘，不肯逃跑，于是师娘开解说：“我们没有打他，就是找上门来，也不能把我们怎么样，破费一些钱就是了。可他们捉住你，那准没命哩。”李先念问：“师娘，你说我往哪里跑呢？”师娘想了想说：“前些天，我到老杨家串门，他们家里来了一位乡下人，说在大别山一带有个队伍里都是些穷苦人，专门跟财主老爷作对，你去找他们吧。”一番商量之后，李先念决定当晚立即上路，临别，师娘把钱塞进李先念的衣袋里。回到大别山老家的李先念，在当年（1927 年）11 月就参加了黄麻起义，从此走上了革命道路。

此后，李先念又参加了开辟鄂豫皖革命根据地的斗争，历任游击队队长、区委书记、区苏维埃主席、县委书记、县苏维埃主席、团政治委员。短短五六年时间，他就从一名农民协会会员成长为一名优秀的红军指战员。紧接着，他又率领湖北子弟兵创建了川陕革命根据地，参与了长征，随西路军苦战河西走廊。1938 年 11 月，李先念终于返回了阔别 6 年的湖北老家。此后十多年，李先念领导创建了新四军第五师、鄂豫边抗日根据地和鄂豫皖湘赣解放区，指挥了中原突围战役，一直战斗在湖北前线，就连解放战争时期的湖北省主席万耀煌也不得不承认，李先念部是他在当时所面临的唯一的军事威胁，而最终也正是在李先念的参与指挥之下，解放军顺利解放了湖北，刚进入武汉的李先念也顺理成章地住进了万耀煌的公馆。

1949 年，刚解放的湖北，满目疮痍，百废待兴。李先念时任省委书记、省政府主席和湖北军区司令员兼政治委员，主持湖北省党、政、军全面工作。上任伊始，针对鄂西地区错综复杂的剿匪形势，李先念生动地说：“土匪在暗地里活动，派来的部队带上大炮却找不到目标，这就像俗话说的‘牛大压不死虱子’，要解决问题必须发动各个阶层，特别是农民群众。”于是制定了“军事清剿、政治攻势、发动群众结合进行”的斗争策略，剿匪部队运用这一策略，深入山寨联系群众，召开土匪家属座谈会，讲政策、释疑云，终于打开了剿匪的局面。此外，面对国民党的散兵游勇和顽固土匪、恶霸，李先念则采取坚决消灭政策，到1950年底，就基本消除了上述隐患，巩固了新生的人民政权。

除此之外，李先念也为恢复湖北的国民经济做出了巨大贡献。尤其是面对不法商人囤积居奇、哄抬物价的行为，李先念针锋相对地在武汉市发出了“禁用银元、稳定金融、平抑物价”的指示，并签发了“禁止银元流通和取缔银元买卖”的联合布告，掀起了拒用银元的群众性活动，各级政府开始查封地下钱庄，逮捕金银贩子。李先念还从外地调拨了100万枚银元投放湖北市场，打压黑市价格，湖北银元黑市开始全面崩溃。

在随后的米棉之战中，李先念釜底抽薪，正当投机商积粮不售，以待暴利时，政府抛售了8000吨粮食，促使物价回落，令投机商损失惨重，纷纷破产。银元之战和米棉之战的胜利，结束了湖北从抗战以来连续十二年的通货膨胀、物价飞涨和几十年以来的收支不平衡，也使那些一开始怀疑共产党领导经济建设能力的人士开始用敬佩的目光注视共产党，注视这位木匠出身的党政军领导人——李先念。1951年11月，李先念正式当选为湖北省主席，1952年2月到12月，他还兼任了武汉市委书记和市长。当年3月，面对历代王朝治理效果甚微的荆江段，李先念迎难而上，亲自挂帅，将美国工程师预言需要十年的荆江分洪工程，在短短两个半月时间就完成了。当年6月20日，荆江分洪工程全面竣工，并在1954年的长江流域特大洪水中首次开闸分洪，极大地保障了湖北人民的生命财产安全。

由于李先念同志在湖北省的出色工作，1954年，他被中央选为财政部部长的最佳人选。正当李先念顾虑重重的时候，毛泽东主席面带微笑地对他说："李先念，你说你干不了，不想干，那只好把国民党的财政部部长宋子文从台湾请回来，让他干好了。"于是，李先念在强烈责任心的驱使下，离开了家乡湖北，挥别了居住五年的"万耀煌旧居"，来到了首都北京。在当年9月中华人民共和国第一届全国人民代表大会第一次会议中，被任命为国务院副总理兼财政部部长。1983年，李先念当选为中华人民共和国主席，是新中国成立之后湖北走出的第一位正式的国家主席（董必武此前曾任代主席）。

在离开湖北之后，李先念仍然心系家乡发展，先后9次回湖北视察工作，对湖北的经济社会发展和人民生活的改善起到了重要作用。

众所周知，武汉的跨江大桥，除长江大桥和长江二桥外，都以桥址处的地名来命名。武汉长江大桥作为"万里长江第一桥"，其得名无可争议，而"武汉长江二桥"的命名则已经有了不同的声音，最终在很大程度上是因为李先念同志的题字才定下来的。1991年，时任武汉市市长的赵宝江提出，想请前国家主席李先念为建设中的武汉长江公路桥题名。李先念在1984年曾来武汉视察，当时的武汉市市长吴官正曾向他讲到武汉市区交通紧张，计划修建长江二桥，李先念非常赞同，此次见桥终于动工，就欣然题写了"武汉长江二桥"六个大字。李老的题字在1995年二桥的正式定名上起到了一锤定音的作用，他那刚劲有力的题字至今仍耀眼夺目地镶在高高的桥塔上。

五、冯玉祥旧居

冯玉祥旧居位于武昌千家街8号大院，建于1926年，是一座青砖砌成的西式洋房，坐北朝南，二层砖木结构，勒脚与腰线采用花岗岩砌筑，红色木质拱形门窗，南面建有圆拱券走马廊，原是基督教英国循道会武昌千家街福音堂堂区教牧人员的住宅楼，冯玉祥将军曾于 1937 年 11 月到 1938 年 8 月在此居住。

冯玉祥（1882—1948 年），祖籍安徽巢县（今巢湖市），生于直隶青县（今属河北沧州市），是民国时期著名的抗日爱国将领，曾在 1924 年发动北京政变，将末代皇帝溥仪赶出紫禁城，后又参与二次北伐，并在 1930 年联手阎锡山，与蒋介石在中原地区一较高下。1933 年 5 月，冯玉祥将军与旧部方振武、吉鸿昌等组织察哈尔民众抗日同盟军，一举收复多伦等四县，但最终归于失败。此后他隐居泰山读书养病，生活清俭，常以泰山三美——“豆腐、白菜、水”来待客，并作了一首诗以表明其抗日的决心：

大白菜，产泰山，吃了便下饭。
日本人要来把它占，
起来和他干，才算是好汉。

此外值得注意的是，冯玉祥在辛亥革命后开始大量接触基督教，并于 1917 年的圣诞节接受洗礼，成为一名虔诚的基督徒。此后，他还倡导“以教治军”，用基督教的教导来管理官兵，提倡节俭，反对奢华，要求官兵洁身自好，素以大饼油条粗棉麻布而闻名于世，在民国旧军阀中可谓独树一帜，被人冠以“基督将军”的称号。

全面抗战爆发后，国民党节节败退，1937 年 11 月 19 日，国民政府宣布迁都重庆，实际大部分机关都集中在武汉办公，心系抗战大业的冯玉祥将军也受命在视察完平汉线南段的国防工事后，奔赴武汉。

当年 11 月 30 日，冯玉祥作为基督教循道会的著名教友，被邀请到武昌千家街福音堂堂区最大的一栋教牧人员住宅楼居住。除冯玉祥将军一家外，当时同楼居住的还有老舍、楼适夷等文艺界人士以及李烈钧等军政人士。

冯玉祥在武汉期间，为了宣传和发动民众抗日，编写了《民众救国问答》《抗日的伟大民众》《日本并不可怕》《我们一定胜利》和《抗日游击战术问答》等小册子，这些宣传品通俗易懂，在民众中广为散发，起到了很大的作用。1938 年 1 月 6 日，他利用一起日军骑兵在上海遭遇炸弹袭击的新闻，编了另外一首《炸弹》诗，发表在汉口的《大时代》报纸上，鼓舞全国军民的抗战士气：

日本骑兵七十名，游行上海摆威风。
及至走到汉口路，忽然炸弹响两声。
当时伤亡七八个，队伍大乱不成形。
手慌脚忙捉凶手，只是凶手无处寻。
逢人搜查逢人捉，挨家挨户去撞门。
一天一夜终不获，倭寇胆怕心震惊。
神出鬼没出奇袭，中国遍地皆英雄。
以此展开游击战，民众武力永无穷。
全国团结抗到底，看敌何处逃性命。

当年 2 月 21 日，冯玉祥将军又作了一首《当兵》诗，号召大家踊跃参军，共同保家卫国，发表在了《民族战线》上：

当兵保国家，男儿志堪夸。
兵是真英雄，兵是真豪侠。
偷生怕死非好汉，快去当兵受训练。
个个能文更能武，救国要凭真才干。
兵是国家一等人，生死都能光家门。
战阵无勇非为孝，我国圣贤古训存。

奉劝世间贤父母，快送儿子去从军。

冯玉祥将军出身贫寒，在少年时代仅入私塾读了一年零三个月的书，所以他的文笔不是那么的儒雅，但他仍以饱满的热情和真挚的情意，创作了大量抗战诗歌和抗战宣传册子，极大地激发了国人抗战救国的热情。

1938 年春夏之际，冯玉祥受蒋介石委派到豫西、豫南和鄂东等地视察“国防工事”，到各地检阅督练新兵，奔走了三个月，冯将军到处发表抗日演讲，动员民众从军杀敌，指出：“非抗日不能救国家，非抗日不能救同胞，谁是有生性有良心的青年，都应该从军杀我们的敌人。”在他的宣传鼓动下，不少青年自觉自愿地参军抗战，并出现了母亲送儿，妻子送郎的动人情景。

在武汉会战期间，日本军机狂轰滥炸，很多儿童失去父母，流离失所，孤苦无依。于是，冯玉祥及其家人就在邓颖超同志的筹划之下，参与组织儿童保育基金委员会筹备会，从居住的千家街福音堂院子开始，为流亡儿童募捐。据冯玉祥将军的女儿冯弗伐回忆：

开始，我（指冯弗伐）在千家街福音堂院子里募捐。有的人愿意捐款，工作进行顺利。但也有人说，战乱之中，自顾不暇。我动员他说，你为儿童保育事业捐款，很可能对你的孩子也有好处。这样说，收到效果。后来，全院子可以捐钱的人都捐过了，再到哪里去募捐呢？父亲替我筹划。他说：“我的朋友或部属来家里看我，你先出去募捐，他捐了钱，你再来请我出去会见。”所以，凡有客人来到我家，我和继母李德全商定请他捐多少，然后就去募捐。客人中间，不乏司令、军长、师长等人，他们是捐得起钱的。不久，

> 家里常来的客人都捐过了，他们再来，不能再向他们募捐。父亲又替我筹划，他说，有一些熟识的人，可以打电话去请他们捐款。我照这个方法办，又募得不少钱。我为儿童保育事业募款，是在父亲大力支持下完成的。

1938 年 8 月底，日机大轰炸，一颗炸弹落在了福音堂院墙外面。事后不久，设在上海的日方电台广播宣称冯玉祥全家被炸死。而实际上，当时冯玉祥与家人正躲在院墙内的防空洞里，侥幸逃过一劫。

飞机刚走，冯玉祥马上把家搬到相对安全的东湖边的六合村。冯玉祥说："这次日本飞机没炸着我，以后也别想炸着我。"此后再遇着警报，冯玉祥不是坐车外出，就是坐小船在东湖湖面各处转悠。9 月 5 日，冯玉祥为女儿冯弗伐和女婿谷云明在武昌东湖六合村举办了简朴的婚礼，应邀参加婚礼的有老舍、吴组缃、赖亚力、王倬如和画家华君武等许多嘉宾。但不论是谁送了礼，冯玉祥都把礼品卖了，买救国公债，再把公债券送还给人家。

当年 10 月，蒋介石在武昌召开了一次最高国防会议，会后只剩下几个人时，汪精卫问冯玉祥："什么叫抗战到底？"冯玉祥答："收复失地，不但东北四省（按：时指奉天、吉林、黑龙江、热河），连台湾、琉球各省都要收回，打到倭寇投降，这就叫抗战到底。"说完他故意反过来问汪精卫："你是不是不喜欢这个样子？"汪精卫又惊又恼，青筋暴跳，转过脸来对冯玉祥说："焕章（冯玉祥的字）先生不是做梦么？"冯玉祥毫不客气地回敬道："做梦，各人也不一样：有人做梦当主人，有人却做梦当奴才！"面对面地将汪精卫骂了一顿。

冯玉祥及家人直到 1938 年 10 月底武汉沦陷前夕，才离开东湖六合村前往重庆。

2007 年 1 月 11 日，有施工单位对冯玉祥旧居进行拆除，武汉市著名民间学者刘谦定大声疾呼："这么宝贵的历史遗留建筑，应该纳入保护范围之内！"

闻讯赶到的众多媒体，报道了这一事件，引起武汉市市长李宪生的高度重视，专门召集市区相关部门负责人召开紧急会议，协商此事。武昌区政府工作人员驻守现场，严防施工机械进入。次日一大早，武汉市政府副秘书长王立，就率众部门负责人查看现场，叫停拆房行为，督促撤走施工人员。终于，在武汉文保专家、热心媒体、市领导及相关部门工作人员的努力之下，饱经沧桑的冯玉祥旧居得以保留。

六、刘家麒故居

抗日英雄刘家麒的故居，位于武昌得胜桥148号，是江夏民居风格的一座单层砖木结构的晚清宅院，坐东朝西，三进院落结构，粉壁黛瓦石门框，大门临街，进大门为甬道，二门内依次是天井、正厅、后厅以及后院，沿中轴线两边还配有厢房。

刘家麒（1894—1937年），1894年4月2日出生于武昌县华林仁济医院的隔壁，自幼父母双亡，由祖父和大伯抚养成人。刘家麒出身书香门第，自幼聪颖好学，11岁时进入武昌县华林一所私塾读书，后又考入位于粮道街的勺庭中学。读书期间，刘家麒阅读了文学社和共进会等组织编印的革命期刊，具有了初步的革命思想，于是在武昌首义爆发后，不顾祖父、大伯的劝阻，毅然加入学生军，开始其从军革命生涯。

1912年民国成立后，学生军解散，刘家麒被政府安排到湖北陆军小学接受军事教育，两年后升入武昌陆军第二预备学校，又过了两年，考入保定军校第六期步兵科。在校期间，刘家麒与同学郝梦龄结为好友，二人在日后的军旅生涯中一直共同进退，直至1937年11月16日在山西忻口会战的反击作战中同时中弹殉国。

刘家麒 30 岁那年，与在省城武昌读书的进步学生严希曜在得胜桥的这所房子里完婚，这所房子是刘家麒出钱托他堂兄代买的一座晚清老宅院。当时严希曜还从宜昌老家带来一个 7 岁的陪嫁丫环——周继珍。后来严希曜只生了一个患有肺病的痴呆男孩儿就再没生养，一直对丈夫心怀愧疚，于是在周继珍成年后，她要求刘家麒将其收为填房以延续香火。起初，思想进步的刘家麒很不赞同，无奈严希曜以死相逼，刘家麒只得同意。次年，周继珍生下一女——刘世瑞。

又过了一年，“七七事变”爆发，此时仍在南京陆军大学学习的刘家麒主动请缨，9 月即被准许提前毕业，升任第九军第五十四师少将师长，率部从贵阳出发，日夜兼程，北上抗日，当时的第九军军长正是他的生死之交——郝梦龄。

9 月 15 日，部队途经武汉，两人都抽空与家人道别。郝梦龄对儿女们说：“我爱你们，但我更爱我们的国家。现在敌人天天在屠杀我们的同胞，大家都应该去杀敌人。如果国家亡了，你们也没有好日子过了。”孩子们懂事地点点头。他又把一个封好的信封交给大女儿慧英，让她三天后读给母亲听。15 岁的慧英还不能完全理解父亲的心情，当场就要拆开，信在争抢中撕碎了，纸片洒落一地，慧英好像意识到了什么，没再说话。在父亲离家后，她把碎纸片拼在一起，发现留下的竟是父亲的遗嘱：“此次北上抗日，抱定牺牲。万一阵亡，你们要听母亲的教诲，孝顺汝祖母老大人。至于你等上学，我是没有钱。将来国家战胜，你等可进遗族学校。留于慧英、慧兰、荫槐、荫楠、荫森五儿。”

刘家麒只回家和严、周二人相聚了大约两个小时。周继珍下了碗面给他吃，他只吃了几口，一边安慰严希曜和周继珍，一边亲吻抚摸他的儿子和女儿。他对周继珍说："夫人身体不好，孩子们又小，往后家里的事还要请你多多辛苦。"他匆忙道别出门后，严、周二人大哭了一场，可怜从此一别，竟至永诀。

1937 年 10 月 16 日拂晓，亲临前线的郝梦龄、刘家麒两位将领，以及独立第五旅旅长郑廷珍等遭遇日军的枪林弹雨，同时牺牲。三位将领奋勇杀敌、以身殉国的英雄事迹受到全国人民的称誉，当时流传这样一句话，"西战场上三英雄。精忠报国郝、刘、郑"。同年 10 月 24 日，郝梦龄、刘家麒的灵柩运抵汉口火车站，武汉人民素车白马，4000 余人恭迎忠骨。11 月 15 日上午 8 时，武汉各界人士数千人聚集在武汉市汉口总商会大礼堂，隆重追悼抗日英雄郝梦龄、刘家麒两位抗日将领，赐以国葬公祀，称刘家麒等"挺身杀敌，誓雪国耻"。在刘家麒的追悼会上，严希曜读了自己撰写的《祭祷亡夫》。随后，二位抗日将领的忠骨被葬于武昌洪山卓刀泉伏虎山。12 月 6 日，国民政府明令褒扬刘家麒师长，追赠他为陆军中将。翌年 3 月 12 日，中共中央在延安举行追悼抗敌阵亡将士大会，会上毛泽东主席给了刘家麒等抗日阵亡将士以很高的评价，毛主席用他那极富特色的湖南口音，满怀深情地说道："这些抗日阵亡将领，无不给了全中国人以崇高伟大的模范。"

抗日战争胜利后，人们为了缅怀刘家麒的业绩，特意从过去的日本租界中选了一条路（名"新小路"），以刘家麒的名字命名，可惜小路今已不存。值得庆幸的是，近年来，为了铭记这位抗日名将，在汉口武汉天地壹方购物中心又命名了一条新的"刘家麒路"。

1938 年初，办完丧事的刘家麒家人回到了宜昌老家，不久严希曜及其子相继故去。抗战胜利后，周继珍带着女儿回到武昌得胜桥旧居，直至 2004 年去世。

刘家麒故居现为公房，由武昌区房管局管理，分租给十余户居民居住。1999 年，由于火灾，老宅院大部被烧毁，仅大门、甬道、二门及部分轩廊斗拱得以保存。后在被烧毁的空地上新建了平房，其中有一间仍为刘家麒外孙女钱拥军一家居住。

2016 年 1 月 27 日上午，王汗吾、向虎雏、胡全志及刘家麒侄孙刘兆铭等十余位武汉文史专家踏访刘家麒故居，呼吁将其列入文物保护单位。刘家麒是抗战期间牺牲的级别最高的武汉籍将领，历史价值突出，其故居值得保护。

七、翁守谦故居

翁守谦故居位于武昌区昙华林 65 号，建于光绪二十一年（1895 年）前后，原是湖广总督府官员萧功庭的宅院，1912 年，转入曾在北洋水师任职的翁守谦名下。

图 5-3　翁守谦故居（大门）

该建筑原为西式的二层砖木洋房，石库大门，斜坡大屋顶，连续券廊，中国传统民居院落式布局。建筑的细部、柱头、线条及外廊等均采用欧式建筑手法。麻石台阶，底层入口为两个高大半圆形拱门，二层为四个半圆形拱窗，一、二层门窗之间有壁柱贯通划分，正立面素雅简朴。

翁守谦是福建人，家底殷实，一家子弟十二人先后考入福州船政学堂，毕业后进入北洋福建水师。中日甲午海战兵败，翁氏兄弟十二人除翁守谦外尽皆战死，几乎灭门，至今威海北洋水师忠烈祠还立有“超勇”号大副翁守瑜的牌位。翁守谦因此心灰意冷，一心向佛。朝廷得知后极为震惊，随即将翁家仅存的翁守谦接来京师封赏任职。辛亥革命后的 1912 年，翁守谦既不习惯北方的气候，也不忍心再回福建老家，于是举家迁来武昌，购置三义村、昙华林两处房屋定居。今仅存此昙华林一处房产，现为萧兰刺绣馆，原有结构及形式均有较大改变。

八、晏道刚公馆旧址

晏道刚公馆位于武昌区高家巷 17 号，建于 1925 年。该建筑为西式二层（局部三层）青砖小楼，二楼辟有走廊，建筑风格较为简洁，是 20 世纪 20 年代较为典型的公馆建筑。

晏道刚（1889—1973 年）是湖北汉川人，光绪三十三年（1907 年）就读于武昌陆军第三中学堂，后参加武昌起义和北伐战争，1933 年升任国民政府军事委员会委员长侍从室主任，成为蒋介石的“大内总管”。1936 年 2 月，晏道刚受蒋介石委派，出任西北“剿匪”总司令部参谋长，前往西安监视张学良、杨虎城以及红军的一举一动，曾经目睹西安事变的全过程，事后被蒋介石以渎职罪关了八个月，幸得何应钦等人的保举才得以重获自由，但不再受到重用。

经此磨难，晏道刚的思想转变，曾与李济深、孙科等人秘密组织“三民主义同志联合会”（民革前身），主张反蒋倒蒋，后因孙科反水而失败。1945年8月被勒令退役。1946年10月回到武昌昙华林的公馆闲居，次年被受命为民革驻武汉特派员。从1948年底开始，积极参加解放武汉的一系列准备工作，动员其时任国民政府武汉市市长的侄子晏勋甫弃暗投明，保住了即将南调的火车头，维护了武汉“真空”时期的治安，保护了水厂、电厂、码头、企业和人民的安全。新中国成立后，晏道刚任民革湖北省委常委、湖北省政府参事室参事、湖北省政协委员等职。

晏道刚公馆现状保存较好，原大门和卫兵室都得以保存。一半为居民住宅，一半被辟为高家巷幼儿园。

九、蔡广济旧宅

蔡广济旧宅位于武昌区戈甲营94号，建于1930年，原是民国武昌地方警察局局长蔡广济的住宅。“戈甲营”之得名，因其原为明清制造和储存兵器的厂房和仓库。

旧宅平面对称布局，建筑风格中西合璧，砖木结构。屋顶为人字坡（硬山）仿西式屋面，前屋上方有小老虎窗，底部为高台基，透空地下层，面阔三间，进深二间，有门廊、踏步、百叶窗，顶有阁楼。门廊、踏步、百叶窗、门窗和墙角处的包边处理手法呈现出西式韵味。该建筑至今仍保持最初结构，产权仍归蔡家后人，内设专营私房菜的“雅膳养生坊”。

十、汪泽旧宅

汪泽旧宅位于武昌区太平试馆4号，建于清末民初，原为国民党第九十七军副军长汪泽的住宅。旧宅属江南民居式住宅建筑，为砖木结构二层宅第，面阔三间，进深三间。石库大门，上部有山花式门楣，背面有“福”字方匾，天井上方为三面环绕雕花栏杆，靠前为雕花屏风。建筑中心为厅堂，通高两层，房间环绕厅堂布置。整栋建筑现状保存较好，曾为汪泽之子汪明言的私宅，一楼厅堂开了一间台球室，供附近年轻人玩耍。2013 年汪家后人将此房产转让给武昌区房产公司，现已修缮，开设“大武汉昙华林创意工作室”。

汪泽（1903—1984 年）是湖北应城人，22 岁考入黄埔军校，在校加入国民党。1949 年 12 月初，因第九十七军军长蒋端翊弃军去台，汪泽以副军长的名义执掌全军，与解放军周旋。当月 14 日，第九十七军被解放军缴械，汪泽被俘，经过改造后放归原籍务农，1982 年被特邀为政协应城县第一届委员会常务委员。

十一、大商人徐氏私宅

大商人徐氏私宅位于武昌区崇福山街 9 号，建于 1936 年，是 20 世纪 30 年代武昌中产阶级私人住宅的典型代表。该建筑为中西合璧的二层砖木洋房，两坡硬山式屋面，顶带阁楼。建筑主体采用对称的侧工字形平面，平面为马蹄形，有过街楼式门厅，有院落。底部高台基，透空地层，立面装饰的线条花饰相当精美。

它的主人是纺织大王徐荣廷的侄子徐松滋，是当时武汉有名的金融实业家。新中国成立后由省人民银行接管，1985 年划归省工商银行，现为省工商银行职工宿舍和公司住宅楼。

十二、陶铸楼

在梅岭一号东侧，有一幢青砖灰墙的别墅式二层小楼。新中国成立之初，无产阶级革命家陶铸曾在此居住、办公，故人称“陶铸楼”。

陶铸（1908—1969 年）是湖南祁阳人，在他十岁那年，父亲因支持孙中山领导的护法运动而惨遭北洋军阀杀害，陶铸一家的生活濒临绝境，他不得不中途辍学，以砍柴火、当脚力勉强维持生计。艰苦的生活磨炼了他坚强的意志，也埋下了他对反动军阀的深仇大恨。1926年6月，陶铸被保送进黄埔军校，不久后即加入中国共产党。1927年，他连续参与了南昌起义和广州起义。

1933年4月，陶铸被中共中央局调往上海，同年5月即遭叛徒出卖，不幸被捕。直到全面抗日战争爆发后，国共两党再次合作，经周恩来、叶剑英的多方交涉，陶铸才在1937年9月26日被营救出狱，随后被派往武汉工作。陶铸到武汉后，坚决贯彻执行党的抗日民族统一战线方针，团结国民党上层爱国人士，大力发展抗日力量，壮大党组织，著名的汤池训练营就是由他负责领导的。武汉沦陷后，他奉命留在敌后，指挥抗日武装在鄂中开展敌后游击战，直至1940年初奔赴延安。在此期间，陶铸创建了鄂中抗日游击根据地，树起了新四军的抗日旗帜。

1949年5月，陶铸再度来到武汉，担任武汉军管会副主任，协助主任谭政解决了恢复城市交通、稳定物价和恢复经济秩序等问题。1950年12月，东湖公园改称东湖风景区，再度来汉的中南军区政治部主任陶铸同志，被委任为东湖建设委员会主任。于是陶铸入住这座东湖之滨的二层小楼，为东湖的规划和建设贡献了他的聪明才智。直至1951年12月，刚从广西剿匪前线返回武汉的陶铸，被毛泽东同志派往广东，他才依依惜别了这座大气沉稳的湖滨小楼。

历经数十载风风雨雨，在陶铸楼旁边曾修建的湖滨客舍，现已改建为“东湖会”高档会所，如今的陶铸楼被作为餐厅使用，会所只在内部做了装修，楼体外观并未有大的改变。

第六章　工业建筑

一、武昌第一纱厂办公楼旧址

武昌第一纱厂办公楼旧址位于积玉桥街临江大道76号，是一座建于1916年的钟楼，由景明洋行设计，汉协盛营造厂及永茂隆营造厂承建。大楼为三层砖混结构哥特式建筑，正面有两层外廊，立有古典爱奥尼克柱，中部入口略凸出并上加两层塔式钟楼，以增其势，整体外观造型既严谨对称、布局规范，又富于形体变化。

该建筑原为武昌第一纱厂办公楼，1999年，武汉第六棉纺厂（原第一纱厂，1970年改此名）破产倒闭，纱厂旧址被武建集团买下，改建为“蓝湾俊园”豪华住宅小区，而这座办公楼则得以作为历史建筑完好保存，并在师开彦先生的设计下，变身为小区办公楼，与小区和谐共处，而且在林立高楼的映衬下，这座百年钟楼不但没有失去当年的高贵气质，反而还更加凸显它的历史风韵，成为武昌江滩的地标之一。

武昌第一纱厂全称为“商办汉口第一纺织股份有限公司”，有人简称“汉口一纱厂”，但由于厂址在武昌，故也有人称“武昌一纱厂”。之所以要叫第一纱厂，是因为当时几位筹建人的志向很大，打算这个纱厂办成后继续开办第二、第三以至更多纱厂。武昌第一纱厂于1915年由民国工商业巨子李紫云带头筹建，是武汉首家由民族资产阶级创办的

图 6-1　武昌第一纱厂钟楼（刘建林摄）

纺织工厂，也是当时武汉最大的民族资本纺织企业。但除起步阶段发展顺利外，此后受到帝国主义压榨和战乱时局的影响，一直惨淡经营，可谓民国时期中国民族企业发展历程的缩影。

第一纱厂的创办人李紫云(1867—1927年)，名凌，字紫云，与“纺织大王”徐荣廷同为武昌县人，当时江夏地方流传一个顺口溜：“东乡有个李紫云，南乡有个徐荣廷。”但不同于徐荣廷的小商人出身，李紫云少年时家庭生活十分困难，没有受过正规的私塾教育，识字不多，身无一技，年龄稍长，只得到汉口集稼嘴一带挑水为生。当时汉口挑水的人很多，大街小巷总是湿漉漉的，行人颇为不便。李紫云在闲暇时，经常清扫积水以方便行人，时间长了，便在集稼嘴商民中积攒了很好的口碑。

李紫云长年为一户开烟馆的浙江老夫妻送水，老夫妻无儿无女，李紫云便经常到他们家劈柴生火，打扫店铺。老夫妻为表谢意，常想多给水钱，但李紫云从不接受。老夫妻看中李紫云的勤劳质朴，将他视为家人，经常让他帮忙跑街办货，而精明强干的李紫云也总让老夫妻满意放心。有一天，夫妻俩将李紫云叫到身边说：“我们夫妻年龄大了，想回浙江老家看看，这里的生意我托你代为管理，你也不必挑水了，就住到店里来。家里有一些存货，你也熟知进货行情，现钱我就不留给你了。”李紫云也没多想，当即应承下来。在李紫云的打理下，烟馆生意十分红火，但几年过去既不见老夫妻回来，又无书信往来，李紫云这才明白是老夫妻感谢他的多年照顾，想将烟馆相送却担心自己坚辞不受，这才用了此策。

几年烟馆经营下来，李紫云发现了烟土的巨大利润，于是开办了一家“福康隆”烟土店，继而兼营匹头棉纱。此后几年，凭借自己的精心运营，得益于烟土价格的逐年上扬，李紫云的事业越做越大，生意逐渐扩大到了上海、长沙等地，他 30 岁出头就坐拥百万资产，成为汉口富商。随着李紫云商业帝国的日渐壮大，宣统三年（1911 年），他终于登上了相当于汉口商会会长的宝座，成为汉口商界领袖。当年秋，武昌首义猝然爆发。李紫云和徐荣廷一道，将几十担馒头和酒肉送至起义军营地，犒劳革命军，并赠予 10 万银元以资军用，在后来的阳夏保卫战中，李紫云也组织商团为革命民军送水送饭、运送伤员。通过这一系列“为富且仁”的举措，李紫云的声望日隆，黎元洪都督还亲笔书写一副对联相赠：“财力雄厚，协助共和；理事明通，赞同起义。”

民国成立后，李紫云继续出任改组后的汉口总商会经理。但由于民国初年明令禁烟，李紫云的烟土生意经营惨淡，而此时他的同乡徐荣廷则通过承租湖北四局而大发其财。李紫云想：徐荣廷虽然活动力强，但充其量只是给人打工，财力及身份地位远不如自己，现如今他却利用和黎元洪的关系，摇身一变成为楚兴公司的实际控制者，俨然与自己平起平坐了，很是有些眼热，想到自己身为汉口总商会经理，何不拉人入伙，筹资也开个纱厂呢？加之徐荣廷在困难之时，曾向李紫云借过 5 万两白银，并将其作为楚兴公司的股金。徐荣廷在经营湖北四局获利后即分与李紫云 30 万两白银的红利，这更是坚定了李紫云办纱厂的决心。从此以后，李紫云从一个烟土商人，转身变为武汉实业巨头、中南地区首屈一指的大纱厂的创始人。

下定决心之后，1914 年春，李紫云找来商会的程栋臣、程佛澜、毛树棠等棉纺巨商和刘季五、彭玉田、陈蔚南、陈青峰等烟土巨商共商大计，达成了以入股集资方式创办纱厂的共识，并公推李紫云为筹备负责人。至 1915 年，所需资金终于筹集完毕，共计白银 212 万两，折合银元约 300 万元，其中李紫云以 50 万元的最高入股金额，成功当选董事长兼总经理。

当时的李紫云面临三项工作：第一，兴建厂房；第二，采购机器设备；第三，聘用技术人员。

首要任务是兴建厂房，必须要选好厂址。关于厂址的选择，众股东议论不休，有要建在汉阳的，有要建在汉口的，一时不能定下来。李紫云经调查之后力排众议，建厂于武昌武胜门北的江岸，就是曾家巷一带。

因为办纱厂必须要有一个好码头，才便于原料和产品的进出。当时汉口沿江一带，所有土地，都已被工商业和洋行等机构占据，要想插足其间很困难。汉阳虽有空地，但位置过于偏僻。而武昌武胜门北的江岸，不但靠近长江，运输便利，取水方便，而且地价比汉口低了不少。此外，那块地方还比较开阔，很适合营建厂房群，张之洞主政湖北时，那块土地就曾被奥地利的买办盘了下来，准备筹建水厂，但辛亥革命后，由于武昌不许外国人开辟租界，那片土地就被搁置了。并且当时的另一纺织巨头徐荣廷也极力推荐李紫云在武昌沿江一带办厂。首先，因为徐荣廷当时是武昌商会的负责人，大纱厂办在武昌，可以提高徐荣廷的声誉；其次，徐荣廷在曾家巷的四马路开办了一家“楚义”大煤栈，在武昌开纱厂，少不了从他的煤栈进煤；最后也是最能打动李紫云的一点，就是武昌沿江的曾家巷一带穷苦群众多，有充足的廉价劳动力。

在有了比较确定的想法之后，李紫云带人到曾家巷一带查勘，请来的风水师大赞这里风水好，正对汉水入江口，建厂后一定能生意兴隆，这更是坚定了李紫云在此办厂的决心，很快就通过徐荣廷的把弟——湖北督军王占元，与买办展开交涉，最终收购了买办的全部土地。此后又以招收拆迁各家适龄的姑娘、媳妇造册入厂做工为条件，顺利征收了曾家巷一带的平民房产。

值得一提的是，作为旧时代的人物，李紫云十分迷信风水学说，除厂址选择外，他在建办公楼时，也请风水师前来看过，风水师说："这楼不能正对长江，正对不敛财，财随江水抹门而过。必须斜对大江，门正对汉水之口，应财源滚滚而来。"李紫云马上吩咐照做，于是才有了这座斜对长江的钟楼。另外，第一纱厂的西大门正对汉水入江口，也寓有生意兴隆通四海，财源茂盛达三江之意；布厂的门前雕有大树栖凤凰，遥对武昌凤凰山；职工办公楼前的花园内，建有水池，立有石狮，狮口日夜喷水，长流不息，都有吉祥的含意。这些建筑特色都体现出了李紫云对风水学说的推崇。

李紫云在迷信风水的同时，也对欧洲中世纪的建筑风格十分青睐，于是将作为中轴线的董事会钟楼的建筑风格选定为"哥特式"。不过在钟楼的建设当中，精明的李紫云则主要采用本土建材。主要的建材砖是洪湖新堤"吴兴合"砖厂的红砖，木料是由湖南常德放排到鹦鹉洲的原木，钢筋用材即汉阳铁厂所产。厅柱、护栏及边角装饰用材，按图纸上的设计要求，均要使用湖南麻阳的花岗石。仅此一项的开销就不菲，加上雕琢、运输，将极大抬高造价。李紫云脑子一转，旋即改变方案，设计不变，采用在当时称"洋灰"的士敏土（水泥）浇铸制模。这样一来，既节约了工时，又缩减了大量开支，并且还完全保留了欧洲风格。整个建筑结构严谨，布局规范，在武汉实业家的厂房中可谓是独树一帜的。特别是三楼塔式顶上安装的英国自动报时钟，既能让工人准时上工，也成为当地百姓生活中不可缺少的计时工具。1916 年大楼建成，一纱厂的北厂竣工（南厂因资金不足而暂缓），厂房建筑设施全部按英国模式建设，当时身在北京的黎大总统还托人送来一块"发家致富"的金漆匾额作贺，这块匾一直被挂在钟楼的大厅里，直到沦陷时期才被毁掉。

在兴建厂房的同时，采购机器设备的工作也在进行。当时世界上纺织业最发达的国家是英国，它制造的纺织机械很负盛名，张之洞兴办的纱麻丝布四局，其主要机械也是向英国购买的，所以第一纱厂所需机器设备，也决定向英国购买。但各股东对纺织机械的知识都很欠缺，于是就委托汉口英商安利洋行代为订购。照一般情况而言，机器最多在两年之内即可运到武昌并安装完毕，第一纱厂最迟也可于 1917 年开工生产。但由于第一纱厂将机械的采购、运输全权交给了英商代理，自己毫无主动权，结果上了很大的当。英商代购的机器，本于 1916 年春就运到了上海，但当时正值一战，从欧洲进口物品运输不便，上海纺织机器的现货价格飞涨，英商贪图高利，竟然背着第一纱厂将机器全部转售给了上海的另一家纱厂，致使第一纱厂所订购的机械推迟至 1919 年 8 月才运到武昌安装。彼时一战已经结束，欧洲资本即将反扑，第一纱厂由于英商的背信弃义，遗憾地在我国发展纺织业的黄金时代中，失去了两年宝贵的时间。

当时第一纱厂遇到的另外一个困难，就是缺少能够进行操作的技术工人。为了解决这一问题，李紫云专门派徐凤传到上海去招募技术工人，而在上海招募的技术工人，又都要求带家属同来。李紫云权衡再三，答应了他们的要求，于是工厂在最初几年里，从上海招募的技术工人及家属有数百名之多。此外，李紫云还高薪招来一批湖北织布局的熟练技工，并在全省各县及武昌城内以“宁缺毋滥”的原则招聘织工，从而确保了第一纱厂所出纱布的上乘质量，产品深受人们的喜爱。

在万事俱备之后，第一纱厂终于在 1919 年冬开工了。好在当时各帝国主义国家仍忙于国内的经济恢复，所以工厂开工后原料的采购，产品的推销，尚未受到严酷的竞争，起初两年获利颇丰，共计赢利白银 130 万两，折合银元 180 万元。当时股东都取红利，李紫云却将自己应得的部分转为股金，用于扩建南厂厂房，补充机器设备，提高工人待遇。

纱厂以女工为主，女工生小孩是常事。李紫云特别吩咐，每个女工生小孩一定要庶务科发给三尺红布以作祝贺，月子歇工可换人顶替。这一措施感动了不少工人，众人交口称赞。这一成例一直延续至新中国成立后。后来以钱记入工资，俗称“红布钱”。

在李紫云的苦心经营之下，至 1922 年初，第一纱厂的北厂、南厂和布厂，共拥有纱锭 8.8 万锭，布机 1200 台，可日产棉纱 160 包，十二锭细布 2000 余匹，成为华中第一纱厂。这也是李紫云主持第一纱厂的黄金时期。

股东们看到了办纱厂的巨大利润之后，开始了盲目扩张。而别有用心的英商安利洋行也利用了李紫云等人缺乏纺织知识、谋利心切的弱点，怂恿第一纱厂向自己贷款。李紫云等人再次落入陷阱，向安利洋行贷款白银 200 万两，将第一纱厂的所有固定资产作为抵押，并再次委托该洋行向英国阿萨里斯公司订购纱锭、布机等设备，作为开设第一纱厂南厂之用。这一次，安利洋行竟然把美国制造的撒克洛维尔牌布机冒充为英国织布机卖给第一纱厂，这批布机质量低劣，生产出来的产品根本不合格，李紫云发现上当后，向安利洋行进行交涉，不料安利洋行反咬一口，诬蔑工厂未按规定时限提出问题。结果，这批布机被搁置在仓库里，成了一堆废铁，还占用了仓库的面积，安利洋行的贷款也无从偿还。

扩建后的第一纱厂虽然是武汉的最大纱厂，但由于产品滞销，质量较上海差，有时仓库堆存棉纱竟达 1 万件之多，价格跌落，资金周转不开，负债日重。加之原料收购、产品推销受到帝国主义企业的竞争，同时还受到当时政府的盘剥，往往需要通过向银行、钱庄寻求信用贷款，甚至用短期贷款的方式偿还英商安利洋行的利息。另外，纱厂内部不合理的管、卡、压制度也有害生产。所以至 1924 年初，工厂累计亏损已超过 1000 万元。李紫云虽勉力维持，暂免倒闭，但股东中已有人借机谋夺李紫云的位置，趁机在外大肆活动，散布流言蜚语，煽动人们对李紫云的不满情绪，李紫云听闻后心灰意冷，愤而辞职。此后他很少过问第一纱厂的事务，1927 年忧愤而死。

李紫云离开第一纱厂后，由毛树棠继任，处境仍旧艰难，当年 6 月即停工，8 月安利洋行将第一纱厂固定资本予以抵押。第一纱厂被迫与沙逊、安利洋行和浙江兴业银行签订了二次押款合同才得以复工，但次年 7 月即因棉贵纱贱而再度停工。随即，安利洋行将厂内的现货尽量提走，还趁机掠取代管金及延期偿付利息 1430 余两白银。1928 年 4 月 17 日，第一纱厂正式由安利洋行接办，英商代理人宋立峰任总经理，此后经营依旧毫无起色，反被安利洋行层层盘剥。1935 年，兴业银行及安利洋行先后退出借款，停止供给资金，第一纱厂于当年 6 月 22 日第三次停工。从 1924 年初至 1935 年的十多年间，第一纱厂又累计亏损了 1000 余万元。不过，在此期间，货币不断贬值而纱厂的机器设备等却在不断升值，因此纱厂中途虽有停工，但却并未面临破产的地步。

1936 年，眼见直接经营第一纱厂无利可图，安利洋行串通第一纱厂董事长周星堂，提出“化债为股”，即将向第一纱厂贷款的本息约 300 万两白银转为工厂股金，并要求有 40% 的股权。如果这一要求付诸实施，那么安利洋行就会成为第一纱厂最大的股东，可以左右工厂的一切。这一提议最终遭到了绝大多数股东的反对，未能实现。

无奈之下，1936 年 9 月 26 日，安利洋行只得以债权人的身份把工厂转租给了复兴公司经营，租期 5 年。复兴公司是由当时的汉口商会会长黄文植、商界名人贺衡夫等组建。复兴公司派出著名纺织专家朱仙舫担任第一纱厂的总经理及厂长，在朱仙舫的整顿下，以及次年全国性抵制日货运动的激励下，第一纱厂很快扭亏为盈，开工不到两年就获利

500余万元，其中40%被安利洋行抽走。

然而好景不长，1938年秋，日军溯江西犯。国民政府命武汉各工厂西迁，以免资敌。安利洋行以第一纱厂已经抵押给自己，属英商企业，故未执行西迁命令。10月25日武汉沦陷，第一纱厂很多工人逃散，加之工厂棉花来源枯竭，只得停产，复兴公司的承租也就在无形之中解体了。因为当时日英尚未断交，安利洋行为了避免日军骚扰，在工厂大门口悬挂了英国国旗以及“英商安利洋行财产”的牌子。此后，急需物资的日军曾与安利洋行联系，要求接管第一纱厂，但遭到安利洋行的拒绝。

1941年12月7日，日军偷袭美国珍珠港，随后英美两国同时对日宣战。消息传来，武汉的日军立即强占第一纱厂，改名“泰安纺织公司”，用枪逼迫工人复工。他们强迫工人日夜生产军需用品，但只付极少的工资，职工仅能维持最低限度的生活。当时，国民政府为了抗日的需要，在厂内先后安插了不少中统和军统特务，在领导纱厂职工与日军斗争的同时，也为该厂日后劳资关系的紧张埋下了伏笔。

当时工人采取一些有效手段破坏生产，如采用拨亨司（亨司是一种计量器）布司不加油等方法糊弄鬼子。拨亨司是将指针拨慢或让它倒退，看起来产量很高，其实是虚数；布司不加油，可使两个班下来就烧坏设备。日本人为此加强了巡查。有一次，一个叫渡边一晃的主管在仓库里抓住了几个睡觉的机器匠，便令人将工人绑个严实，扬言要丢到长江里去。这时极有威信的机器匠杜邦一上前对渡边一晃说：“太君，这几个是大师傅，技术顶好，若将他们丢进江中，那以后机器坏了就没办法修了。”渡边闻言不敢硬来，只得打一顿放人。

事后，工人想了一个办法对付渡边：一天，工人们抓了几只黄鼠狼关在仓库里，让它们随意折腾。渡边晚上巡查到了仓库这边，听见里面有响动，以为是工人在捣乱，便进去搜索，一阵杂乱之后，他一个人也没看见，却感觉脚边有东西飞快蹿出，并闻到一阵腥骚味，吓得大叫。杜邦一趁机跑来问："太君，你见到了什么？"渡边说："声音的有，但不见人。"杜邦一故作神秘地说："这是大仙作怪。"渡边问："什么大仙？"杜邦一说："大仙是成了精的黄鼠狼，它会放一种迷人的骚气，将人迷住，然后吸人精气，以前因此死过几个人。"渡边一听这话，鼻子嗅了几下，忙说："杜的，你有良心，我刚才闻到了骚气。"从此以后，日本主管们晚上再也不敢出来巡查了，上晚班的工人可以放心大胆地睡觉了。新中国成立后，杜邦一加入了中国共产党，担任了电务科的书记。

抗战后期，中国军队空军和美机逐渐加强了对武汉的轰炸，以打击日军。每次空袭警报时，工人便进行疏散，警报结束后，工人难以迅速集中，影响了日军军需品的生产。后来再遇空袭警报，日军便只允许工人在厂内集中掩蔽，而不准疏散出厂了，一次，美机空袭布厂，几百名工人被炸死炸伤，而工厂最终也于 1945 年 7 月因轰炸而停工，直至抗战胜利后的 1946 年 5 月才得以复工。

由于当时武汉只有这一家大型纱厂复工，而武汉又是湖北最大的原棉集中地，形成了"纱贵棉贱"的局面。第一纱厂利用这一有利形势，采取用棉纱换取原棉的作法，即棉纱只销售给出售原棉的商人，棉纱和原棉分别按照市场价格结算。当时的棉商为了优先取得棉纱，纷纷将原棉送至第一纱厂。很快，纱厂里的原棉仓库就不够用了，露天库场也堆得满满的，而棉商们仍源源不断地向第一纱厂运送原棉。这样，第一纱厂在流动资金严重匮乏的情况下，巧妙利用供需端的巨大缺口，实现了购销两旺的局面，当年即盈利约 380 亿元。这是第一纱厂建厂以来最好的时期。1947 年初，与安利洋行 20 多年来的全部欠款，也以棉纱抵清，至此，第一纱厂终于重回民族资本的怀抱。

但不想才出狼窝，又入虎穴。英商安利洋行退出后，第一纱厂决定成立新的董事会。当时许多人认为董事长的人选至关重要，他必须在政治上有较高的地位，并与湖北省、武汉市的军政要员有一定的交往，这样才能减少工厂在经营中的阻力，并为工厂创造有利条件。最终竟然在1947年5月由素有“湖北王”之称的何成浚担任董事长。何成浚随即对工厂和董事会的上层人士进行了大幅度调整，任命李荐存（李紫云的三儿子）、程佛澜为常务董事，程子菊为总经理。此外，他还安插了一些新的工作人员，与此前余留的一批中统和军统特务勾结在一起，对工人实施更严密的管控。从此第一纱厂成为官僚、政客与资本家相互勾结的典型企业。

新的董事会加紧了对工人的盘剥，加上在解放战争时期，国民党统治区的财政、金融体系面临崩溃，通货膨胀相当严重，导致物价飞涨，特别是大米一天一个价，往往到手的工钱也买不到米，工人们苦不堪言。这时中共地下党已进入了第一纱厂领导工人运动，其领导人叫胡伯琴，宁波人，他在第一纱厂组织了宁波同乡会作外围组织，并成立了一个“经纬”篮球队，这些血气方刚的小伙子，一时成了第一纱厂的工人核心力量。

1948年8月，工人们见上半年的奖金迟迟不发，要求工厂兑现承诺，但遭到何成浚等人的拒绝，第一纱厂工会向武昌市政府社会科发的呈文也没起作用，反倒是以何成浚为代表的资方，向武昌市长发出的有关依据“戡乱”，对第一纱厂工人重新登记和清除遗留“不良分子”的电文，得到了武昌市政府的支持。此后，第一纱厂工会总干事陈九九果然被以煽动工人闹事为由，撤销了第一纱厂工人的资格。工人们群情激愤，于是胡伯琴等人决定用这个时机搞一次“摇班”（罢工）游行，对当局进行一次示威，也激发一下工人的斗志。

工友们秘密约定在细纱车间，由傅桂珍（地下党外围组织人）甩纱管为信号，全部人员关车冲向厂外。仅一会儿功夫，南北两厂工人齐奔东门。这时，厂警吕永福猛吹警笛；工头周三毛大打出手，将清花工人瞿贤佬门牙打掉，鲜血满面。这一来，“经纬”篮球队的青年人上前说话了：“凭什么打女工？”随即趁乱打开厂门，女工们一拥而出。早已有人在一马路杂货店买了成捆的香杆，每人发一支，浩浩荡荡上街游行，不时有人喊一些口号，一直拥向司门口武昌市政府门前席地而坐，将香燃起，很快就烟雾缭绕。罢工一个星期后，何成浚等人被迫同意了工人的全部要求。在这次罢工风潮中，警长吕永福奉命镇压，被工人打落门牙后，仓皇逃走了。从此以后，第一纱厂的工人运动轰轰烈烈地开展了起来，沉重打击了以何成浚为首的资方的嚣张气焰。

1948 年秋冬之际，国民政府时局紧张，南京政府纺管会决定不按之前与第一纱厂的约定时间，当即把之前命令第一纱厂生产的 2000 多件外棉棉纱的提单提取现货，于是通过华中“剿总”经济处到工厂提纱。但该批提单均系细纱，而工厂当时生产的棉纱均系粗纱。于是，他们又通过武汉纱厂联合会，临时评定细纱与粗纱之间的兑换率，把原有的细纱提单换成粗纱提单后把现货取走。这完全打乱了第一纱厂正常的产销秩序，使许多一般持粗纱提单的中小商人无从兑纱，工厂濒临破产，而第一纱厂也因此引起退款、资金短缺、进料困难等一系列连锁反应，最终迫使工厂停工，也导致了武汉棉纱市场的大混乱，成为震惊一时的“武汉棉纱大骗案”。

新中国成立后，武昌第一纱厂于 1951 年实行公私合营，并于 1970 年易名为武汉市第六棉纺厂，简称“国棉六厂”，职工一度超过 5 万人。如今办公大楼作为历史建筑得以保留。

二、武重老厂门

武汉重型机床厂旧址位于武昌区中北路中段，东邻沙湖，背靠东湖风景区。作为我国156项重点工程之一，武汉重型机床厂是新中国第一个五年计划期间由国家投资兴建的最早的一座制造重型工作母机的专业工厂，是我国也是亚洲最大的机床制造厂家之一。武重老厂门是武汉重型机床厂工业遗产的突出代表。这处厚重的苏式大门，高约10米，长近20米，宽约6米，顶着两个厚重刚毅的朱漆楷书大字——武重，以一种淡然谦和的襟怀，静静矗立在闹市之中，这既是一座中苏友好之门，也承载了新中国初期工业建设的厚重历史记忆。

新中国成立初期，党和人民发展工业生产的需求十分强烈，而作为机械工业的基本生产设备，机床的需求十分急切。于是，在1953年5月，武汉重型机床厂的前身——“中南重型机床厂筹备处”成立，此后厂名先后改为“中南重型工具机厂筹备处”和“武汉重型工具机厂筹备处”，其间还并入了原在长沙的“中南车床厂筹备处”。1956年5月15日，厂名正式定为“武汉重型机床厂”，1962年，最终确定简称为“武重”。

1953年，在筹备处成立之后，全国大批技术人员及建设工人纷纷云集武汉，起初筹建骨干住在汉口火车站附近的车站旅社，之后被安排到位于武胜路的一幢招待所住宿，那里还兼做武重筹建之初的办公场地。那时还没有武汉长江大桥，建设者们靠渡轮往返长江两岸的工地和住宿楼。

起初武重厂址挑中了东湖，但当时武汉市政府已规划在东湖边打造文化产业。为此，武重差点落在了湖南。第二次，武重选择了青山，但那里已经在规划建设“红钢城”了。最后，筹备者们在沙湖与东湖间相中了一块地皮，名叫“答王庙”，即现在的中北路青鱼嘴片区，武重的厂区从青鱼嘴一直延展到洪山广场。

1955 年 9 月，在苏联专家的援助之下，武重在武昌答王庙地区破土动工,1956 年 4 月之后，一批批苏式厂房拔地而起，至 1958 年 6 月底，一期工程竣工，比原计划提前了一年半。1958 年 9 月 26 日通过国家验收委员会鉴定，准予全面投产，武重共完成 55 个项目，建筑面积达 25 万余平方米。

在厂房建设的同时，生产设备也陆续到位，为了将其中的大型生产设备运进厂房，当时的湖北省委机关干部带头在厂前修路。那些设备都无比金贵，如一台从前苏联引进的大型设备的价格，抵得上四川省一年的柑橘销售总值。

根据“边建厂，边试制产品”的两条腿走路方针，武重在建设厂房的同时，也拟定并执行了产品试制计划。至 1957 年底，试制任务全部顺利完成，比原计划提前了 8 个多月。武重的这一做法在全国上下颇受好评。1956 初，毛主席在武汉听了这一方面的工作汇报后，高兴地对作报告的武重厂领导史梓铭和孙毅说：“你们在工厂建成之前，就在厂外试制了新产品，这个做法很好。”

为了壮大技术人才队伍，武重在 1953 年筹建之初，就将大批年轻技术人员（前后共计 1600 多名）送往齐齐哈尔、沈阳、济南、重庆、南京、长沙等地的工厂学习技术。到 1956 年，武重更是不失时机地选派了 60 名工程技术骨干，前往苏联的几个工厂进行培训考察。1957 年一期工程陆续竣工投产期间，公派学习的技术骨干们纷纷回厂，极大加速了产品试制和机器装配进度，也令日后的机床生产如虎添翼。

建成投产后，武重被誉为“亚洲重型机床行业的明珠”，也成为展示中国机械工业水平的一个窗口，当时从东德和波兰、保加利亚等国前来参观的外宾络绎不绝。年届八旬的武重老干部鞠毓春清楚地记得，建厂伊始，最多一天接待了八批外宾，来过的外国元首不胜枚举。

从那时起直到往后的三十余年，都是武重的光辉岁月。从 3.4 米的立车、3 米的滚齿轮、1 吨的锻锤，到中国第一台重型龙门刨床、第一台 10 米超重型立车、16 米超重型数控车等，这里诞生了多项中国第一。武重先后为我国机械、能源、航天军工、交通等行业提供了万余台重型设备，并向北美、中东、东南亚、非洲等地区的二十多个国家出口产品，这些产品填补了多项亚洲空白。

这些成绩不是从天上掉下来的——那时没有奖金、没有加班工资，但武重人废寝忘食：饭菜直接拉到车间里分，累了就直接睡办公室。“三十八块八毛八，既养老婆又养伢”，这句顺口溜在武重老员工中耳熟能详。38.88 元——这是上世纪 50 年代武重二级工人的月工资，其实这在当时算是令人羡慕的工资待遇了。

在此期间，武重还诞生了一位全国闻名的劳模——机床调整工马学礼。马学礼祖籍山东，1931 年秋天，因家乡发生严重蝗灾，衣食无着，无奈之下，他父亲拖家带口地到沈阳，而马学礼就在这苦难的一年中来到了人间。他们一家在沈阳的生活也十分困苦，马学礼 11 岁就进入一家日本人办的金属工厂当小工。苦熬过抗日战争和解放战争，马学礼一家终于翻身做了主人。1950 年，马学礼就考进了沈阳机床一厂成为一名车工，一年后就提升为技工，在党的培养和工段长的具体帮助下，他的技术水平提高很快。1954 年 10 月，他光荣地加入了中国共产党。

1955 年，24 岁的马学礼从沈阳调来武重。他因业绩突出，1956 年就被选派为 60 名技术骨干之一，前往苏联深造。1957 年 7 月学成归国后，短短一年时间，他就提出革新建议近 300 项，完成数十项技术革新。1958 年 2 月，晋升为一车间重大件工部工长的马学礼，眼见工人们用麻花钻钻“滑枕”的孔，发现这2米多长、直径133毫米的“滑枕”内孔钻完后，就积下一堆堆的废钢屑，既慢又浪费材料，心中十分着急。他想起在苏联学习时曾看到苏联工人用套料刀套内孔，能够套出一根整料来，既快又省料。

于是，他三番五次前往资料室，终于找到了套料刀的图纸，在没有无缝钢管的情况下，就用废深孔钻杆作材料。就这样，他和几位车、钳、铣工们动起手来，第一次试验失败了，马学礼激励大家：“困难吓不倒共产党人，失败是成功之母。”于是，他又带领工友们继续试验，在听取了秦光汉师傅的意见后，第二次试验终于成功了，一根根2米多长的钢材被套了出来，再也不会全变成废钢屑了。套料刀制造成功以后，原来三个人干的活只要一人掌握就行，而且还可以看两台机床。一根“滑枕”的加工时间，也由原来的30多个小时，缩短到4个小时，工作效率提高了8倍到10倍，马学礼由此成为工厂技术革命的一面旗帜，工人们称赞道：“马学礼的那股冲劲叫困难给他让路。”

当年秋天，为了适应车间生产的需要，马学礼被调到中小件工部担任调整工，具体帮助工人解决生产与技术上的各种问题。这时，他发现有一台车床常常完不成加工蜗杆的任务，车工吴健民和黄志雨埋头在车床上苦干了一天，累得腰酸背痛，还干不好一个蜗杆，严重地影响了生产任务的完成。为解决这个当时连苏联“老大哥”也头疼的难题，马学礼连爱人生孩子都没时间回家看，整整七天七夜，终于从苏联加工丝杠的“内旋风铣”中得到灵感，设计制造了一台加工蜗杆的“外旋风铣”，提高工作效率12倍，随后经过进一步改进，工作效率比原来提高了14倍到16倍，马学礼由此被同行称为中国“刀具大王”。

1958年12月12日，毛泽东、朱德和林伯渠三位国家领导人视察武重，还亲切接见了马学礼。1959年，马学礼当选为全国劳模，在人民大会堂，只有四五个劳模上台受到刘少奇、朱德、周恩来等领导人接见，马学礼就是其中之一。1959年12月4日，湖北省委曾号召全省1200万名职工开展“学习马学礼”活动。1960年，湖北人民出版社出版了记述马学礼先进事迹的人物传记——《马学礼》，由著名语言学大师邢福义专门注音、释义，方便广大职工阅读学习。

马学礼同志在20世纪五六十年代，共实现技术革新近百项，其中的“内孔梢胎”被称为“马学礼胎具”，在全国推广使用。“相信群众相信党，大胆革新有胆量。见困难就上，见荣誉就让。见先进就学，见后进就帮”。根据马学礼事迹总结出的那个时代最响亮的口号，曾经传遍全国。

在20世纪80年代之前，武重一直是重型机床行业的共和国“长子”，是整个重型机床行业当之无愧的领军企业，说武重代表了当时中国重型机床的最高水平毫不为过。顶峰时期的武重，全厂员工多达3万人。但20世纪90年代，武重一度衰微，直到1999年实行“债转股”和干部竞聘上岗，企业情况才逐步好转。

在最初的设计方案中，武重厂房的使用寿命只有50年，也就是到2008年。于是从2008年底开始，武重从青鱼嘴陆续搬迁至佛祖岭，2010年5月，武重完成了整体搬迁，2011年10月25日，武重完成重组，并入中国兵器工业集团。

武重建厂时，所在的青鱼嘴一带还是一片荒地，而到武重搬迁时，青鱼嘴早已成为武昌的中心地带，所以在武重搬迁后，旧厂址迅速建起了一栋栋高楼大厦，只有那座厚重的苏式老厂门仍然矗立在一片住宅楼间，诉说着这位重型机床行业的共和国“长子”辉煌的过去。另外值得欣慰的是，武重已入选武汉市第一批工业遗产，目前留存下来的部分老厂房也将得到很好的保护。

三、武汉锅炉厂 403 车间旧址

武汉锅炉厂旧址位于武汉市武昌区东南方的钵盂山，它东邻马房山，西临晒湖，北对洪山，南濒南湖，正门面临武珞路，旧址内分布南北纵向道路三条，东西横向道路四条，形成“三纵四横”的格局，目前老厂房多已不存，只有 403 车间还矗立在原址上。

武汉锅炉厂原拟建于上海，1953 年 2 月筹备移至大冶，1954 年 7 月定址武汉，并由捷克斯洛伐克专家指导选择厂址，主要生产设备均系捷克斯洛伐克和民主德国制造。1956 年动工建设，工程建筑任务由中南建筑工程公司（后改称省建二公司）承包，次年一度暂缓工程建设，1958 年续建，1960 年 6 月 28 日先期工程告竣，1962 年二期工程基本完成，成为继上海锅炉厂、哈尔滨锅炉厂之后，由我国自行设计与建设的大型锅炉制造骨干企业。武汉锅炉厂主要从事各类锅炉、辅机、压力容器的生产、开发与销售。自 1961 年开始，武汉锅炉厂还承担国家核能工程设备制造任务，1966 年完成我国第一套石墨—水冷反应堆设备的制造，为我国生产核能设备填补了空白，大大推动了我国核战略计划的实施。改革开放之后，武汉锅炉厂的生产经营呈现腾飞之势，逐渐成为中南地区最重要的锅炉制造企业，跻身全国五大锅炉骨干企业之列。

2009 年，武汉锅炉厂整体搬迁至东湖高新技术开发区，武昌区武珞路 586 号的旧厂址则得以保存，这恰恰为旧址文化遗产功能的发挥提供了契机。武汉锅炉厂旧址处在古琴台—长江大桥—黄鹤楼—首义广场—宝通禅寺这一历史文化走廊的侧翼，从工业的历史遗存来看，武锅旧厂址属于当代工业遗产，是一系列新中国铸造的“武字头”企业的典型代表，是社会主义工业化的象征，在特定的历史背景下，几代人艰苦的创业历程在这里沉淀为真实而弥足珍贵的城市记忆。

经过改造，如今在武锅原址上，大部分老厂房已经不在，只有403车间还矗立在原址上，该车间于2012年被《武汉市工业遗产保护与利用规划》列为武汉八个三级工业建筑遗产之一，成为“武锅”悠久文化的代表，当年即被改造为403国际艺术中心。

第七章　宗教建筑

图 7-1　宝通禅寺

一、宝通禅寺

宝通禅寺，简称“宝通寺”，是武汉四大佛教丛林之一，位于洪山南麓武珞路 549 号，现存古建筑多为清末同治四年至光绪五年（1865—1879 年）重建。

宝通禅寺历史悠久，始建于南朝宋（420—479年），因当时洪山尚称“东山”，寺以山名，曰“东山寺”。唐太宗贞观四年（630年），鄂国公尉迟恭（字敬德）扩建寺庙，铸造铁佛，更名“弥陀寺”。南宋后期，蒙古大军南下，随州一带沦为主战场。为避兵乱，宋理宗嘉熙三年（1239年），京湖制置使孟珙命其部将张顺将随州大洪山的幽济禅寺(即灵峰寺)僧众及镇山之宝——灵济慈忍大师的“佛足”迁来武昌弥陀寺，扩寺安僧，并奏请改寺名为“崇宁万寿禅寺”，改东山为“洪山”。明成化二十一年（1485年），明宪宗敕“崇宁万寿禅寺”为“宝通禅寺”，寺名沿用至今。清末同治、光绪年间，宝通禅寺经历两次大修，规模已大不如前。

1911年辛亥革命期间，北洋军一度连下汉口、汉阳，武昌危在旦夕。战时总司令蒋翊武将辛亥革命军战时司令部设于宝通禅寺，一时之间宝通禅寺成为辛亥革命的军事指挥中心。寺内僧众也全然不顾自身安危，自愿参与革命军的抗清斗争，最终成功阻挡了清军过江，宝通禅寺也幸免于难。

当时尚未发迹的夏斗寅在寺内接受了整编和调遣，笃信佛教的他每有行动必先到大殿上三炷香，祈求逢凶化吉，从此，他对宝通禅寺感恩戴德。1931年，武汉遭遇严重水灾，当年8月6日，时任武汉警备司令的夏斗寅在宝通禅寺设立“千僧斋”，赈济受灾的善男信女，以求得武汉民众对自己的好感。规定凡到会者皆发给“财施”（银元1元、毛巾1条)和“法施”(《法供养》一文）。当日，佛寺山门前扎起紫色彩坊，上书“普同供养”。天井中搭起金色布棚，内外张灯结彩，整个寺院布置庄严，气氛隆重。数千佛门弟子、善男信女闻讯而来，争相受济。慈舟法师登座讲经，为信众祈福，一时间香火繁盛，热闹非凡。

次年夏天，夏斗寅官至湖北省政府主席，不久之后即协助宝通禅寺方丈问贤法师，修缮寺院，收回寺院在战乱中失去的房产，壮大寺院经济。在夏斗寅的鼎力支持下，宝通禅寺的范围达到建寺以来的最大规模：山门设在岳王台（今傅家坡附近），并在城内龙神庙（今民主路荆南街附近）设下院，作为宝通禅寺的行馆，专供进城办事的僧人食宿，当时应该是宝通禅寺的鼎盛时期，香火异常兴旺。每逢清明，寺内全体僧众一行 60 余人列队出外周游辖地，好不威风。1935 年 11 月 24 日，前总统黎元洪的国葬便是在宝通禅寺举行的超度仪式。

武汉沦陷时期，日军对宝通禅寺造成了极大的破坏：殿堂被毁，佛像被砸，连寺后的一片古松也遭到砍伐。日寇投降后，国民党的部队也常驻寺中，毁坏了许多设施，致使僧人无法正常生活。

1952 年和 1953 年，武汉市人民政府两度拨款，将宝通禅寺修缮一新。1983 年，国务院确定宝通禅寺为全国重点寺庙之一，次年，国家拨款对宝通禅寺进行了全面维修。

如今的宝通禅寺坐北朝南，占地 10 万平方米，建筑依山就势，层叠有致。朱红山门上有赵朴初居士亲笔题写的“宝通禅寺”四个金色大字。山门内有一大院落，中有放生池，池上有石桥，名“圣僧桥”，传说为明末麻城高僧无念祖师云游至此打坐修禅处。过桥后拾级而上，沿中轴线依次是天王殿、大雄宝殿、祖师殿、藏经阁、禅堂等，寺庙正院后面是法界宫，最上层为洪山宝塔。楼宇建筑斗拱飞檐，彩绘雕凿，庄严古朴。寺院周围古木参天，环境幽雅。

天王殿又称弥勒殿或接引殿，前立一对明初雕刻的大石狮子，形态生动逼真，殿左侧有一口咸丰年间的大铁钟，由武昌城内铁佛寺迁来。大雄宝殿内有一口大钟，乃当年孟珙迁灵峰寺时铸造，距今已近 800 年，铁身铜缘，形体庞大，号称“万金钟”，声音雄浑，可传数里。

法界宫建于 1924 年，是本寺方丈持松法师创建的密宗修密的殿堂。

释持松，俗姓张，湖北荆门人，民国初年毕业于上海华严大学。1919年任常熟兴福寺方丈，开办破山佛学院，成绩斐然。后赴日修习密宗，得大阿阇黎（规范师）学位。归国后，应武汉佛教徒之请，任宝通禅寺方丈。为恢复我国密宗，乃依唐密金刚部五佛曼陀那修建法界宫。原建筑已遭毁坏，仅剩一座三时塔，意即过去、现在、未来三时诸佛之塔，现已维修复原。

二、洪山宝塔

洪山宝塔位于宝通禅寺后的山坡之上，始建于元初，清代同治年间重修，是武汉最高的古塔。宝塔坐北朝南，现高 45.6 米，为八角七层砖石合筑仿木结构楼阁式，塔身内部石砌，外包以砖，自下而上逐层内收，逐渐缩小成锥形。每层都有文人为其取名，分别为：一柱擎天，二仪高下，三山半落，四顾茫然，五云多处，六合清朗，七级浮屠。塔内设有螺旋式台阶，盘旋而上，可达顶端，尽览三镇风景，故古人有“数峰天外洪山塔”的赞誉。塔顶置铜铸文笔峰式塔刹，重达 13000 斤。整个宝塔结构严谨，形体庄重，是湖北省保存较为完整的古塔之一。

洪山宝塔原名灵济塔，乃本寺方丈缘庵禅师为纪念开山祖师灵济慈忍大师而募建。传说慈忍大师法名善信，为晚唐洪州开元寺僧。宝历二年（826 年），善信云游至随州大洪山时，时逢大旱，见乡民准备杀猪宰羊祭祀龙神以求雨，善信苦苦劝阻，乡民不听，情急之下，善信斩断双足代替牲口祭神。此举感动乡民，当地巨富张武陵施山捐地为其修建精舍，唐敬宗为其赐号“灵济慈忍大师”，并扩建其修行的大洪山精舍，赐名“幽济禅寺”，以供奉大师“佛足”。南宋后期，随州为宋元对峙前线，为避战火，京湖制置使孟珙迁寺及“佛足”于武昌东山，东山因之改名“洪山”。

图 7-2　洪山宝塔（刘建林摄）

元初，方丈缘庵禅师为纪念灵济慈忍大师，为其募资修塔，兴工于至元十七年(1280 年)，竣工于至元二十八年(1291 年)，塔身七级八角，每层外围均有木质飞檐和护栏，塔下周围为砖木结构的围廊，每层八角坠以风铃，设计精巧，工程浩大，可谓当时的湖广行省第一塔。明成化二十一年（1485 年），寺庙改称宝通禅寺，灵济塔也改名为“宝通塔”，后因塔位于洪山之上，故俗称“洪山宝塔”。同治十年至十三年（1871—1874 年）大修时，为求永固，改木质飞檐为石质，木栏为铁栏，塔顶照原样增高五尺，且加文笔峰式铸铜万斤塔刹，高出洪山主峰，使宝塔外形比以前更显威武挺拔。1953 年，洪山宝塔曾进行过一次维修，但随即又在“文革”中遭到破坏。1981 年，武汉市政府再次拨款对其维修。

三、无影塔

无影塔是武昌洪山上的另一处小塔，位于宝通禅寺西侧。原在洪山东麓的兴福寺故址内，称“兴福寺塔”。相传因每当夏至中午时分，塔四面无影，故又称“无影塔”。又因它比附近的洪山宝塔小很多，所以又称“小塔”。无影塔始建于南宋咸淳六年（1270 年），石砌仿木结构，楼阁式，七层八面，高 11.25 米，塔四周均有雕刻，是武汉现存最古老的建筑。

图 7-3　无影塔（刘建林摄）

兴福寺原名“晋安寺”，位于洪山东麓，是武汉地区最古老的寺庙之一。始建于梁元帝承圣年间（552—555 年），隋文帝仁寿元年（601 年）改名兴福寺。因塔址下“有一浪花井，常沸涌如浪，其脉通江”，为镇压地下水眼，至迟在唐代已在其上建塔。坊间又有传闻，说此塔正处“江南龙脉”（即蛇山）的龙尾，建此以镇龙。南宋咸淳六年（1270 年）原址重建，塔身用大小不等的石块仿照木结构形式雕砌而成，下为石砌须弥座，座底每面雕有不同的植物花纹，刀法曲折隐现，姿态潇洒生动。塔身分七层，其中四层有小龛（也有人因此认为塔只应分为四层），嵌刻有菩萨、罗汉、力士及供养人浮雕像及花草纹饰，变化多端，形象生动，庄严肃穆，皆宋代石雕精品，可惜今多不存。在第一层南面小龛的左侧刻有“住大洪山胜象兴福寺重修”，右侧刻有“咸淳六年岁次庚午四月浴佛日知事僧宗杰题”，清晰记载了石塔的重建年代和主管僧人。

咸丰三年（1853 年），太平军进占武昌，兴福寺遭毁，仅石塔幸存。1953 年，中南民族学院兴建校舍，兴福寺遗址及石塔被围入校址内。1963 年，因塔身已破裂倾斜，濒临倒塌，文物部门将其构件编号拆除，由建筑师张良皋主持迁至今址原样复建。位置变动后，无影奇观不复存在，但其古朴雅致的风貌仍存。2001 年，无影塔再度得到维修。2013 年，无影塔被列入全国重点文物保护单位。

四、胜像宝塔

胜像宝塔位于黄鹤楼景区北门入口处，是武汉市现存唯一一座喇嘛式白塔，修建于元至正三年（1343 年），为威顺王宽彻普化的太子所建，用于供奉舍利和安藏佛教法物，原在黄鹤楼故址前的黄鹄矶头，与黄鹤楼相映成趣，1984 年迁此。

图 7-4　黄鹤楼胜象宝塔　20 世纪 30 年代日本军事邮便（刘建林供图）

胜像宝塔高 9.36 米，座宽 5.68 米，采用外石内砖方式砌筑，以石为主，内部塔室使用了少量的砖，因塔分地、水、火、风、空五轮，故也称“五轮塔”。塔座刻有精美的花纹和梵文；塔身内收外展，整体造型自下而上逐渐收缩，轮廓线条大体呈三角形；宝顶为合金制作。

胜像宝塔的建筑形制与洪山宝塔和无影塔不同，而与同时期的北京阜城门内的妙应寺塔基本相同，两塔皆是西藏佛教密宗的佛塔，也是佛教从印度传入中国的最初塔型，译名“窣堵坡(梵语‘浮图’)”，又称“喇嘛塔”。因藏传佛教的萨迦派在元代被尊崇为国教，故这种塔型在元代传入内地。这种元代密宗佛塔存世极少，胜像宝塔和妙应寺塔同样最具代表性。

塔周围以石栏，原建有一座石牌坊，坊额横书“胜像宝塔”四字，上款为“威顺王太子建”六字，下款为“大元至正”四字。牌坊于清末因新军修炮楼而拆毁。1955 年修建武汉长江大桥时，胜像宝塔拆迁至蛇山西部、京广铁路跨线桥旁。拆迁胜像宝塔时，在塔的南面发现有石牌坊的柱础。此外，在塔内部靠近塔心木柱洞处，发现一个精雕细琢的横置石经幢，高约 1 米，圆形底座，八角形幢身，顶部刻有莲花纹饰。塔室内还发现一个铜宝瓶，瓶盖密封，摇动时沙沙作响。瓶底呈凹形，刻有双勾字两行：“洪武二十七年，岁在甲戌，九月乙卯谨志。”瓶腹刻有“如来宝塔，奉安舍利，国泰民安，永承佛庇”十六字。

由于它的外形轮廓酷似灯笼，武汉坊间又有三国时诸葛亮在此燃灯为关羽水军导航的传说，曾被误封“孔明灯”的称号，此称号也因 1955 年拆塔发现其为安放舍利的佛塔而消除。

1984 年，胜像宝塔迁入黄鹤楼公园西大门入口处内，是黄鹤楼故址建筑群保存最古老、最完整的单体建筑，已于 2013 年入选第七批全国重点文物保护单位名单。

五、卓刀泉寺

卓刀泉寺又名御泉寺、玉泉寺、泉寺、关庙，位于武昌伏虎山的西南麓、卓刀泉南路 27 号，因一井泉水——卓刀泉而得名，因供奉关羽而著称，是武汉现存唯一一处纪念武圣关羽的场所。

据寺中的“卓刀泉碑”可知，卓刀泉因东汉末年汉寿亭侯关羽在此卓刀出泉（即将青龙偃月刀直插地上而涌出泉水）而得名。为纪念关羽，宋时在此建庙，名“御泉寺”。明初，楚王朱桢至此游览，赞赏其泉水甘甜可口，于是用三层较薄的条石为此泉修了一个方形井台，朴素古雅，很有特色，还用整石砌了一个圆形井口，并亲题“卓刀泉”三字，镌刻在井栏之上，至今仍极醒目。

因卓刀泉地处武昌城东古驿道隘口，为兵家必争之地，故卓刀泉寺历尽沧桑，屡建屡毁。明末战乱，卓刀泉寺毁于战火。清康熙年间重建。后太平军与清军在此鏖战，卓刀泉寺再度遭毁。咸丰八年（1858 年），由湖北巡抚胡林翼发动信众捐资重建。光绪九年（1883 年）重修，1916 年再次重修，并定名为“御泉寺”。

20 世纪 50 年代，卓刀泉寺被纳入东湖风景区的文物景点进行过维修。1956 年，中央领导来武汉开会时，毛主席曾来卓刀泉寺游览。当时庙里的和尚心情非常激动，一个小名叫“苕”的和尚连忙将灶门上吊壶烧的茶（用的是泉水）倒一碗请毛主席喝，毛主席欣然接受，捧茶致谢。

2004 至 2005 年，卓刀泉寺在 1916 年重修的基址上修缮，恢复了原貌。山门上额书“卓刀泉寺”四个鎏金大字。入山门，过关公桥，便是关圣殿，供奉着 4 米高的华中地区最大的关公青铜神像。关圣殿之后，便是卓刀泉寺的第二进庭院，庭院中央就是古寺精华所在的卓刀泉井，现在的卓刀泉井已经过挖和整修，恢复了故有面貌。最后为大雄宝殿，供奉着佛祖释迦牟尼的坐像，背后则供奉着一般寺院中难得一见的珍品——男身观音像。佛教文化与关公文化在这里较好地结合在了一起。

六、莲溪寺

莲溪寺位于武昌大东门外 7.5 公里的丁字桥涂家岭，是武汉四大佛教丛林之一，也是武昌唯一的女众丛林。

莲溪寺始建于唐代，清康熙年间迁现址重建，后屡毁屡建，现存古建筑为光绪十五年（1889 年）重修。寺庙坐北朝南，分正殿建筑和附属建筑两部分，共分四进，中轴线上依次为新山门和旧山门、弥勒殿、大雄宝殿和藏经楼，黄墙碧瓦，通红的木雕门窗格扇，古朴而华丽。东西两侧为附属建筑，东侧有客堂、千佛殿、大悲殿、华严堂和寮房，西侧有斋堂、佛学院、大寮、方丈室等。寺院的最后是武昌佛学院尼众班教室。

莲溪寺现存古建筑，虽殿堂不多，面积不大，但整个院落结构严谨，布局得当，具有中国木结构建筑的风格，古朴典雅、玲珑清秀，与

图 7-5　莲溪寺（刘建林摄）

民居颇有些相似。

旧山门的黄色门额上镌刻着光绪十七年（1891 年）由道明和尚亲题的“莲溪寺”三个金色大字。21 世纪初，由于雄楚大道的开通，莲溪寺在旧山门前修建了新山门，上题寺名为昌明法师手书。

当年道明和尚在重修莲溪寺之后，还在寺内建立了丛林制度，开始“挂单接众，开期传戒”。民国初年，武昌是全国佛学教育中心之一。1920 年，武汉佛教界的太虚法师和汤芗铭、李隐尘等社会名流在武昌创办了“武昌佛学院”，梁启超曾任董事长。莲溪寺是佛学院的重要教学场所。至 1928 年，在时任湖北省佛教会理事长的莲溪寺方丈体空法师的主持筹集之下，莲溪寺开办了著名的“中华佛教湖北华严大学”，该校开办三年，学生最多时有 60 多人，为佛门培养了 30 多名高水准弟子，成为当时全国最高的佛教学府。现在的莲溪寺也仍以华严道场著称，弥勒殿的廊柱上，一左一右挂着“华严”“道场”两块黑匾，颇具华严遗风，受到众多海内外的华严弟子的仰慕，尤其是中国台湾地区和东南亚的各个寺院，经常有佛家弟子前来交流和学习。1932 年，该寺还设立了“世界佛学苑”，筹办了佛学图书馆，收藏了中外佛教内外经典 20 多万册。

1938 年 7 月，在保卫大武汉时，新成立的第十五军团部就设在莲溪寺，军团长万耀煌在此指挥对日作战。莲溪寺四周的山丘和平地上，原来古木参天，葱茏茂密，曾有“林章”之称。武汉解放前夕，因国民党当局修建防御工事，古木几乎被砍伐一空，仅存 4 棵“遗珠”，皆为 200 年以上的朴树。

1958 年，宝通禅寺和普度寺将马场角的火葬场合并到莲溪寺，专葬僧人，1960 年开始对外营业。1967 年以后，莲溪寺作为火葬场被市民政局接管，部分庙宇、殿堂则相继被一些街道工厂占用。直到 1978

年以后落实宗教政策，寺僧才逐步回来，恢复了宗教生活，寺庙也得到修缮，并迁出火葬场和街道工厂。1986 年 10 月，武汉市佛协从汉口栖隐寺调来慈学法师担任寺庙住持，招来尼姑数十人，遂将莲溪寺改为女众丛林。1987 年 5 月，该寺开办了第一期学制为两年的“莲溪寺爱道培训班”。如今莲溪寺已发展成为武汉最大的比丘尼修行寺院之一。

七、长春观

长春观位于武昌大东门双峰山南麓、蛇山中部，为我国道教著名十方丛林之一，全真教派天下四大丛林之一，乃为纪念全真龙门派祖师长春真人丘处机而建，并以之命名。长春观始建于元代，现存古建筑主要为同治二年（1863 年）重建，是武汉市区规模最大、保存最完整的道教建筑群。

图 7-6　长春观

长春观所在的双峰山，原来古松参天，连成一片，故又名“松岛”，春秋战国时期即为楚地拜神崇巫圣地，传说道教始祖老子曾游历至此，因此历来为道教活动胜地，又称“江南一大福地”。传说此地曾建有“老子宫”，又传说宋元时期，“长春子”丘处机曾到此修炼传道。丘处机是登州栖霞人，19 岁时至宁海拜王重阳为师，出家为全真道人，后来成为全真派北七真（全真道开派的七位祖师，亦即王重阳的七大弟子）之一，仿效佛教建立道教十方丛林制度，创立龙门派，曾劝元太祖成吉思汗施行仁政，以“一言止杀天下”，并以其“清心寡欲”的延寿之法，受到成吉思汗的封赏，得拜大宗师，掌管天下道教。与此同时，丘处机还分派十八路弟子，尾随南下元军，安抚流民，收葬尸骨，救济灾民，故蒙古大军抄掠之处，即丘氏弟子施教之所，故皈依者众多。

丘处机死后，元世祖忽必烈赐号“长春演道主教真人”（一说为“长春全德神化明主教真君”），并在全国大力推广其教派，广修道观，建立道教七十二大丛林。武昌双峰山因曾为丘处机修炼之地，故为其建长春观以供奉之。观始建于至元二十四年（1287 年），为丘处机弟子在“太极宫”基础上修建，规模恢宏，成为道教名观。

明代初年，楚王朱桢过生日，至位于黄鹄山的长春观为其父朱元璋祈寿，因“长春”寓意吉祥，遂改黄鹄山为“长春山”。明永乐十二年（1414 年），长春观得到了维修和重建，至明中叶即为“仙真代出，屋宇千间，道友万数，香火辉煌”的道教丛林，道教活动臻于鼎盛。清康熙二十六年（1687 年），长春观得以增建。乾隆年间，清高宗弘历曾为长春观御题联句“万古长生，不用餐霞求秘诀，一言止杀，始知济世有奇功”，以颂扬丘道长，并御赐“甘棠”石刻，是道教建筑中为数不多的帝王题词，现仍在道藏阁前。此外，乾嘉学派的领军人物钱大昕也曾来此阅览《道藏》，并作有《三洞琁华序》，当时长春观仍被誉为“江楚名区，道子云集之处，黄冠皈依之所”。

咸丰二年至五年（1852—1855 年），太平军三次攻打武昌城，长春观再遭兵燹，屋宇无存。住持何合春发愿重建，率道众四处募化，至同治二年（1863 年），得提督李世忠捐银 7700 多两，湖广总督官文捐银 2800 两，遂以此款修葺太清殿并仿明代建筑形式和布局重建三皇殿、紫皇阁等建筑，使长春观“庙貌森严，回复旧观”。在太清殿前的两侧墙上，至今仍嵌有何合春刻的两块石碑，以记此事。因主要捐资助建者之一的官文是满族人，崇信藏传佛教，所用工匠受其影响，将藏族吉祥物大象及藏红花图案装饰于殿堂，故长春观是我国道教唯一一处带有藏族风格的建筑群。

1923 年，侯永德担任长春观监院。次年，武汉干旱，湖北督军萧耀南以侯永德祈雨有验而捐大洋 2000 元，长春观兴建道藏阁。侯永德受西方思潮影响，将道藏阁修建成全国唯一的以欧式风格为主体的道教建筑。其屋檐上用水泥“堆塑”而成的传统花饰，其工艺现已失传，堪为一绝。

1925 年，士族大德项竹坪捐大洋 5000 元，侯永德敬请武昌武当宫方丈刘嗣授律师前来开坛传戒，是为湖北长春观民国乙丑戒坛。这次传戒圆满成功，度戒子 454 名。曾任民国大总统的黎元洪赠“大愿圆满”匾，湖北督军萧耀南赠“道岸同登”匾。刘嗣授律师升座为长春观方丈。

1926 年 9 月初，北伐军强攻武昌，叶挺独立师驻扎长春观，并在三皇殿设立前线指挥部。国民革命军总政治部副主任郭沫若曾在观内暂住。邓演达在武昌城下督战时，子弹穿其衣袖而过，此后邓演达率军退至长春观，利用其高势及围墙，与吴佩孚的军队继续作战。战斗异常惨烈，他的俄语翻译纪德甫殉难在观内。为此郭沫若题诗痛悼北伐英烈：

“一弹穿头复贯胸，成仁心事底从容。宾阳门外长春观，留待千秋史管彤。”在纪德甫牺牲后，北伐军对武昌城的军事行动由强攻改为围攻，长春观由此成为武昌40天围城开始的见证地。

1931年长春观又进行了一次较大规模的修缮，前殿后庑、门廊过道更臻完善，形成了一个三路五进、依山就势、布局完整的道教建筑群。中路建筑为五进，有山门、灵官殿、二神殿、太清殿、古神祇坛、古先农坛等。左路为十方堂、经堂、大客堂、功德祠、大士阁、来成殿和藏经阁等。右路为厨房、斋堂、寮房、邱祖殿、住持堂、世谱堂和纯阳祠等。长春观主要建筑为砖木结构，殿宇均系仿明代建筑，斗拱飞檐，梁柱栏板和殿内神龛的雕刻，精巧细腻，生动异常，具有典型的湖北道教建筑特色。

20世纪50年代，因建造武汉长江大桥，拆除黄鹤楼旧址的吕祖阁，将吕洞宾卧像和“五百灵官”移入观内，使长春观成为武汉保存道教文物最集中、最丰富的道观。除此及前文所述之外，长春观还现存全国唯一一块“天文图”碑，上刻有“谕旨”，是极珍贵的天文学文物。同一时期，长春观也因观前武珞路的扩建而由五进缩为四进。1982年，长春观被国务院列为一处重点开放的道教宫殿。此后，政府屡次拨款重塑神像，修缮增建殿宇和景观，重建被毁建筑，长春观的道教活动也于1984年恢复并蓬勃发展。

八、起义门清真寺

起义门清真寺位于武昌起义街67号，因地处武昌城外，又称“城外清真寺”，辛亥革命后随所在的中和门改为今名，始建于清初，现存老建筑为同治元年（1862年）重建，是武汉现存的三座清代清真寺之一（其余为汉口的民权路清真寺和江岸清真寺），也是武昌仅存的一座清代清真寺。

明代后期，一批来自陕西马果园的回民聚集在武昌中和门外十字街一带，全部以屠牛贩卖为业，当地人为他们编了一句顺口溜，“回民无事干，挑个牛肉担”。至清初，在此聚居的回民集资在此地建起一座小型清真寺，此后街市逐渐繁华，众人遂于同治元年（1862 年）集资重建清真寺。

重建的清真寺规模较大，占地约 2300 平方米，为古典宫殿式砖木结构建筑。进门中间是大厅，厅上高悬阿拉伯文经匾。大厅左边有耳房二间，是“伊玛目”住房，右边是长走廊。大厅后边是三间礼拜大殿，往后左边是三间房屋，右边是一个天井，再后是埋体间。清真寺于 1938 年被炸毁，1946 年修复，但规模大不如前。

现在的清真寺只有两栋建筑，祷告大厅所在的二层楼房是 1984 年由政府拨款修建的。三座石碑和一口被荒芜的杂草和废弃物掩盖的老井，可以让人感受到这座清真寺的悠久历史。其中最有历史价值的是一块残缺的“百字赞”石碑，是明初朱元璋为感谢当年回族将士浴血疆场的帮扶而御制的，十分罕见。

九、天主教鄂东代牧区主教公署旧址

天主教鄂东代牧区主教公署旧址，位于武昌花园山 4 号，建成于光绪八年（1882 年），由享有“建筑大师”美誉的意大利传教士江成德设计并监督施工，在 1923 年之前，一直是鄂东天主教代牧区的权力中心，1983 年改为中南神哲学院。

在第二次鸦片战争之前，荷兰、比利时、法国、西班牙等外国传教士曾先后来到湖北传教，但受到湖北人民的抵制，官府也抱着不支持的态度，因此传教效果并不好。

图 7-7　天主教鄂东代牧区主教公署

在第二次鸦片战争之后，《天津条约》《北京条约》等一系列不平等条约相继签订，其中包含更多庇护外国传教士在中国传教的条款，加上汉口开埠，导致大批传教士借助不平等条约赋予的特权，蜂拥而至，开始布道传教。咸丰六年（1856 年），罗马教皇将湖广教区划分为湖北教区和湖南教区，任命南京教区意大利籍主教徐伯达代理湖北教区主教。

同治元年（1862 年），徐伯达在视察教务时去世，继任的意大利籍传教士明位笃来到武汉。此后，明位笃利用从法国所得清政府战败赔款中分得的 2.5 万两白银，大力发展教徒，兴修教堂，湖北省的天主教传播由此迅速铺开。到同治九年（1870 年）九月，罗马教廷根据明位笃的要求，将湖北代牧区一分为三，分别是以武昌为中心的鄂东教区，以宜昌为中心的鄂西教区和以老河口为中心的鄂北教区。同时，明位笃也由湖北代牧区主教，改任为鄂东代牧区主教，管辖武昌、汉阳、黄州

（今黄冈）、德安（今安陆）、安陆（今钟祥）等五府。

公署旧址所在的花园山一带，原是明初坐镇武昌的楚昭王朱桢的第五子朱孟炜的王府花园，清代时产权归刘氏家族所有，俗称“刘家花园”。光绪六年（1880 年），明位笃主教想重建天主堂，但得不到当时官府的同意，于是令教徒出面，宣称“为民祈福，需建大王堂”，将花园山从刘氏手中买了过来，此后请江成德设计监造主教公署，两年后建成。在建设过程中，“大王堂”的“大”和“王”分别被加上了一横、一点，就变成了“天主堂”。

同年，明位笃主教就从武昌候补街的主教临时公署搬进这座大楼，这也标志着主教公署作为鄂东天主教权力中心的开端。这是一幢规模比较宏大的砖木结构建筑，坐北朝南，依花园山地势而建，地上二层（局部三层），地下一层。建筑布局呈“凹”字形，十分对称，正立面三段式，中部五进稍稍突出，顶部有巨大的三角形的饰墙，正中嵌有自鸣钟，与相隔不远的圣家大堂（花园山天主堂）遥相呼应。这个自鸣钟也极大地方便了当地居民，深为大家称赞。公署一楼有内廊，中间五进呈外方内拱顶形，以高高的台阶与地面相连；左右两边呈拱顶形，净空超过 4 米。二层的窗口，除中间的一扇呈拱顶形外，其余均为方形，净空低于一层。

主教公署的左侧设有鄂东代牧区的大修院，即崇正书院，整个主教公署即是在书院旧址上营建的。崇正书院从开办之日起，意大利的著名教育家兼传教士李文秀，就来到了这里任教。

李文秀是著名的在华意大利方济各会传教士，其在湖北传教的历史相当久远，道光十九年（1839 年），罗马教廷即派遣其为湖广地区主教。李文秀到任不久，鸦片战争就爆发了。随后，李文秀借助《南京条约》的签订，开始在汉阳柏泉筹建修院，但遭到当地群众的坚决反对，只得改为在汉阳设馆教读，并租用一座寺庙悄悄办起了修道院，但被寺庙方丈发现后遭到驱逐。李文秀后来又屡次企图办修道院，均未成功。

道光二十四年(1844年)，清政府分别与法国和美国签订了中法《黄埔条约》和中美《望厦条约》，规定只有在五个对外通商口岸才允许外国人传教，但李文秀仍然坚持在湖北传教。不久之后，清政府被迫放松对天主教的管控，李文秀的传教活动逐渐转向公开，但其活动仍遭到民众反对。当地民众将李文秀以蛊惑人心、扰乱治安为名告到官府。地方官为避免中外冲突，将李文秀及部分修士软禁起来，后押解至广州，但李文秀等修士仍不放弃在中国传教。李文秀在广州脱身后，转至香港，坐镇南方遥领湖广主教。第二次鸦片战争之后，李文秀前来花园山崇正书院任教，先后在其门下的修生晋铎为神父者有40多人，因此，崇正书院被誉为“教区之母”。学院还开设图书馆，收藏中外名贵图书1万多册，极大拓展了民国时人的视野。

1921年，崇正书院被改为“两湖神哲学院”，翌年迁往湖北荆州。但此后，武昌花园山的主教公署旧址仍保持其办学传统。后来，主教艾原道在原址开办了教区小修院，称“武昌圣安多尼小修院”，至1948年秋，湖北省成立“圣安多尼联合中修院”后停办，共招生400余人，培养出的神父就有13人。

明位笃主教入住公署一年后去世，由公署设计者江成德继任鄂东代牧区主教。江成德上任后，先后与意大利驻华大使、湖北总督和汉口道台等协商，在鄂东代牧区大修教堂和兴办学校，修建了武昌花园山圣家大堂，扩建了汉口天主教医院，并在院内创办成德医学堂，设立孤儿院，修建柏泉方济各会会院和教区小修院，在武昌创办养老院，开办英法语专科学校。江成德在任的25年，是武汉天主教最为辉煌的时期。

在他去世时，全区教友由原 9900 人增加到 18016 人，中外传教士达 36 人。光绪三十二年（1906 年），江成德年老休养，另一位同样在武汉留下盛名的意大利籍方济各会会士田瑞玉代行主教职责，并于宣统元年（1909 年）7 月 24 日正式继任主教。

值得一提的是，田瑞玉主教也是一名优秀的建筑师，此前即受江成德主教委托，在柏泉修建了方济各会初学修院和教区小修院，不久又参与了汉口圣若瑟堂附属医院的扩建工程（今武汉市中心医院）。他在主教任职期间，继续修建教堂和开办学校、医院，并在辛亥革命期间为革命军提供伤病救治。

1916 年，田瑞玉主教委托美国方济各会会士艾原道于武昌郎家巷创立天主教文学中学。1923 年 12 月，罗马教皇发布教谕，将鄂东代牧区内部划分为汉阳、武昌和蒲圻三个监牧区，田瑞玉主教遂将鄂东代牧区的主教公署迁至汉口，将教区改名为汉口代牧区，并于当月逝世。此后，原来的武昌花园山主教公署大楼，被降格为武昌监牧区监牧公署，由美国方济各会会士艾原道主持。艾原道于 1924 年协办圣约瑟医院（今湖北中医院附院），1928 年开办育婴堂（现市育幼院）。1930 年 7 月，原公署大楼旧址升为武昌代牧区主教公署，艾原道任主教。1940 年，艾原道主教逝世，由美籍传教士郭时济（Casimir Rembert Kowalski，O.F.M.）继任。1946 年，公署大楼旧址升格为武昌教区主教公署，郭时济为首任主教。1951 年，因“花园山育婴堂事件”，郭时济主教被捕关押，两年后被驱逐出中国，此后花园山天主教区由中国籍神职人员任代主教。

1983 年 10 月，由中南六省区天主教会在主教公署旧址联合开办了“中南神哲学院”，至今仍在为教会源源不断地输送精英人才。现在的主教公署旧址产权归武汉市武昌区民族宗教事务所所有，作为中南神哲学院的综合楼使用，于 2010 年进行了全面修缮。

十、花园山天主堂（圣家大堂）

花园山天主堂是天主教鄂东代牧区主教公署旧址的一部分。光绪十五年（1889 年），江成德在主教公署右侧原小教堂（圣家小堂）基础上设计建造新的主教座堂，光绪十七年（1891 年）主体工程完工，次年 12 月 17 日正式开放。因教堂的主保是圣母玛利亚、圣约瑟和圣子耶稣一家，故其内部堂名被定为“圣家堂”，为有别于此前的圣家小堂，

图 7-8　花园山天主堂

故一般称作“圣家大堂”。该建筑系罗马巴西利卡式风格，砖木结构，坐北朝南，气势恢宏，做工精良。

建筑的正立面呈对称状，四根贴墙立柱，柱头支撑宽阔的檐部，顶上是巨大的山花，中间位置竖写“天主堂”三个大字，两旁各开设一个不大的三角形窗口，极为别致。主入口双层拱券，两侧墙壁上还开有长拱壁龛，龛内原为内嵌式盆栽橄榄树造型的深度浮雕，造型极为生动，极具观赏性，可惜在2009年修缮之后被天主教人像代替。入口之上开一玫瑰花窗，给人以方圆搭配、相互生辉的美感，中心设一西式日晷来观测日影记时，与旁边的公署大楼三角形山花及自鸣钟遥相呼应，而这种在教堂正立面显要位置上安装仿古计时器的做法，在国内外都是十分罕见的。教堂的外墙十分厚重，且入口离地面很高，都极具罗马建筑风格。

礼拜大厅宽敞空阔，可容纳500名教徒祈祷。堂内北端为圣体主祭坛，内空高达20米，大堂四壁上空均饰有巨幅油画圣像，共八幅，天花板上镶有各种图案，雕工精致，富丽堂皇，全部为金箔镶嵌。“文革”前夕，因本堂神父组织教友用竹席等障碍物进行了合理遮挡，后来天主堂改为工厂时也没被人发现，它们才得以保存至今。

花园山天主堂自建成之日，即为鄂东代牧区主教座堂。1951年初，原设在武昌文学中学内部的圣安多尼联合中修院全部迁入花园山天主堂内，但修生仍在文学中学内上课。1952年，中修院被政府接管后，修生改为在花园山天主堂上课，直至1960年初停办。

1983年10月，花园山天主堂修复一新，恢复了宗教活动。现在武昌花园山天主堂的产权单位为武汉市天主教爱国会，教堂于2009年修缮后，仍作为宗教场所使用。

十一、瑞典教区旧址

瑞典教区旧址，位于武昌昙华林中部的92—108号，始建于光绪十六年（1890年），是一组典型的北欧风格建筑，为砖木结构，二至四层，外柱廊采用券拱式，屋面的老虎窗、外墙窗和柱廊装饰华丽，极具欧式古典主义风格。屋面的处理带有明显的北欧地域特色。其中的主任牧师楼，有着最具北欧风格的大坡度屋顶。瑞典领事馆的两层均为圆拱券廊，外墙为假麻石粉面，四面坡顶覆盖红平瓦，是西方国家唯一设在武昌的领事馆。

该教区旧址是基督教瑞典行道会于光绪十六年（1890年）开始在武汉建设的传教基地。教区建有主教楼、教堂、神学院等建筑，并设有学校。

瑞典行道会属北欧信义宗，创建人是弗兰斯·艾德华尔德·路德。该宗因主张“因信称义”而得名，由于“因信称义”最早是由马丁·路德在倡导宗教改革时提出的，所以信义宗也被称为“路德宗”。该会在华传教区设在湖北和新疆两地。

1890年12月25日，该会的传教牧师韩宗盛等4人抵达昙华林，开始了该会在湖北的传教活动，该会除管辖湖北省内沙市、黄冈等区会外，同时还管辖周边省份的庐山、鸡公山、洞庭湖等区会。由于湖广总督张之洞采取保护教会的政策，因此在最初的10年内，该会就已建起3个传教站和7个布道点，发展学员及教徒300多人。与此同时，他们在昙华林中段的螃蟹岬南麓，兴建了大片花园洋房，包括教堂、学校、诊所、办公楼和住宅等，形成一定建筑规模。于是，瑞典行道总会华中总会便在此设立了。另外，该会在武胜门正街（今得胜桥中段）还兴建了基督教武昌真理堂和真理小学。

1922年，受五四运动影响，全国开始了持续五年的“非基督教运

图 7-9　瑞典教区外文石刻（刘建林摄）

动”。瑞典行道会为了顺应形势，在这场运动刚开始不久就率先将会名改为了“基督教中华行道会”。

1938 年初，瑞典行道会的传教士夏定川牧师被派来武昌县华林。夏定川是瑞典人，1891 年出生于瑞士首都斯德哥尔摩，曾获亚兰大学学士、乌普萨拉大学硕士和斯德哥尔摩大学博士学位，他来华的身份，既是一名传教士，同时也是瑞典驻武汉领事馆领事，他到任后即将瑞典驻武汉领事馆，从汉口迁到了瑞典教区大院内。

抗日战争期间，夏定川利用瑞典行道会作为中立国的教团组织性质，曾在武昌县华林的行道会上方，安排彩绘了许多大型的瑞典国旗图案作为标识，以此躲避交战双方的飞机轰炸，一批中国百姓也因此得到了保护。同时，他还通知所属的各区会也都以同样的方式来保护中国老百姓。

1999 年 8 月中旬，中外学者参加了由华中师范大学主办的“近代科技传播与中西文化交流”国际学术研讨会，前两天安排在武昌的华师校园中开会，后三天则乘船沿长江而下，从九江登庐山，参观庐山图书馆并游览庐山。在庐山期间，来自斯德哥尔摩大学的杨富雷同学在图书馆馆长的陪同下，来到附近的原属瑞典行道会的一座别墅，并在门外台阶的一面护栏上，发现了镶嵌着的一块镌刻于 1939 年的石碑，述说了抗日战争期间夏定川牧师在庐山上救助中国难民 698 人的事迹。

武汉沦陷后，瑞典行道会为顺变求存，率先参加了日军组织的所谓“华中基督教团”，夏定川以中立国身份，在昙华林挂起了“华中基督教团瑞典行道会”的牌子。此时的夏定川身为主任牧师，不仅主管本会的会务，而且还代理本国驻武汉的领事，兼代理欧美各国在武汉与日本侵略者之间的有关外交事务。

在太平洋战争爆发后，英美对日宣战。至次年夏天，滞留武汉的英美等交战国的各类外籍人员，全部被日军解送到上海集中营，武汉三镇总共只留下了两名外国人。汉口留的是基督复临安息日会的德国传教士艾方伯，武昌留的则是瑞典行道会的瑞典传教士夏定川。此时的夏定川，俨然已经成为各国在汉外交事务的总代理人。

1949 年 3 月，瑞典行道会为了适应新的变化，再次主动申请加入了“中华基督教会”。武汉解放后，夏定川再次以中立国外交官的身份，全权代理了英美等国人员撤离武汉后所遗留的各种领事级外交事务。因此，坐落在昙华林瑞典教区的瑞典驻汉领事馆，成为各国驻武汉领事馆中最后闭馆的一家，夏定川为武汉近现代以来的领事级外交史，画上了一个圆满句号。1952 年，声势浩大的基督教人士反帝爱国运动开始了，瑞典行道会成员们再也无法继续留在武汉，无奈之下，他们只得带着深深的眷恋回国了。

2005年4月，26位瑞典牧师远渡重洋，在发现庐山夏定川石碑的杨富雷博士的率领下，来到了武昌县华林，走访参观了这片他们的前辈一手建造的瑞典教区旧址。瑞典教区是幸运的，除了教堂被拆毁外，这里仍然保存着主教公署、瑞典领事馆和神职人员用房、育孤院和真理中学老斋舍等一大批覆盖着大红屋顶的北欧老建筑。

从2015年11月开始，瑞典教区旧址15栋建筑内的400多户居民，陆陆续续被全部迁出，政府将对旧址3.7公顷范围进行保护性开发利用。

十二、嘉诺撒仁爱修女会礼拜堂旧址

嘉诺撒仁爱修女会礼拜堂旧址，位于武昌县华林花园山4号、湖北中医药大学教职员宿舍的背后，原是天主教国际性修会嘉诺撒仁爱

图7-10　嘉诺撒仁爱修女会礼拜堂旧址

图 7-11　天文台残垣

修女会的礼拜堂，教内称“嘉诺撒仁爱修女会武昌会堂”。该礼拜堂是武汉唯一尚存的修女礼拜堂，20 世纪 50 年代后期作为湖北省中医学院附属学院的库房使用，2005 年经修缮，现由私人承租，作艺术馆使用。

礼拜堂建成于光绪十四年（1888 年）复活节，由鄂东代牧区江成德主教设计并监督施工，是典型的欧洲古典建筑，坐西朝东，为长厅式单层砖木结构，面积不大，仅 130 平方米。建筑平面布局及立面均采用中心对称式手法，外立面拱券门、窗、线条、檐口等的处理，都散发着浓郁的西方宗教气息，墙面装饰朴素典雅。堂内以复活的耶稣为主保(供奉像)，礼拜堂两侧为圣约瑟与圣母玛利亚像。

嘉诺撒仁爱修女会具有国际性，于 1806 年创立于意大利。同治七年（1868 年）湖北代牧区主教明位笃从意大利邀请修女来武昌参加医疗服务。首批来汉 6 人，以后逐年增多，最多时有 40 多人。她们在武汉主持并服务于医院（汉口天主堂医院）和学校（安多小学、圣若瑟女中、玛利亚外侨子女学校）及育婴堂、孤儿院、养老院等，并在花园山发展中国训蒙修女会。光绪十四年（1888 年），嘉诺撒仁爱修女会在武昌候补街花园山购置土地，创建修女会分院，开办育婴堂、教理班、工艺所等公益事业，遂建有修女居住区和修女会礼拜堂。

1926 年，嘉诺撒仁爱修女会迁往汉口，小教堂由圣约瑟善功修女会主持。1948 年底，圣约瑟善功修女会的美国修女回国，宗教活动终止，小教堂由中国训蒙修女会的修女散居。1951 年政府接管花园山教区，此礼拜堂不再作为教堂使用。

教堂背后还有一处小型天文台的遗址，由天主教武昌监牧区监牧、美国传教士艾原道在 1930 年修建，武汉沦陷时被毁，仅余残垣。

十三、基督教崇真堂

在武昌昙华林历史街区中的花园山北麓，有一条呈东西走向、平行于昙华林的街道叫“戈甲营”。戈甲营东段北折与昙华林西段相接，西至得胜桥，全长 290 米，宽 3—4 米，是一条清代古巷，因是守城部队驻地兼兵器库，故得此名。基督教崇真堂位于武昌戈甲营 44 号，是典型的哥特式建筑，建于同治三年（1864 年），是英国基督教伦敦会来武汉之初建立的一座小教堂，仅可容纳 200 多人做礼拜，但却是武汉现存最早的基督教堂。1924 年改建后，可一次容纳 500 人做礼拜。

这是一座哥特式教堂，单层砖木结构，坐北朝南，平面呈拉丁十字形，西面带有花园，西北角为牧师居住的双层小洋楼。门窗为明显的哥特式尖拱并向内收，上镶嵌彩色玻璃。中式两坡屋顶，木构架人字梁为后来改建的。

小教堂由英国基督教伦敦会传教士杨格非创建。杨格非（Griffith John；1831—1912 年）是英国基督教公理宗伦敦会的牧师，咸丰五年（1855 年）来华传教，当年秋即前往南京拜见太平天国的干王洪仁玕，获得了在太平天国境内自由传教的权力。咸丰十一年（1861 年）来武汉传教，成为湖北乃至华中地区的基督教（新教）传播的历史第一人。此后五十年，他一直致力于华中地区的基督教传播事业，在这期间仅回国三次，被誉为“华中宣教之父”。武昌首义爆发后，杨格非离开汉口，次年 1 月返回英国，不久病逝。

1861 年 6 月 21 日，杨格非抵达汉口，住在了沈家庙金庭公店，并以此为据点开始布道。杨格非崇尚自下而上的传教方式，经常走到街上向民众布道，又因其刚到汉口，没有固定布道地点，只能选择一些公开场地，聚集群众前来听讲，因而被称为“街头传教士”。他曾写下这样的文字：“我现在有一种前所未有的感觉：长江与汉水的各地，已经归在基督的名下；至于那些散居在两条壮丽江河岸边数以百万宝贵的灵魂，我愿为之生、为之死。”

在杨格非不遗余力地宣教之下，基督教很快在汉口站稳了脚跟。同治二年（1863 年），杨格非就在汉口夹街建造了华中第一所教堂——首恩堂，随后又陆续在大蔡家巷（今黄陂街）设立“恩光堂”，在土垱（今统一街）兴建“救恩堂”，在花楼街购地建造“伦敦会花楼总堂”（在今江汉路四明银行旧址处）。时过境迁，上述杨格非在汉早期修建的教堂，皆已不存，唯一存留下来的就是位于武昌戈甲营的基督教崇真堂。

基督教崇真堂是武昌的第一座基督教堂，也是杨格非向武昌传教活动的第一个据点。同治二年（1863年），杨格非前往武昌，和当地官府交涉购买城北地皮以修建教堂，但遭到官府和民间的联合阻挠。杨格非深知在湖北省城武昌成功传教对于整个长江中游地区基督教传播的重大战略意义，于是，他委托包廷璋等忠实信徒，向武昌官府频频提出建堂申请，继而又请汉口宝顺路（今天津路）的英国驻汉口总领事帮忙与当地官府交涉，终于在次年7月获准在武昌戈甲营购地建堂，这标志着湖北乃至华中地区已向基督教全面开放。

崇真堂于次年开堂，首任堂牧是申请建堂有功的包廷璋。此后虽不断有外籍传教士常驻，但该堂堂牧始终由华籍牧师担任，这是武汉宗教史上具有特殊意义的一页。

1951年，堂牧曾宪猷老牧师在崇真堂成立“三自”革新学习会武昌支会，该堂成为武昌的“三自”学习中心之一。1958年实行联合礼拜后，崇真堂的宗教活动终止，被改为新华造纸厂的仓库。2000年教堂内外修缮一新，恢复了宗教活动。

十四、圣米迦勒教堂

圣米迦勒教堂位于武昌区复兴路26号，建于1916年，是湖北势力最大的一个基督教教派，是基督教美国圣公会兴建的许多带“圣”字的教堂之一，以其主保——天使长米迦勒（意为“谁能比上帝”）而得名，也是武汉最古老、最优秀的教堂建筑之一。

教堂为哥特式建筑风格，二层砖木结构。平面布局细长，呈拉丁十字形，红瓦坡屋面，两坡屋顶陡峻，正立面高耸挺拔，门窗都是哥特式的尖券拱。祭坛前有个约1米高的白玉受洗池，雕工十分精美。堂内的木架构，制作优良，富于变化。该堂还有配套的牧师楼和宽大的庭院，庭院里有一棵百年老树。抗美援朝期间，圣米迦勒教堂作为美产被没收。1988年之后落实宗教政策，部分教产被收回。教堂二层归湖北省基督教协会，用作中南神学院的实习堂，建筑一层为武昌区教委办公用房，现已经过修缮。2016年复活节，圣米迦勒教堂一楼的进入大门归还教会，结束了以前从侧门经过圣台才能入座的历史。

十五、中华循道公会弘道会旧址

中华循道公会弘道会旧址，位于武昌区武珞路357号，武汉市第十五中学附近，傅家坡小学门前，建于光绪三十三年（1907年），是中华基督教循道公会修建的教堂，单层砖木混合结构。建筑平面呈“十”字形，清水砖墙面，装饰细部为水泥砂浆粉刷，主入口为圆拱门，哥特式建筑风格，两侧立两根尖顶方柱，斜坡尖屋顶，造型小巧简朴。

循道公会是武汉基督教几大教派之一，与伦敦会同样源于英国。同治二年（1863年）二月，英国教士郭修礼来到汉口，开始布道工作。光绪三十一年（1905年），该会启用中文名称“循道会”，1931年以后改为“中华基督教循道公会”。

目前，中华循道公会弘道会旧址外墙主体建筑尚保存较好，但内部圣坛结构已经改变。

参考文献

1. 黎少岑:《武汉今昔谈》，武汉：湖北人民出版社，1957 年。
2. 皮明庥:《武汉革命史迹要览》，武汉：湖北人民出版社，1981 年。
3. 皮明庥等:《武昌首义遗迹巡礼》，武汉：湖北人民出版社，1986 年。
4. 李权时，皮明庥主编:《武汉通览》，武汉：武汉出版社，1988 年。
5. 武汉市地名委员会编:《武汉地名志》，武汉：武汉出版社，1990 年。
6. 武汉地方志编纂委员会:《武汉市志·文物志》，武汉：武汉大学出版社，1990 年。
7. 李传义，张复合，村松伸，寺原让治主编:《中国近代建筑总览·武汉篇》，北京：中国建筑工业出版社，1992 年。
8. 夏康，柯希树主编:《武昌史话》，武汉：华中师范大学出版社，1993 年。
9. 王兴科主编:《这也是一座红楼》，北京：中国大百科全书出版社，1998 年。
10. 武汉市地方志编纂委员会主编:《武汉市志·工业志》，武汉：武汉出版社，1999 年。
11. 郑自来，郝钢以主编:《武汉革命胜迹》，武汉：武汉出版社，2001 年。
12. 甘骏主编:《辛亥首义红楼》，武汉：武汉出版社，2001 年。
13. 涂勇主编:《武汉历史建筑要览》，武汉：湖北人民出版社，2002 年。
14. 张家来主编:《洪山史话》，武汉：武汉出版社，2004 年。
15. 胡榴明:《夕阳无语——武汉老公馆》，天津：百花文艺出版社，2005 年。
16. 李晓虹，陈协强编著:《武汉大学早期建筑》，武汉：湖北美术出版社，2006 年。
17. 武汉市武昌区文化体育局编印:《古城武昌文物集锦》，2006 年。
18. 杨朝伟:《历史文化街区昙华林》，武汉：武汉出版社，2006 年。
19. 皮明庥主编:《武汉通史（中华民国卷）》，武汉：武汉出版社，2006 年。
20. 刘翔主编:《武昌老地名》，武汉：武汉出版社，2007 年。

21. 解家麟，夏武全主编:《品读武汉名人故居》，武汉：湖北教育出版社，2008 年。
22. 武汉市武昌区地方志编纂委员会:《武昌区志》，武汉：武汉出版社，2008 年。
23. 武昌区政协文史编辑委员会编:《武昌老地名（人文自然地名）》，武汉：武汉出版社，2008 年。
24. 武汉市洪山区地方志编纂委员会编:《洪山区志》，武汉：武汉出版社，2009 年。
25. 蓝青主编:《武汉老房子老巷子》，武汉：武汉出版社，2010 年。
26. 冯天瑜，张笃勤:《辛亥首义史》，武汉：湖北长江出版集团，湖北人民出版社，2011 年。
27. 张少林，王燕编著:《洪山掌故》，武汉：湖北人民出版社，2011 年。
28. 严昌洪:《武汉掌故》，武汉：武汉出版社，2012 年。
29. 田飞，李果:《寻城记·武汉》，北京：商务印书馆，2012 年。
30. 彭小华主编:《品读武汉工业遗产》，武汉：武汉出版社，2013 年。
31. 袁北星编著:《荆楚近代史话》，武汉：武汉出版社，2013 年。
32. 周挥辉:《百年华大与百年记忆》，武汉：华中师范大学出版社，2013 年。
33. 杨欣欣，肖珊主编:《珞珈风雅》，武汉：武汉大学出版社，2013 年。
34. 谢红星主编:《武汉大学校史新编（1893-2013）》，武汉：武汉大学出版社，2013 年。
35. 武汉市城市建设档案馆编:《武汉高等院校建筑》，武汉：湖北美术出版社，2014 年。
36. 武汉市国家历史文化名城保护委员会办公室编著:《武汉：国家历史文化名城通览》，武汉：武汉出版社，2014 年。
37. 宋杰主编:《武昌·1790 城纪》，武汉：湖北人民出版社，2014 年。
38. 涂上飚:《国立武汉大学初创十年（1928-1938）》，武汉：长江出版社，2015 年。
39. 武汉市档案馆编:《老房子的述说——武汉近现代建筑精华集萃》，武汉：武汉出版社，2016 年。
40. 涂上飙主编:《珞珈风云——武汉大学校园史迹探微》，武汉：武汉大学出版社，2017 年。
41. 丁援，李杰，吴莎冰编著:《武汉历史建筑图志》，武汉：武汉出版社，2017 年。